New Wun Ching Developmental Publishing Co., Ltd.

New Age · New Choice · The Best Selected Educational Publications—NEW WCDP

第**6**版

理財
規劃與投資

羅慧民・楊宗明　編著

Personal Financial
Management with Wonderful Life

6th Edition

　　自本書推出以來，廣受各大專院校財經系所及通識教育課程的採用，許多財富管理相關研究的論文專題，也多引用本書內容作為參考文獻。本書歷經多版更新，因應國內金融法規變革，及國際經濟局勢變化來修訂，期間發生全球金融海嘯、次級房貸危機、量化寬鬆貨幣政策……等事件，對於熟悉理財規劃與風險分散的讀者，得以安然度過此風暴，不會因衝動或貪婪，步入投資的陷阱，所以本書內容不僅是適合大學初學的學子，也能針對一般社會大眾的理財需求，給予建立基礎的知識。

　　科技的推陳出新，現在幾乎每人皆有手機，隨時可透過網際網路搜尋到需要的答案，實體書刊也陸續轉變為電子書刊，所有的訊息瞬時掌握在股掌間，學習科技新知，包括新穎的虛擬貨幣（比特幣 BTC）、區塊鏈(Blockchain)、AI 智能理財(Artificial Intelligence)、新金融技術、大數據分析(Big Data)、Fin Tech 等，已經是未來生活的趨勢。

　　本版的資料更新，包含最新的法令函釋，其中綜合所得稅法條文增修、遺產與贈與稅、證券交易法規，會逐年依民生經濟狀況進行修正，準備參加國家考試的學生，務必上網查詢最新資料，期望每位讀者都能成為自己財富管理的大師。

羅慧民、楊宗明　謹誌

編著者簡介 ● AUTHORS

⑤ 羅慧民

現職 鴻聯保險代理人股份有限公司總經理
臺中市韓亞文化交流協會理事長
弘光科技大學兼任講師

經歷 嶺東科技大學、臺中科技大學兼任講師
南山人壽保險內勤主管
國泰世華銀行副理
美商花旗銀行襄理
美國 Farmers Insurance Group, LRA；Dallas, Texas
美國 EDS 現鈔分析師；Plano, Texas

⑤ 楊宗明

現職 國立臺中科技大學兼任助理教授

經歷 嶺東科技大學財務金融系主任

目 錄 • CONTENTS

PART 3 保險規劃與稅法須知

CONTENTS

理財思維的建立

1 PART

2 PART

3 PART

Personal Financial Management
with Wonderful Life

01 CHAPTER ── 人生的規劃

　　市場上的理財工具書汗牛充棟，且投資型商品琳琅滿目，其中代表的風險與報酬率也不盡相同，因此，我們在進行投資理財之前，應該要先了解哪一種投資理財工具適合自己，以及自己可以承受的風險程度為何，然後再依據這個投資屬性分析，找到讓自己覺得最安心，也最能達到理財預定目標的投資策略或模式。

　　因此，我們在進行投資人生理財規劃前，必須要有考量，包括有人生的階段劃分，訂定合理的方向，開源節流的方法，以及報酬與風險的比例。

　　若依據不同年齡來區分人生不同階段，由於不同的人生階段面臨相異的財物需求，因此在個人風險偏好程度及財力和風險承受能力也不相同。舉例來說：

1. **青年階段（20 至 35 歲）**：因為年輕且沒有家庭經濟壓力，可以承擔的風險較高，因此投資的目的在於追求高報酬，以創造財富。

2. **壯年階段（36 至 45 歲）**：約已成家立業，因財物開銷較大，須在不影響生活的狀況累積財富，故風險偏好應屬中等。

3. **中年階段（46 至 59 歲）**：收入達到高峰，但已接近退休時間，故應選擇低風險的投資，以儲備退休資金。

4. **退休階段（60 歲以後）**：退休生活（或 65 歲後）的規劃，應選擇固定收益並將較高風險的投資成數降低，以保障退休資金維持一定水平。

人生階段的計畫

依照人生不同階段財務能力，規劃出人生的理財藍圖。

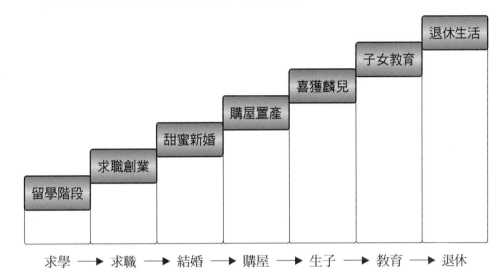

求學 ⟶ 求職 ⟶ 結婚 ⟶ 購屋 ⟶ 生子 ⟶ 教育 ⟶ 退休

人生計畫	留學階段	求職創業	甜蜜新婚	購屋置產	喜獲麟兒	子女教育	退休生活
理財方案	留學貸款 定期定額 基金	創業貸款 信用貸款 信用卡 證券投資 指數型基金	信用貸款 組合基金 投資型保險 單一市場基金 外幣定存	壽險規劃 產險規劃 房屋貸款 連動式債券 股票型基金 外幣投資型定存	壽險規劃 全球型基金 債券型基金	保險金信託 定期定額基金 組合基金 定期存款 指數型基金(ETF)	財富信託 債票券投資 債券附買回 可轉讓定期存單 債券型基金

資料來源：新竹國際商銀

若依上表將人生階段劃分為七個不同階段：求學→求職→結婚→購屋→生子→教育→退休，則可依其間年齡及收入不同，來制定不同的理財方案，當然這不是一個依據，僅是一個依風險高低組合的資產配置，可以搭配來投資，依據自己的經驗及當時社會經濟的變化來選擇適當的投資組合。

二　訂定明確可行的理財方向

　　理財規劃需考量以下重要因素：

（一）目標需短、中、長期，一併考量

　　終身投資理財計畫中重要的觀念是持之以恆，即使是一筆不大的金額，無論你是月存或季存，要求一個長期穩健的報酬，例如每年獲利10%，所以如果你由 20 歲起，每年投資 1 萬元，每年平均獲利 10%，且始終如一地執行到退休年齡 65 歲，加上複利滾存，有意想不到的差異（長期間的複利價值成長驚人）。

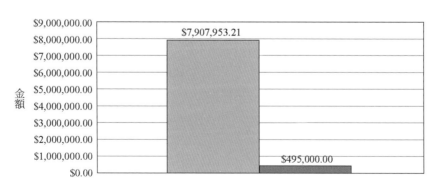

圖 1-1　複利與單利比較圖

表 1-1　20 歲起投資本利和

複利計算與否	投資報酬率＝10%	每年投資金額＝$10,000
年齡	**複利**	**單利**
20	$0.00	$0.00
25	$67,156.10	$55,000.00
30	$175,311.67	$110,000.00
35	$349,497.30	$165,000.00
40	$630,024.99	$220,000.00
45	$1,081,817.65	$275,000.00
50	$1,809,434.25	$330,000.00
55	$2,981,268.05	$385,000.00
60	$4,868,518.11	$440,000.00
65	$7,907,953.21	$495,000.00

（二）投資起始越早越好

　　若比較持之以恆的觀念，另一個觀念即是越早越好，將一位 20 歲開始投資與 30 歲開始投資及 35 歲開始投資的投資獲利比較，若以前題為例，仍是每年存入 100 萬元，假設年獲利為 10%，可由下圖看出差異，可明瞭理財越早開始越好。

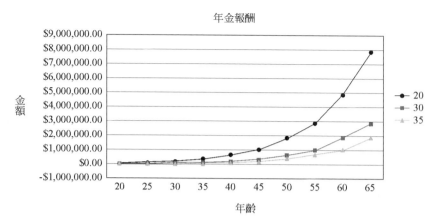

圖 1-2　年金報酬金額與開始投資年齡關係

表 1-2　20，30 及 35 歲不同年齡開始投資，產生不同收益效果

投資報酬率＝10%
年投資金額＝$10000

年齡	20	30	35
20	$0.00		
25	$67,156.10		
30	$175,311.67	$0.00	
35	$349,497.30	$67,156.10	$0.00
40	$630,024.99	$175,311.67	$67,156.10
45	$1,081,817.65	$349,497.30	$175,311.67
50	$1,809,434.25	$630,024.99	$349,497.30
55	$2,981,268.05	$1,081,817.65	$630,024.99
60	$4,868,518.11	$1,809,434.25	$1,081,817.65
65	$7,907,953.21	$2,981,268.05	$1,809,434.25

　　投資與時間的關係，如圖表的數值可知，越早投資準備，其金額的增值驚人，20 歲開始，每年 10,000 元投資年報酬率 10%，到了 65 歲退休時，就有約 790.8 萬元，而 35 歲開始同樣地投資到 65 歲，可得約 180.9 萬元。

（三）開源節流的方式

　　如何有效率的儲蓄方式在低利率之下（目前新臺幣一年定存利率大約只有 1.4%左右），更需要有較高的報酬率，才能達到訂定的理財目標。可由下列三方面來達成：

1. 增加工作收入

- 在原有工作上求表現，獲得晉升加薪。
- 論時或論件計酬時，加班或兼差來增加收入。
- 找尋待遇更好的工作機會，伺機跳槽。
- 行銷能力強者，可尋找以業績佣金為主的工作，來提高收入。
- 上班族通常可透過薪資活儲戶，靈活運用資金，享有較高利率及轉帳優惠次數，或跨行提、匯款免手續費，所以可以考慮將利息限額內的資金轉進薪資轉帳戶，以增加利息收入。

2. 降低生活支出

　　對儲蓄的累積而言，降低生活支出比增加工作收入的效果來得大。若收入不變，支出減少 500 元，則儲蓄就可以增加 500 元，不妨試試下列方式降低生活支出：

- 節流最重要的是降低個人負債，例如慎選貸款利率、善用低利代償和借低還高等，都是減輕負擔的好方法。
- 省吃儉用，善用折扣，貨比三家，不買短期用不到的東西。
- 多用大眾運輸工具，可節省交通費。
- 訂定支出預算，大額消費或旅遊應事前計畫按預算執行。
- 使用公共財，以逛公園、上圖書館的方式節省休閒支出。

1
PART

理財思維的建立

3. 降低理財支出

　　理財支出並非全無彈性，事先規劃仍有辦法降低，例如：找出適合自己狀況的融通性低利貸款，或購屋貸款補助方案。

* 尋找合乎自用房貸利息可扣抵稅款規定，降低稅後支出。
* 以租屋代替購屋，租金支出通常會低於房貸本息支出。
* 調整保單，以保障型壽險取代儲蓄險，可在同樣保額下降低保費支出。

檢視個人（家庭）財務現況

（一）請務必養成記帳的習慣

1. 清楚金錢的流向，錢從哪裡來及往哪裡去。

2. 讓自己掌握金錢進來的時間。

3. 自主性消費。

4. 突發狀況，涉及財務規劃者原則。

5. 不定時會額外出現的進帳，當然不宜拿來做固定支出，如將旅遊費用，換成一台比較好的電視機。

6. 分門別類，將資料累積起來，逐月比較。

（二）個人投資理財收支預算表

表 1-3 個人收支預算表

科目／月份	1月	2月	3月	4月	5月	6月	7月	8月	9月	10月	11月	12月
月收入／薪資收入	60000											
投資收入	5000											
利息收入												
債息收入												
股利												
資本利得	3000											
其他投資收入												
其他												
收入合計	68000											
月支出												
基本生活費用												
飲食，服飾	20000											
水電，瓦斯，電話	3000											
交通相關費用	5000											
房租或房貸	5000											
休閒娛樂	15000											
子女教育費												
退休金支出												
保險費支出	3000											
臨時支出	1000											
非房貸型利息支出												
支出合計	52000											
月淨收入	16000											
賦稅支出												
所得稅	3600											
房屋稅或地價稅	2000											

表 1-3　個人收支預算表（續）

科目／月份	1月	2月	3月	4月	5月	6月	7月	8月	9月	10月	11月	12月
汽、機車	1000											
稅後每月可投資所得	9400											
計畫所需支出金額（結婚）	8000											
計畫所需支出金額												
計畫所需支出金額（三個目標都達成）												
計畫實行後剩餘金額	1400											
結婚目標之必要報酬率	18%											
所有計畫都達成之必要報酬率	18%											
科目年齡	30	31	32	33	34	35	36	37	38	39	40	30
年收入／薪資收入	720000											
投資收入	60000											
利息收入	0											
債息收入	0											
股利	0											
資本利得	36000											
其他投資收入	0											
其他	0											
收入合計	816000											
月支出												
基本生活費用	0											
飲食，服飾	240000											
水電、瓦斯、電話	36000											
交通相關費用	60000											
房租或房貸	60000											
休閒娛樂	180000											
子女教育費	0											
退休金支出	0											

表 1-3　個人收支預算表（續）

科目／月份	1月	2月	3月	4月	5月	6月	7月	8月	9月	10月	11月	12月
保險費支出	36000											
臨時支出	12000											
非房貸型利息支出	0											
支出合計	624000											
月淨收入	192000											
賦稅支出												
所得稅	43200											
房屋稅或地價稅	24000											
汽、機車	12000											
稅後每月可投資所得	112800											
計畫所需支出金額（結婚）	96000											
計畫所需支出金額	0											
計畫所需支出金額（三個目標都達成）	0											
計畫實行後剩餘金額	16800											
結婚目標之必要報酬率	18%											
所有計畫都達成之必要報酬率												

　　由上列預算表的收支項目中，可依本身不同的工作性質及生活方式，增刪項目，使自己方便簿記，並充分明瞭每週、每月、甚至每年的消費方式是否正確。

（三）個人理財資產負債表

　　個人資產負債表中的流動資產，除了約當現金外，皆需考量其流動性成本及長期之增值性，否則就可能形成資產下降，負債仍在的窘境。至於長期負債部分比例若偏高，亦容易以短支長，產生現金流量缺口，需要急促處分資產的流動成本。

表 1-4　個人資產負債表

個人理財資產負債表	
總資產	**總負債**
流動資產	流動負債
現金、活期存款及支票存款	信用卡負債
短期存款	一年內到期之房屋貨款、汽車貨款
定期存款	長期負債
個人資產	自用房屋貨款
自用房地產與土地	汽車貨款
自用汽車	消費性貸款
珠寶及收藏品	教育貸款
投資資產	
股票	
共同基金	
不動產投資	
債券	
淨值	

　　Visa 國際組織曾舉辦「e 世代 Visa 理財俱樂部」活動，公布一項調查，發現五成的受訪者缺乏日常理財知識，認為記帳、編列預算及照預算執行等都是理財最困難的部分。Visa 的網路調查顯示，高達 51%的受訪者缺乏理財知識，由於這些受訪者認為，日常理財最困難的是記帳、編列預算等，因此有高達 38%的受訪者表示，他們最想學習的理財知識是記帳方法、編列預算、存款利率等及信用卡或現金卡循環利息計算、平衡負債等方法。

　　Visa 也統計受訪者的理財狀況，有超過五成的人還小有積蓄，根據調查數據，54%「克勤克儉」的人屬於「克勤克儉，小有積蓄」，29%的

人屬於「收支平衡，沒有結餘」，12%的人屬於「入不敷出，被負債壓死了」，只有 3%的人是「多元投資，財力豐厚」。另外，投資工具的選擇方面，26%的人還是使用定存這個老方法，29%的人投資股票，36%的人選擇基金。

（四）子女教育費用

不論是自己或成家立業後、結婚生子女，對於教育費用的支出，算是生活開支中較為沉重的負擔，對於以往生育較多的家庭，也因高學費的環境，而使新生兒出生率逐年下降，歐美各國皆然。

表 1-5　對不同年齡階段之教育費估算表

項目	4~6 歲 幼稚園	7~12 歲 國小	13~15 歲 國中	16~18 歲 高中	19~22 歲 大學
教育學雜費 （公立）	5,000 元×2 學期×3 年 33,000 2,360 元×10 月×3 年 70,800	2,000 元×2 學期×6 年 24,000	2,000 元×2 學期×3 年 12,000	6,800 元×2 學期×3 年 40,800	22,000 元×2 學期×4 年 176,000
教育學雜費 （私立）	24,000 元×2 學期×3 年 144,000 8,000 元×10 月×3 年 240,000	16,000 元×2 學期×6 年 192,000	20,000 元×2 學期×3 年 120,000	20,000 元×2 學期×3 年 120,000	44,000 元×2 學期×4 年 352,000
輔助教育費 （安親班、補習費等）	10,000 元×3 年 30,000	5,000 元×12 月×6 年 360,000	6,000×12 月×3 年 216,000	6,000 元×12 月×6 年 216,000	
生活費 （食、衣、行等）	500 元×12 月×3 年 18,000	500 元×12 月×6 年 36,000 20,000 （制服費用）	1,000 元×12 月×3 年 36,000 20,000 （制服費用）	2,000 元×12 月×3 年 72,000 30,000 （制服費用）	6,000 元×12 月×4 年 288,000

表 1-5　對不同年齡階段之教育費估算表（續）

項目		4~6 歲 幼稚園	7~12 歲 國小	13~15 歲 國中	16~18 歲 高中	19~22 歲 大學
零用錢			500 元×12 月 ×6 年 36,000	3,000 元×12 月 ×3 年 108,000	5,000 元×12 月 ×3 年 180,000	6,000 元×12 月 ×4 年 288,000
合 計	公立	151,800	462,200	419,000	538,800	752,000
	私立	432,000	644,000	500,000	618,000	928,000

資料來源：教育部 92 年度規定之最低收費標準為主。

（五）如何檢視個人金融資產

1. 檢視所有金融資產的投資組合

- 列出完整的資產清單。

- 依型態分類（如股票、債券……）。

- 以圖形表達你的資產分配狀況。

2. 追蹤每筆交易

- 找到 18 個月內的所有交易。

- 交易分類、買賣、損益……。

- 了解未完成之庫存情形。

3. 進一步分析交易明細

- 現有庫存之現在市值。

- 取得成本為何？

- 檢視當時購入之情境與現在是否有落差？被遺忘？

1. 規劃收支平衡表

在收支平衡項目裡，首要釐清的觀念，是檢視投資標的，是不是真實資產。以投資的觀點而言，任何投資標的，若無法創造具體現金流入的，就需要檢視這個投資，到底是資產或是負債？有許多初入社會開始有收入的年輕人，在欠缺正確投資的觀念下，很容易做出一個需要多年才能彌補的錯誤財務決策。如下面二圖所示，所有的收入即刻轉為負債，先檢視這個投資，到底是資產或是負債，首先要有無風險利率的機會成本觀念，例如投資房地產需預算 500 萬元，若以 10 年政府公債 2%＋部分房貸利率 3%＋房屋相關稅金＋維修費……概估年機會成本利率為 5.5%，意即 27.5 萬元，若每年以此花費可得房屋使用權之換抵，首先要考量之風險是長期房價，是否能抵抗通膨上升率，及流通性風險成本。因此我們看到這十年來以「保守」自居的房地產投資人，如今大多以自用住宅解嘲，以投資立場而言，卻是負債的建立——無法創造「預期」的現金流入，不過若房子的租金每年收入可達 27.5 萬以上時，此房即為資產。

圖 1-3 及圖 1-4 分別為工作收支平衡示意圖，你可以比較當現金流入部分加入未來值的變化。

支出

年初買房 500 萬，利息成本為 500 萬×5.5%（成本利率）

＝27.5 萬（每年）

合計年底支出為 527.5 萬元（加入未來值後）

收入

每月薪資 3 萬，一年合計為 36 萬（一般計算方法）

若以每年公債利率 2%（無風險利率）來計算未來值

1
PART

理財思維的建立

可用財務計算機或 Excel 公式，算出為 363,385 元

n=12

PMT= -30,000

i=2/12=0.17（每月%）

FV=363,385

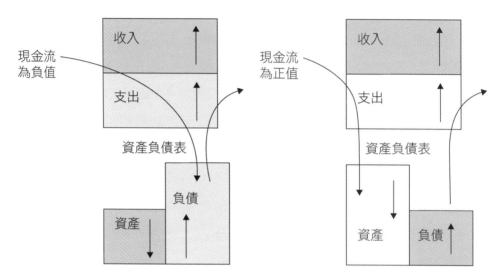

圖 1-3　未加入未來值之收支平衡圖　　圖 1-4　加入未來值之收支平衡圖

四　訂定明確可行的理財方向

　　根據短、中、長期之投資規劃及個人風險忍受力，訂定預期報酬率之範圍。一般而言，擁有較多資產者及年齡較大者投資規劃需較穩健，年紀輕資產少者投資理財政策偏向積極，縱然如此，仍需有合理之風險與報酬預期，避免賭徒心態，而承受超乎預期之損失現象產生。

（一）最佳選擇法

如今投資人面對著各式各樣的金融商品選擇，投資理財工具其多，我們皆要學習了解各種工具的屬性及差異，以便建構成功的終身投資理財策略。工具如共同基金、股票、債券、年金、保險、信託……，尤其現今網際網路發達，透過 Internet 可選擇全球知名的公司，為投資的對象（如：Apple、Microsoft、Facebook 等），因為買賣無國界，我們可找商譽佳、投資獲利表現持續優異的標的。

（二）分散風險法則

不同種類、型態的投資標的可以分散你的風險，資金分配在不同的金融資產，如債券、股票、現金……等，依個人在不同年齡可承受風險不同，規劃期望報酬率不同的理財項目，適當比例配置。

（三）持續性投資的管理能力

除非你受過完整的專業投資訓練，及累積適當的投資經驗，否則買低賣高，看似容易的操作，卻常常讓你看得到吃不著，甚至得不償失！所以要持續地了解投資，但先得認識風險。當銀行業務告訴你，透過定時定額投資無往不利，這時要思考的是，過去長期的操作績效如何？且此時購入的標的是否已在高檔？都需審視資料後決定。

由於各年市場景氣不同，投資標的價格上下的波動，將造成投資者決定中斷投資的錯誤訊息，定時定額之所以具有平衡投資價格波動的效果，就是因為不論價格高或低時，都固定買入，其重要的假設前題是，投資標的於長期，仍會呈現上升（回漲）的趨勢。全球長期股票投資的主要基準是美國，根據全球摩根史坦利(Morgan Stanley's Global Index)美國股市的市值平均 P/E 高出其他國家的 2~9 倍，事實上美國股市與全球

各國股市大部分是呈現正相關現象，長期觀察而言卻還是隨著各國經濟榮枯，各走各的調，如最近十年的日本等。因此長期投資報酬率的期望值，還是偏向每年 20%以下，才是比較接近合理投資的管理能力的範圍，以時間為朋友，才是投資獲利的穩健之道。

（四）政經稅賦與通膨影響

投資理財規劃與政經稅賦關係密切，政治影響經濟，而且與稅法息息相關，買賣股票需課徵證交稅；房屋土地買賣有契稅與財產交易所得稅；薪資或受贈也要課徵個人綜所稅及贈與稅。長期而言，租稅的影響非常重要，了解各類稅額，可透過投資理財信託等手段，達到避免或遞延繳稅的效果。至於通貨膨脹率，最近幾年，在臺灣不甚明顯，不過當產業結構調整、產業及資金外移，以至於新臺幣貶值，購買力變低，更需要以全球投資的立場將這部分的成本抵銷。

五　投資標的篩選

投資理財標的篩選有幾個重要構面的考量，在投資界稱為：資產配置(Asset Allocation)。

資產配置是投資規劃之主架構(Main Frame)，資產可依其收益及風險性質分類，一般分類股票、債券、衍生性商品……資產之收益多寡，需注意未來現金流入的穩定性及波動性。而各人之期望報酬率、投資目標、與風險屬性皆不盡相同，因此投資人不應一昧接受賣方媒體對資產配置之建議，反而應按個別需求來量身訂製。

（一）證券選擇(Securities Selection)

選股能力屬於基本分析，概分為總經分析、產業分析、企業分析；基本分析主要是找出企業之內在價值。

證券選擇就是篩選(Screening)股票，大多以基本分析為主，假如決定50%的資金投資於股票，就需依個股之風險之獨立性，建立投資組合，這裡要注意系統與非系統性風險的分類，選股以分散風險。堅實基本面的投資標的，如果買價在內涵價值（超跌）以下，對於公司前景看好，買進長期持有，也是一種智慧的抉擇。

（二）擇時(Timing)

擇時(Timing)能力屬於技術分析，概分為圖表型態解析及計量化技術指標的研判。以上兩種之應用能力需搭配個人各種實務經驗，決定投資之時機，往往對投資人之心理層面影響甚鉅，對短線投資者尤其重要，如果不能增加投資部分風險之縱深(Layers)，獨以技術分析為依據擇時操作則勝算有限，本書在投資學及投資決策有專章討論如何應用擇時。

（三）交易心理與保本(Trading Psychology & Protection)

雖然投資的目的，是為了報酬而承擔風險，但仍應極力避免發生狀況迫使資產變現，如信用擴張，通常致使投資人預留下擋風險之縱深(Layers)減少，在股價下跌的過程中，因融資追繳而遭斷頭，而喪失未來股價回升時獲利的機會。至於交易心理，是指投資行為對投資者心理層面之影響現象。由於非合理之投資規劃，造成非理性之期望報酬率，一夜致富心態，如此賭徒式操作行為，往往是造成投資破產的主要原因。

六　投資組合績效評估及調整

終身投資規劃，就是以長期的投資目標思考架構，以理性科學的方法執行投資現理財計畫，投資人成功的關鍵在於具有知識、學習興趣高、獨立思考、紀律、沉著、執行力。

要檢視投資組合績效，就必須有紀律地執行，定期追蹤考核投資理財活動紀錄，是否能達成既定之計畫，而不是輕易地受賣方的誘惑而隨便投資，那麼不但無法累積投資的正面經驗，反而提高了投資的風險性，造成無可挽救的失利操作。

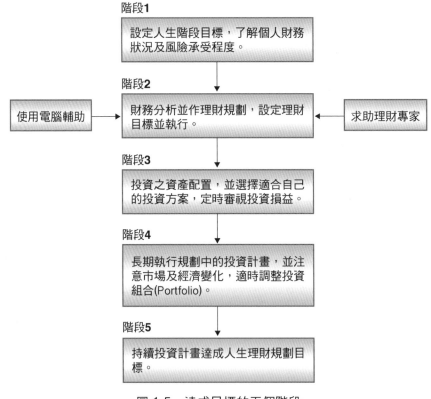

圖 1-5　達成目標的五個階段

問題與討論

1. 試著依人生不同年齡，將理財規劃區分為數個階段，並依自己的理財計畫，寫出適當的理財方案配置，其中需包括投資商品及資金比例。

2. 開源節流的方式有許多，對於目前是學生的我，是否能列舉出日常生活中，數件增加收入及減少支出的例子。

3. 身為家中重要的一份子，我是否能用財務規劃軟體，試著為自己做出一份家庭財務規劃報告書，並了解目前財務的缺口及投資產品屬性的風險。

1
PART

理財思維的建立

MEMO

Personal Financial Management
with Wonderful Life

02
CHAPTER — 正確的理財觀念

 一 投資風險與報酬

(一) 了解自己的個性(Integrity)屬性、承受風險能力

　　投資必然伴隨著風險，風險與報酬顯然是正相關的，長期的經濟景氣是很難預測的，全球的股票投資唯美國馬首是瞻，過去近百年，長期的美股呈現多頭走勢，所以很容易假設股票平均每年有一成的獲利能力，有關風險與報酬的部分本章將有比較詳細的說明。一般而言，理論上的投資獲利或複利計算都僅是數字上的價值呈現，但實際的風險相對於報酬的要求提高而增加。以下是一般外商銀行對貴賓理財客戶，進行個人風險問卷分析的九大問題。

表 2-1　風險性向分析問卷表

1. 對於您本次的投資，您預計多久可以不需動用到這筆資金？
(a) 小於 1 年。
(b) 1 至 3 年。
(c) 大於 3 年。
2. 下列哪一項敘述最符合您過去的投資經驗？
(a) 沒什麼經驗：並沒有什麼銀行存款（包含活存與定存）。
(b) 有一些經驗：我曾有投資國內外共同基金、購買海外債券及外匯。
(c) 非常有經驗：我是投資的常客，對於投資國內外商品相當熟悉。

表 2-1　風險性向分析問卷表（續）

3. 下列哪一項敘述最符合您的投資目標以及您對投資風險與報酬所願承受的程度？我是， 　(a) 微風險型投資者：我不希望所投資的本金有任何損失。 　(b) 保守型投資者：我希望所投資的本金不會有損失，獲利些許即滿足。 　(c) 平衡型投資者：我偏好平衡式的投資策略，希望本金損失不大，獲利要求較大。 　(d) 積極型投資者：我希望我所投資的項目有較高的報酬，本金損失並不在意，但追求長期獲利。
4. 請評估您本次的投資金額約占您總資產的比例為多少？（總資產額不含您現居的不動產，但包含以投資為目的所持有之房地產、股票。） 　(a) 小於 50%。 　(b) 50~75%。 　(c) 大於 75%。
5. 外幣優利組合帳戶適性分析：我願意承受外幣優利組合帳戶匯兌損失之風險以換取賺得較高收益的機會。 　(a) 是。 　(b) 否。
6. 如果承受更多的風險可讓您有機會增加更高的報酬。請列出您的選擇。 　(a) 較高風險：我願意以部分投資承擔較大的風險。 　(b) 小量風險：我願意以部分投資承擔小量的風險。 　(c) 我不願意承擔更多的風險。 　(d) 我願意承受本利上的匯兌風險以獲取較高報酬的機會。
7. 請列出您預計在本銀行投資／儲蓄的金額，包括您目前已和我們往來的存款／投資？ 　(a) NT$3~5 百萬元。 　(b) NT$5~1 千萬元。 　(c) NT$1 千萬以上。

表 2-1 風險性向分析問卷表（續）

8. 請問這次您和我們往來的金額占您總資產不含自住房地產和生意流動資金的%為多少？ (a) 小於 50%。 (b) 51~75%。 (c) 大於 75%。
9. 您怎樣描述您長期投資的目標？ (a) 我是為退休準備而投資。 (b) 我是為子女教育準備而投資。 (c) 我是為人生的主要目標而投資如買房子或車子等。 (d) 我是為本身資產保值及成長而投資。

資料來源：花旗銀行

（二）投資風險的種類

　　列舉數個在金融市場較容易觀察到的風險來源，包括信用風險、市場風險、流動性風險、作業風險、法律風險、通貨膨脹風險等六個，詳述如下。

1. 信用風險（違約風險）

　　指交易之一方在交割時或交割前因無法履行契約規定而導致另一方損失之可能性，店頭市場之信用風險大於集中市場交易。例如：美國爆發「次級房貸」引發全球金融風暴。

2. 市場風險（價格風險）

　　指價格發生與預期方向相反變動，而導致虧損的可能性。衍生性金融商品標的物，如：利率、匯率、股價、指數等的衍生性金融商品的價格風險具零和遊戲(Zero-Sum Game)之性質，具因其槓桿倍數作用，故其風險遠比現貨商品大。

3. 流動性風險

指交易者無法以合理的價格與時間完成交易,如無法將衍生性商品部位沖銷而導致損失之可能性。流動性包括流通性與變現性;集中市場交易之衍生性金融商品因契約標準化,投機者與套利者之參與及在集中市場公開競價,故其流動性風險較在店頭市場為小。

4. 作業風險

係指制度程序、內部控制設計不當、監督管理缺失、人為舞弊等因素所導致發生損失之可能性。巴塞爾銀行監管委員會的定義是:由於內部程式、人員和系統的不完備或失效,或由於外部事件造成損失的風險。作業風險分為七類:內部欺詐、外部欺詐、雇用合同以及工作狀況帶來的風險事件、客戶產品以及商業行為引起的風險事件、有形資產的損失、經營中斷和系統出錯、涉及執行交割以及交易過程管理的風險事件。

5. 法律風險

係指契約本身不具法律效力、越權行為、條款疏漏、規範不周等,致使契約無效,而造成損失之可能性。衍生性商品因創新快速,以致監管法令不及規範或規範不明確,另一方面由於交易雙方專業知識與經驗不足,導致可能的越權行為,以致產生契約法律效力、衍生糾紛等之風險。

6. 通貨膨脹風險

當通貨膨脹發生時,即使投資獲利,但是物價也跟著水漲船高,投資的真正獲利就不如帳面上好看了。比如投資基金獲利10%,但是同時通膨物價卻上漲了 15%。

（三）報酬計算與風險管理

　　報酬是大家所要追逐的，而風險卻是眾所規避的，在正常的投資情況下，投資者對於高風險的投資會要求高報酬，而對於低風險的投資則要求低報酬，也就是說報酬率越高的投資，其伴隨的風險就越大，而報酬率越低的投資，其帶來的風險便會較小。

　　一般而言，一個理性的投資者在既定的報酬率下，希望將風險降到最低（風險的規避者）；或在既定的風險下，希望報酬率能達到最高（報酬的追求者）。

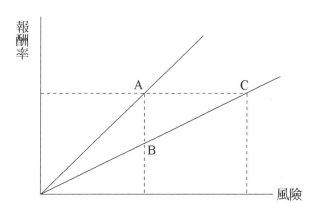

圖 2-1　風險與報酬的相關性

　　圖 2-1 中，A、B、C 是三種不同的投資策略，A 點與 B 點具有相同的風險，但報酬率不同；A 點與 C 點則具有相同的報酬率，但風險不同。一個理性的投資者將會選擇 A 點，這是因為在比較具有相同風險的 A、B 時，A 的報酬率較高，而在比較具有相同報酬率的 A、C；A 的風險較低，因此三項投資選擇時，當然要選 A 點，若僅考慮 B、C 兩種投資決策，則選擇 B 點的投資人是屬於風險的規避者，而選擇 C 點

的投資人是屬於報酬的追求者，投資心態較為積極，是以報酬率的高低為首要考量的因素。

在不同風險或不同報酬率的投資情況中，要如何選擇兩者皆宜的方式進行，似乎有著平衡與放棄的條件受限，所以衍生出風險與報酬換抵的理論。

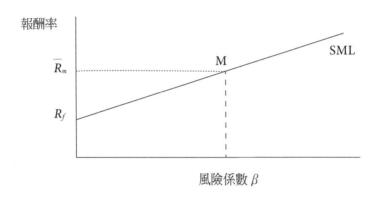

圖 2-2　風險與報酬換抵

上圖是風險與報酬換抵(Trade Off)之相對關係，斜線是眾所周知的市場線 SML。其公式為：預期報酬率 $\overline{R_i} = R_f + (\overline{R_m} - R_f)\beta_i$

資本資產定價模型(CAPM)可說明風險與報酬之換抵之關係，讓投資人領悟什麼是涉及風險的報酬——是不是足夠用來決定它的價值。換言之，投資評估是一個二難的工作，適當的問題是評價投資機會是用於什麼時候？並非是報酬的速率，而是這個報酬是否有充分的時間證明其風險？因為報酬是經由資訊(Information)的傳遞反應在價格上，時間越充足越有足夠的資訊證明風險（價值）之所在。

　　舉例說明：B 者代表一個比 A 者有較高期望報酬的投資人，相對也有較高的風險，這種相對曲線意指一個較高期望報酬者對其承受風險的轉換(Alternatives)。

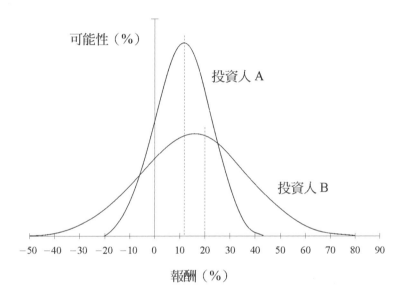

圖 2-3　投資人 A 與 B 在報酬與風險的相關轉換

　　投資者另須注意，所謂不可分散風險和可分散風險的差異，即系統風險和非系統風險間，與風險溢酬的關係，前者可用崔納指標來說明，後者可用夏普指標來解釋。

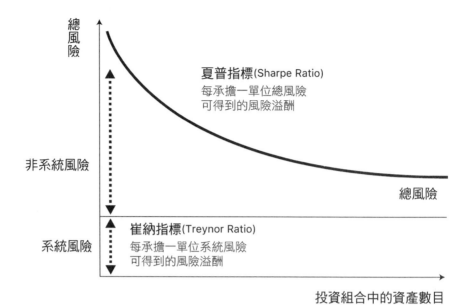

圖 2-4　風險溢酬和投資組合於系統風險與非系統風險間的線性關係

報酬與風險的計算

（一）報酬率的計算

前面所介紹的總報酬率，其實是一種「事後」或是「已實現」的報酬率，亦即在損益已經發生的情形下計算得者，這與預期報酬率是完全不同的。在此我們則須先了解有關期望值的觀念。

期望值意指所有可能發生狀況的加權平均結果的一種數學觀念。而加權平均，即隱含機率的成分。因此就數學上來說，期望值可以是「在某一情境中，所有可能發生的事件與其發生機率之乘積的總和」，如下式：

$$期望值 = \sum C_i \cdot \mathrm{Pr}ob_i$$

在上式中，表示各種可能的狀況，則表示該狀況對應的發生機率。可能的狀況，乘上其對應的發生機率後再予加總，即可得到該情境的期望值（也可說成平均值）。事實上「預期報酬率」也是一種期望值的觀念，因其為投資人進行投資之前（也就是「事前」的觀念），在其面臨的報酬情境下，所能預期之報酬率的長期平均狀況。因此預期報酬率(E(R))的計算方式，可如下式所示：

$$E(R) = \sum_{i=1}^{n} PiRi$$

表示第 i 個可能的報酬，表示第 i 個可能的機率，而 n 為樣本總數。假設過去與未來為同一平均數，利用過去報酬來推出未來報酬。

例 1： 假設投資甲公司股票的比例為 40%，過去甲公司的平均報酬為 9%，投資乙公司股票的比例為 60%，過去乙公司的平均報酬為 12%，則預期報酬率為何？

預期報酬率＝40%×9%＋60%×12%=10.8%

報酬率(Rate of Return)則指，金錢補償除以原始投資額後的比率。舉例來說，

例 2： 小明以 50 萬元購買了一張股票，於 1 年後賣出而回收了 55 萬元，則小明投資該股票的報酬率運算如下：

$$報酬率(\%) = \frac{55-50}{50} \times 100\% = 10\%$$

在上例，小明出售股票時，可回收成本與利潤共 55 萬元，因此報酬率為 10%，表示小明在此投資持有期間，所獲得的報酬率，稱為期間報酬率或總報酬率。而購入資產到出售獲利（當然也可能損失）的資產持有期間，則稱為投資期間。

若小明當時投資所投入的成本 50 萬元，視為該資產的期初價值（投資時的價值），而結算時的價值 55 萬則為期末價值。亦即該一項資產（即該股票）的價值在投資期間中已經成長到 55 萬元，亦即成長了 10%。因此可了解報酬率隱含了「資產價值成長」的意思，此經由資產本身價值變所獲得的報酬，稱為資本利得(Capital Gain)；若損失，則稱資本損失。

然而如同債券、定期存單等所謂固定收益證券的資產，一般除在投資期間結束時償還投資者本金亦將該期間內定期地支付利息給投資者，此時報酬率應如何計算？

舉例說明，假設小明投資 200 萬於年利率 5%公債，投資期間為 1 年；若 1 年後小明將其售出，得款 204 萬元，在計算報酬率時，除須將公債的期初與期末價值，亦應將此期間所獲得的利息收入一併列入考慮。因此，小明投資此公債的總報酬為 7%。其計算過程如下式所示：

$$總報酬率 = \frac{204-200+10}{200} \times 100\% = 7\%$$

與前例不同的是，在本例中小明所投資的，是會支付資產價值外「利息」的政府公債，故在投資報酬的成分中，除因資產價值成長帶來資本利得外，還多了 10 萬元的利息收入。這 10 萬元通稱為投資的收益所得。

至此，我們可以進一步了解到，投資的總報酬至少應包含兩個主要的成分：「資本利得（損失）」與「收益所得」。即如下所示：

總報酬＝收益所得＋資本利得（損失）

由此可知，一個報酬率的計算「通式」可以寫成：

$$總報酬 = \frac{資產期末價值 - 資產期初價值 + 其他收益所得}{資產期初價值} \times 100\%$$

例 3： 若某股票在該年度由每股 20 美元漲到 22 美元，且每季固定分配 0.5 元的股利，那該股票的年化投資報酬率為 20%。

（資本利得=10%，收益所得=10%）

$$年化報酬率 = \frac{(22-20)+(0.5 \times 4)}{20} = 20\%$$

（二）風險的衡量

衡量風險的意義是將概念性和抽象性的名詞加以科學化、數量化。通常是綜合報酬率和統計學的觀念為計算中心，進而詮釋風險程度。在此將要介紹二種衡量平均風險大小的統計工具，即所謂的標準差和變異係數。

1. 標準差

標準差乃是統計學家用來測試實際值與預期值之可能差異的一種估計值。

$$樣本標準差 = \sqrt{\frac{\sum (X - \overline{X})^2}{n-1}}$$

【註】x̄為樣本平均值

x為觀察值與平均之差

n為樣本數

標準差係用以衡量估計平均值與實際情況兩者的差異,標準差越大,顯示實際值與預測值差距較高,則風險較高;標準差越小,表示實際值與預測值差距較低,則風險也就越低。

標準差乃變異數開平方根得來的,即:

$$標準差(s) = \sqrt{變異係數(\overline{CV})} \quad CV = \frac{s}{\bar{x}}100(\%)$$

2. 變異係數

當兩種證券之預期報酬率不相等時,若僅以其變異數或標準差來比較其風險其結果可能錯誤。若已知大東及大明兩家公司股票之預期報酬率及標準差之資料如下,當比較二種或二種以上的投資方案時,其相對的風險程度可用變異係數來判斷。

例1:

	大東	大明
預期報酬率	18%	6%
標準差（風險）	59.3%	38.2%

若僅以標準差來比較兩公司股票風險之大小,很明顯地,大明公司之標準差小於大東公司之標準差,其風險較小。但實際上,由於大明公司之預期報酬率低於大東公司之預期報酬率,大明公司股票之相對風險並不低於大東公司股票之相對風險,亦即當證券之預期報酬率不相等,通常需將其標準差除以預期報酬率而得變異數,以衡量其相對風險。

變異係數通常以 CV 表示，其計算式如下：

$$變異係數(CV) = \frac{標準差}{預期報酬率}$$

以本例而言，其變異係數分別為：

CV 大東 ＝ 59.3/18 ＝ 3.29

CV 大明 ＝ 38.2/6 ＝ 6.37

當變異係數越小者，其相對風險越小，因此，實際上，大東公司股票之相對風險小於大明公司股票之相對風險，此乃由於大東公司股票，其標準差雖較大，但其提供較高之預期報酬率以彌補之，故其風險反而較小。

例 2：投資方案一的風險雖較方案二高，但經考量預期報酬率的結果，方案一獲得較低的變異係數，所以方案一可能是較佳的投資組合。

	標準差（風險）	預期報酬率	變異係數
方案一	0.6%	30%	0.02
方案二	0.4%	10%	0.04

例3：假設 A、B 兩種股票的期望報酬率及報酬率的變異係數如下，試算其變異係數，並比較其相對風險。

	A	B
期望報酬率	0.06	0.1
報酬率的變異係數	0.09	0.16

A 股票的 $CV = \dfrac{\sqrt{0.09}}{0.06} = \dfrac{0.3}{0.06} = 5$

B 股票的 $CV = \dfrac{\sqrt{0.16}}{0.1} = \dfrac{0.4}{0.1} = 4$

∵ A 股票的 CV＞B 股票的 CV

∴ B 股票的相對風險較 A 股票小

（三）風險與報酬的關係

　　證券未來價值的不確定性。報酬可分為事前(Ex Ante)及事後(Ex Post)，兩者區別，也就是預期及實際發生的情形。風險觀之建立在於了解其中無法掌握兩者差異之可能性。風險也就是古人所說的「劫數」，其化解之道在於事前的規劃準備及計算。

　　理性投資人要做的是清楚投資價值，及控管資產損失之可能性，期望在能容忍的風險內，獲取最高報酬。長期而言，受過良好正規理論教育的投資人，投資績效會較佳；反之，若能力有限，就算一心一意想做出正確的決定，在缺乏可依循的規範下，通常是率性而為，如此風險的嘗試，其累積經驗的成本必然是更高昂！

投資者皆對未來的不確定性感到無助，可是未來代表著充滿好壞參半的機率與可能性，在投資界中風險與報酬的拉鋸戰永無休止！不確定性不意謂著要喪失良機，其成敗的關鍵在於釐清某個觀念而已。例如：證券投資風險之降低，除了經由傳統投資組合(Portfolio)來達成外，有時加入一個看似風險高的資產，如期貨，到組合內避險(Hedging)，反而可降低風險。僵固地執著於過去的經驗值、投資價值觀，就好像始終看著後視鏡駕車於彎曲道路行駛一般。

何謂「風險」？簡言之，就是損失發生的機率。在投資市場上，一般而言，所謂的無風險利率，就是指政府長期公債的殖利率水平，例如美國 10 年期國庫債券、臺灣中央銀行政府公債，都是被認定屬於零（或近乎零）風險的投資工具。另外，屬於低風險的投資工具，有定存、公司債等；高風險的投資工具則如股票、期貨及衍生性金融商品。而報酬(Return)係指投資人參加投資活動，在扣除原始投資額後所得到的補償，我們通常折換成現值金額來衡量，而風險與報酬之間的關係，加上通貨膨脹的利率因素，又可形成以下的關係：

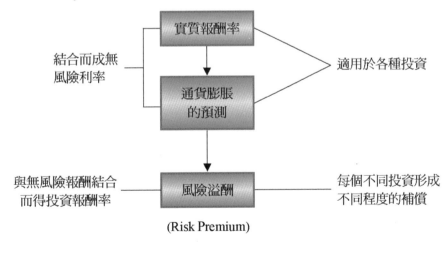

圖 2-5

何謂風險溢酬？也就是所謂的風險貼水。簡單的說：為補償投資人承擔風險可能產生的損失。每一種風險均有相對的風險溢酬。

對理性的投資人而言，若資產本身隱含的風險越多，則須能提供更多的預期報酬，以作為投資人承擔高風險的「補償」，而此「補償」為風險溢酬。

（四）風險的分散

分散投資可以達到風險分散的效果，大數法則告訴我們，分散投資標的可以分散投資風險，所以投資第一守則：「雞蛋不可放在同一籃子裡」。一般投資人都認為，把雞蛋放在不同的籃子裡就能分散投資風險，其實並不然，這麼做有時候反而會增加風險。

另一個重要的決策，在了解風險分散前，就是先清楚風險的屬性。一般而言，依照風險高低大致可將投資工具分成「固定收益型」及「風險溢酬型」兩種：

1. **固定收益型**：如國家公債、銀行定存等屬之。
2. **風險溢酬型**：如股票、共同基金、期貨等屬之。

由於固定收益型投資工具長期下來報酬率遠較風險溢酬型工具為差，因此，每個人（不論其個人風險屬性高低）或多或少均應於其個人的投資組合中納入如股票、基金等具有風險溢酬的工具，以獲取最佳的長期報酬。

例如：有一個婦人，有二個兒子一個賣冰、一個賣雨傘，皆需供養母親，婦人在二種不同天氣下的投資報酬，及期望結果的分散風險狀況：

	天氣	機率	結果	加權結果
冰品	晴天	0.4	700	280
	雨天	0.6	−300	−180
		期望結果		100
雨傘	晴天	0.4	−300	−120
	雨天	0.6	600	360
		期望結果		240
投資組合	晴天	0.4	400	160
	雨天	0.6	300	180
		期望結果		340

表中說明僅透過冰品或雨傘銷售的單獨結果為 100 及 240，但由投資組合的共同效益下，期望結果可以達到 340。

三　資產配置的重要

（一）如何適當的資產分配

投資前除了要了解自己的風險屬性：高或低、保守或積極，並且了解風險與報酬的關係，進而選擇適合自己個性、預期目標的投資工具，創造財富。

面臨投資環境的詭異多變，投資人不但要考慮自身的風險承受度與期望報酬外，更要能審慎評估，精確研判市場的波動與變化，因此，選擇兼顧風險與報酬管理的投資工具，首先必須了解市場上投資工具的風險與報酬。

表 2-2　不同風險承受度的理財投資組合

理財工具	股票	股票型基金	平衡型基金	債券型基金	定存
投資組合	全部股票	以股票基金為主（約70%以上）＋債券	股票基金＋債券基金（各約1/2）＋定存20%	債券基金70%＋定存	全部定存
投資風險	高風險	風險偏高	有限風險	低風險	微風險
期望報酬	高報酬	高報酬	穩定報酬	實質年報酬率約3%	名目年報酬率約2%

　　做好報酬和風險管理有一個重要觀念，資產配置。投資人將其投資資金分配投資於各種不同的資產類別(Asset Class)上。一般常見的投資資產類別包括股票、債券、不動產、銀行存款或外幣等，其行為的目的就在於不要將雞蛋放在同一個籃子。

　　如下圖可判斷出此投資組合特性，應屬於風險平衡型的規劃：

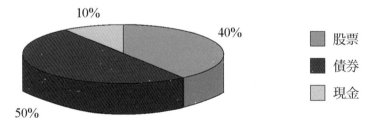

圖 2-6　風險平衡型投資商品組合示意圖

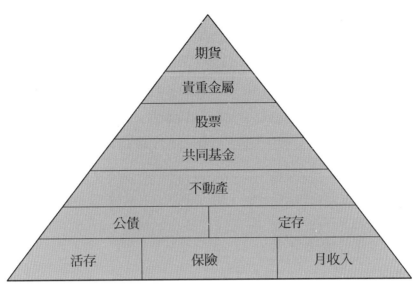

圖 2-7　金字塔理財法

　　什麼是「資產配置」呢？簡單來說，就是將資金分別投資到各種不同資產類別，經由長期持有及持續投資來降低風險，以達到預設報酬的一種投資組合策略。其基本概念即為：「在風險理財與無風險理財之間求取平衡」。資產配置以系統化分散投資的操作方式來降低投資風險，並在個人可忍受的風險範圍內追求最大報酬。資產配置的最主要目的，並不在追求資產的最大化，而是降低投資的最大風險。因此，如何精準地挑選投資工具、審慎評估各種投資風險（包含個人風險承受度）、掌握適當的投資時機、長期且連續的投資計畫……都是我們在做資產配置時應該考慮的因素。

　　那麼，如何在個人可承受的風險範圍內，找到最適合自己的資產配置及投資組合呢？以下透過 7 個簡單的步驟，可以提供給您參考：

STEP 1：分類。先將平常的理財標的，簡單區分為「風險理財標的」
　　　　　與「無風險理財標的」。所謂的「風險理財標的」有：股票、

41

基金、互助會、不動產、外匯、期貨、不保本的投資型保險等等；而「無風險理財標的」，則包括銀行存款、公債、國庫券、傳統型的儲蓄險、保本型的投資型保險等等。

STEP 2：分配。依照自己的年齡、投資屬性、市場狀況等因素，決定將多少資金比例配置到風險理財標的與無風險理財標的中。如 35 歲以下青年，因為還有很長的職涯生活，所以適合積極性的規劃（30%股票、20%基金、20%儲蓄保險、30%不保本的積極投資）；而 35 歲以上、65 歲以下的中壯年，則介於保守與積極之間（20%股票、20%基金、20%定存、20%保險、20%保本型的投資）；65 歲以上退休長者，因為經不起任何失敗的投資計畫，必須以保本為首要原則（10%股票、20%基金、20%定存、30%保險、20%保本型固定收益投資）。

STEP 3：進場。選擇適當的時機進場，投資具較高風險的理財標的；而無風險理財標的的投資計畫，則是越早開始越好，因為可以創造時間的複利價值。

STEP 4：修正。隨時檢視投資績效，並適時依市場景氣及財務狀況修正資產配置計畫。

STEP 5：轉投資。將無風險理財標的所創造出來的利息或年金進行轉投資，此時可以重複選擇風險理財標的或無風險理財標的。

STEP 6：評估效果。如果風險理財標的與無風險理財標的都有獲利，則這種資產配置計畫又會產生「交叉獲利」的錢滾錢效果；反之，如果風險理財標的虧損了，但至少無風險理財標的已經做好了保本的萬全準備，日後也會有利息或年金的收入，對於整個投資計畫而言，也可達到風險平衡的目的。

STEP 7：附加價值。最理想的資產配置計畫，必須涵蓋保險，過去保
　　　　　險商品主流的「投資型保險」，或現行的「利變型保險」，不
　　　　　但兼具理財的功能，也有壽險保障效果，這就是保險的附加
　　　　　價值，但都應注意本金投資部位的風險。

　　最後，提醒大家，不要訂定不切實際的理財目標，「因為目標不易
達成，計畫執行就不易貫徹。」沒有人會計畫失敗，但大部分的失敗，
都缺乏適當的計畫。您的未來要過怎樣的日子，全都靠您事前有沒有準
備；有了周全的準備，未來希望享受優質的生活，也就不是困難的夢想
了。

　　國際學術界及實務界皆公認資產分配決定了投資績效的八成，而抓
對時機與挑選個股的影響極為有限，如下圖例示：

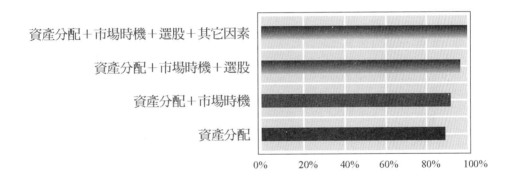

　　透過資產分配可掌握投資風險，風險是投資報酬的不確定性。從另
一方面來說，超額利潤是投資人承受風險的代價，投資市場的各種影響
因素變幻莫測，正確的投資觀念應該是理性抉擇而非胡亂押寶。透過資
產分配的方式，可有效控制投資風險，投資人不僅需要仔細評估每一項
投資標的風險，更必須衡量整體投資組合的全面風險。

1
PART

理財思維的建立

　　投資的目的在賺取報酬，但是，投資的過程必隱含著風險，正所謂「高風險，高報酬」，報酬與風險是相對的。若想取得報酬，必須要承擔一定的風險。理性的投資人，應該規避風險，追求報酬。在相同的報酬下，應選擇風險最小的投資機會；在相同的風險下，應選擇報酬最高的機會來投資。

　　如何平衡風險／報酬之相互關連，為每位投資人管理投資組合的考慮重點。

　　這就是每位投資人必須經常根據投資目標及市場條件變化，加以審視的一個因素。投資的長期報酬率與預測風險成正比，已是眾所皆知之定律，但是，在較短時間內，有時會生產逆關係，使風險較低的投資，卻獲得超過風險較高投資的報酬率。因此，投資人必須同時在保本和流通性的期望，與極大化的報酬目標，兩者之間作出換抵或妥協。

（二）資產分配的方法

　　若依風險屬性來區分，大致可區分六類，如下表：

表 2-3　個人風險與各種投資商品比例配置

產品 風險屬性	股票	債券	基金	存款
無風險型	0	0	0	100
微風險型	0	20	0	80
保守型	0	40	40	20
平衡型	20	20	40	20
成長型	40	30	30	0
積極成長型	80	0	20	0

　　這六種風險屬性所代表的個人風險承受度不同,因而形成不同風險的資產配置,相對的預期報酬率也不盡相同。究竟何者為佳?並沒有一定的論斷,只能說不同經濟時期,也有不同較佳配置的方式,而各投資產品應有多少百分比率的配置,也只是一個參考值,每個個數都可以相互增減,不至於影響太大配置內容所涵蓋的隱藏性風險。

問題與討論

1. 寫出個人投資風險屬性分為哪六大類？

2. 投資風險包括有哪六種，並試分別說明之。

3. 何謂風險溢酬？說明風險與報酬的相對關係。

4. 何謂資產配置？

03
CHAPTER ── 財富管理自己做

財富管理不是追求股市明牌或一夜致富，而是在可控制的投資風險下，作良好的資產配置，追求長期穩定的合理報酬。

其重要的課題包括：基礎理財規劃、風險管理與保險規劃、員工福利與退休金規劃、投資規劃、租稅與財產移轉規劃、全方位理財規劃等，另依國內法規環境需要，要求「財富管理法規與職業道德」、「中小企業主與專業人士之財富管理」及「高淨值客戶之財富管理」等訓練，為目前國內理財規劃師證照的內容要求。

目前金融研訓院主辦之理財規劃人員證照考試，每期均吸引數以萬計的各界人士報考，顯見臺灣金融市場對理財專員及相關證照需求極為殷切，而各大金融保險機構也開始有計畫地培訓理財專員，除要求具有多項專業證照外，並需定期參加各種理財專業知識訓練課程。

其中研習訓練的課程包括：

（一）規劃實務

1. 客戶型態與行為特性。
2. 個人或家庭財務報表的編制與分析。
3. 收入支出與儲蓄管理。
4. 緊急預備金與信貸運用的規劃。
5. 租屋、購屋與換屋規劃。
6. 子女養育與教育金規劃。

7. 退休規劃。

8. 全方位理財規劃的運用實例。

（二）理財工具

1. 金融機構的功能與規劃。

2. 短期保本工具。

3. 債券投資。

4. 股票投資。

5. 共同資金。

6. 衍生性金融商品。

7. 經濟指標解讀與投資績效及風險衡量。

8. 投資策略的運用。

9. 保險的運用。

10. 節稅規劃。

11. 信託規劃。

目前臺灣最著名及最熱門的國際性金融證照有三種：美國特許財務分析師(CFA)、認證理財規劃顧問(CFP)和風險管理類的風險管理師(FRM)。其中「認證理財規劃顧問」(Certified Financial Planner, CFP)測驗，由臺灣理財顧問認證協會(FPAT)主辦。此兼具國際性與本土性特色的 CFP 考證，其除了要取得相關教育課程(Education)證書之外，尚需通過考試(Examination)、具備經驗(Experience)，且合乎專業道德條件(Ethic)，簡稱 CFP 的 4E，同時在認證後的每兩年於協會重新審視(Recertification)，簡稱 CFP 的 1R，才可換發證照。有關 CFP 相關的資訊簡單整理如下：

CFP 必須符合 4E1R 的條件，包括：

（一）在 CFP 授證前：（符合 4E 條件）

1. Education：其須符合臺灣理財顧問認證協會(FPAT)所公布之教育訓練要求，於參加考試前，必須於「協會認可之專業教育訓練機構」經過下列六個課程單元，共 240 小時之認證系列課程，或以學歷、證照、專業證照等抵免，方可參加認證考試。

   （備註：2007 年 1 月 1 日通過任何一科測驗者，可持續完成協會所有教育訓練課程及各科測驗，於通過所有科目測驗之後仍可申請認證。惟 2007 年 1 月 1 日後方通過任何一科測驗者，於通過所有科目測驗後，申請認證時須具備大學學位。）

2. Examination：必須通過 FPAT 所舉辦之考試。在接受協會所規定之教育課程後，必須通過下列六個單元考試及格，才符合受證資格。

	課程單元	所需課程小時數
1	基礎理財規劃	40 小時
2	風險管理與保險規劃	40 小時
3	員工福利與退休金規劃	40 小時
4	投資規劃	40 小時
5	租稅與財產移轉規劃	40 小時
6	全方位理財規劃	40 小時

3. Experience：具備一定之工作經驗。

   必須在考試通過日前十年，或考試通過日後五年內取得協會所認可的「三年合格之工作經驗」，始符合授證資格。

   （合格之工作經驗包含曾督導個人理財規劃專業人員、輔助個人理財規劃諮詢、個人理財規劃之教學或曾親自參與個人理財規劃過程；教學經驗包括在大學以上或者協會認證之訓練機構，教授理財規劃相關課程。）

4. Ethics：符合專業道德條件。

　由協會之紀律及道德委員會所制定之規範作審查。此條件的審核目的是為保障投資人之權益，因而在受證前必須簽署道德公約承諾，若未來在執行業務過程中出現爭端、訴訟，甚或發生危害客戶權益情事，協會有權暫停或吊銷 CFP 會員資格。

（二）在 CFP 授證後：（1R 的審查）

　Recertification：認證兩年期滿後，需重新經過審查，才能繼續使用此證照。審查標準包括兩年內，持續接受一定時數的專業再教育，與沒有違反職業道德規範，得繼續保有 CFP 證照。

　（資料來源：金融研訓院及 CFP 認證機構網站）

 ## 什麼是財富管理

　如前述要取得相關證照，似乎很難，但自己操作，卻又不太相信自己的能力，擔心自己是否比那些持有證照的理專或大師來得遜色；然而，就以往經驗，將大半輩子的積蓄交予專業，卻仍然需隨經濟的興衰與股市的漲跌，心情七上八下，即使選了不同的投資銀行，也換了幾位不同貴賓銀行的理財專員，收入卻仍不如所期。

　有些人是沒錢做理財，因而入不敷出；有人是忙昏賺大錢，沒空去管那些蠅頭小利，3%的定存利率，根本沒看在眼裡。其實財富管理的基本功，就應該從存款做起。

　存錢的過程，其實是一種人生態度的轉變，如果沒有決心，人人都喜好趨樂避苦、先甘後苦，因為苦在後，是看不到的未知數，如英國哲學家法蘭西斯培根所說：「沒有一種獲利能比節省手中的金錢，來的確實可靠。」

下列將筆者存錢的心得介紹如下：

1. **設定目標**：存錢的比率因人而異，通常是薪水的 10%到 30%，在可以達到的範圍內盡量設定高目標。在大臺北地區以總收入不到 8 萬元的雙薪家庭，一年仍可以存下逾 10 萬元，這顯現出自己的花費哲學，決定了可省下的儲蓄額。

2. **選擇方法**：人畢竟有惰性，不妨透過強迫儲蓄的方式，如定存的零存整付、一領薪水就自動扣款；或是買保險，保險的投資報酬率雖然不高，卻能達到強迫儲蓄的目的，不少年輕人在初入社會時就買了保險，而存了不少老本。

3. **年終獎金或意外收入時要多存點錢**：可以選擇另一個定存單的方式，將整筆資金作成定存。

4. **記帳習慣**：從小學四年級開始，我的母親就教導我要記個人帳，在日復一日的記帳中無形地培養出數字的概念，且從個人帳中可以了解自己的財務狀況，直到今日我仍保留記帳習慣。

5. **降低慾望、謹慎消費**：金錢管理最怕的就是衝動購物，許多人只要身上帶了現金或信用卡，就開始增加慾望，看到偶爾才會用到的電器，或是珠寶奢侈品，就會開始亂買，這一點很多人都一樣。克制力不強的人到了大賣場，或者電視轉到購物頻道，更會讓錢流失於無形之中。

若將財富以一個數學方程式表示，財富＝收入／慾望，如果你短暫無法將分子的收入增加，可以改將分母的慾望縮小。

全世界最快的致富方法只有繼承和中樂透，如果他們都不屬於你，只好從存錢開始，因為那是進入財富王國的鑰匙。有紀律的存錢、每個月存下薪水 10%到 30%，單身者可以存更多，謹慎消費。當所存資金有一定數額，就可以依市場波動進行整筆投資，不要害怕跨出第一步，別忘了滴水成川，一切都必須有個開始。

　　另外就是小額長期的投資，大部分的人仍是以基金、股票、民間標會為主，也有些人集資作較具風險性的不動產及其他金融衍生性商品投資，如選擇權、期貨等等。

　　在證券市場投資，最忌諱短線進出。因為股票被高估或低估的機會不多，一般人進進出出時自以為有賺到，其實賺賠相抵後，多半是瞎忙一場。不僅如此，每一次進出的手續費累積起來，就把原先該有的報酬率也吃掉了。如果是購買共同基金，盡量選擇手續費低，或者沒有手續費的基金。

　　一般散戶如何能在股市中獲勝，若是要求投資人用功研讀，加強對基本分析的功力，我認為一般散戶再多看幾份報紙、雜誌，把自己功夫練到再高強，其實作用不大，倒不如直接買一些基金，由專家去煩惱該投資什麼股票。

　　想想看，一個非財務金融專業的人，再怎麼用功，專業訓練也比不上基金公司的研究員、基金經理人；況且投資相關資訊太多太廣，從整體經濟、產業分析、個別公司分析，乃至國際政治、經濟情事，需要靠團隊分工合作蒐集分析資訊、亦非個人所能獨立完成。此外基金因規模龐大，深受上市、上櫃公司重視，常有機會與公司重要經理人員談話的機會，對公司的了解會比一般投資人深入。

　　臺灣股市成交量百分之九十是散戶所形成，散戶資訊較少，又易受市場情緒影響，對條件較好的法人而言，自然容易打敗散戶市場。

　　若投資者聽了建議去買共同基金，基金市場越來越大，法人占股市成交量比重越來越高，那時基金要擊敗市場就會越來越困難。所以聰明的投資人，仍要趁還沒注意到市場變動時，及搶先投資波動將起的基金，賺取市場還未十分法人化、效率化之前難得的超額報酬，否則仍會形成多空套牢或市場獲利贖回的賣壓。

銀行和保險公司的理財專員

目前金融機構紛紛成立金融控股公司，也申請財富管理執照，希望搶食市場這塊大餅，但是投資者又如何知道哪一家的績效比較好，哪一位理財專員又是最能為客戶著想、為客戶利益把關，即使市場空頭時，也不會賠的太多？

私人銀行的理專，和保險公司的財富管理人員，差別在哪？另有一些自稱屬於跨國企管公司的副總裁級顧問，他們的道行又有多深呢？

且讓我們就目前國內二家外商及一家本國銀行來比較看看，理財專員怎麼做？

（一）花旗銀行

為了向亞洲區超級富豪提供更周全的服務，花旗私人銀行開拓了「私人投資銀行」的理念。有不少高資產客戶，是擁有數百萬美元生意的創業家，他們正在尋找更多發展業務以及增加個人財富的機會。私人投資銀行不僅擁有完整的財富管理功能，也能提供投資銀行的協助。根據瑞士信貸銀行(Credit Suisse)的調查，全世界 1%的富人現在坐擁全世界超過一半的財富，財富不均持續惡化，主因為金融危機，2007 年至 2016 年這段期間財富不均的情況在全球攀升，因為金融資產增加的速度高於非金融資產（如不動產）。研究顯示，美元百萬富翁越來越多，部分是因為歐元強勢的關係，德國、法國、義大利、西班牙共創造了 62 萬個百萬富翁；反觀英國和日本則因貨幣貶值，而各有 3.4 萬和超過 30 萬的人跌出百萬富翁的行列。但幾乎有一半的新興百萬富翁都出身於美國。

走進花旗銀行貴賓理財開戶，理專就先問了許多問題，如：為何選擇於此開戶？什麼職業？資產從哪兒來？這就是金融機構的 KYC (Know

Your Customer)，在雙證件上網查詢發證時間無誤後，並知悉個人職業收入及開戶目的，知道我是要存款並投資的心態下，先要我做份投資屬性及財務規劃分析，電腦數據出來令人咋舌，原來我退休時，尚不足存款2,000 萬元，我想不吃不喝，也難能在退休前，攢出這樣的金額吧。

看著 10 頁厚的財務規劃報告書，寫下我、配偶與子女們的出生年月，其中數值累計包括著，我們夫妻倆的年收入及家庭支出、未來子女到大學或研究所的教育基金，與必須支撐退休之後，到餘命結束的 60% 生活水平，其中還包含購屋、購車及出國旅遊計畫，事後我在想，為什麼都告訴了她，大概是拒絕不了美女理專的要求，而且令人有新奇的感受。

最後理專拿給我一本厚厚的基金目錄，告訴我現在的世界經濟局勢，以及哪些投資是最近熱門產品，要我盡快將資金匯入，趁早開始投資。

（二）香港匯豐銀行

電視廣告中，大家都聽過這句話：「環球金融，地方智慧」，也因著這份情懷，來到匯豐銀行，想看看如何使自己的投資能展現出不同的地方智慧。

匯豐強調的是高級專員的服務，每位都掛著業務經理的頭銜，但有的才做不到 2 或 3 年，這讓我感受到，以往在臺灣的大企業裡，從專員、主任，到課長，就花了近 10 年的時間，不像外商公司，一位位年輕貌美的副總裁比比皆是。

這位非常有禮貌的理專，一樣先進行 KYC 的例行詢問，了解我想投資及存款的金額後，也告訴我投資理財的急迫性，包括基金介紹及保險規劃的重要性，接著介紹目前 HSBC Direct 帳戶，要我立刻入主 300 萬元，同時開立外幣綜合存款帳戶，可預換外匯來操作投資，並做了一

系列的理財試算表。這次在分別假設預期報酬率 5.5%、通貨膨脹率 1.7%、薪資成長率 3.6%的情況下，計算我到退休時，60 歲的累積資產，竟只有 700 多萬元，距離退休目標 3,000 萬，更是差了一大截，正所謂只靠固定薪資收入，真難達成理財目標。

專員強調匯豐銀行 HSBC Direct 有高於市場平均值的美金活存，又推出最低零手續費、最高 1.5%（含）手續費的共同基金交易服務，24 小時隨時上網買，提供最「便利+有利」的投資管道，尤其美金回跌時，更是應該投資的時機。要注意當領取或存入美金現鈔時，有 0.5% 手續費（最低為新臺幣 150 元）。

透過網路銀行、語音服務或電話服務中心人員，可匯款轉帳至臺幣約定帳戶及非約定帳戶（非約定限額為單筆新臺幣 5 萬，每日 10 萬，每月最高 20 萬元）。

網路申購基金服務，可提供 24 小時隨時上網下單的服務，讓客戶能掌握進場好時機（但要注意若逾 15:30，則計算為次日交易）；在基金的選擇上，提供國內外的基金讓消費者靈活操作，包括熱門的新興市場基金、原物料基金及大中華概念基金等，都涵蓋其中。

目前申請 HSBC Direct 之新客戶在完成開戶流程後，共同基金服務將會和新臺幣活存帳戶一併啟用，不用另行申請；而新客戶也可透過「預約專人」服務，與專人約定核對身分文件的時間地點，開啟共同基金戶頭也無需前往銀行，可謂十分便利。

（三）中國信託

這個本土銀行比外商銀行據點多，雖然比不上郵局的分布，但已經好太多了，尤其可利用該行在 7-11 的 ATM 更是方便。進入明朗的大廳，一樣是堆滿微笑的招待。

1
PART

理財思維的建立

中國信託以財富人生規劃系統(Financial Advisory)作資產規劃流程，藉由軟體計算客戶理財目標及整合性投資策略，依不同人生階段的需求，提供資產配置建議。

這點與外商銀行的做法都是一樣的，僅是大家都打著不同的包裝及品牌。在詢問了解客戶本身的風險屬性與經驗後，就是理財的商品介紹，在這包括基金、ETF 與連動式債券等，比較不同的是中國信託亦包括了會計師常常向我提起的「信託」，比起來，這兒的信託產品，似乎比外商提供的商品種類多。

中國信託強調從選擇理財產品開始，就需考量本身對風險的承受度、連結標的熟悉度，及投資資金流動性的適當考量。分述如下：

1.**風險承受度**：本金保障、非本金保障

2.**連結標的熟悉度**：美股、歐股、港股、匯率或利率商品。

3.**投資資金流動性**：短、中、長期資金配置。

另外也要考量此筆可投資金額的未來使用需求，若此資金為未來短期需要使用時，就不適合投資中、長期商品，例如：高風險債券，有時需較長的時間等待，跳過衰弱的週期。

就本金保障程度可分為保本型與不保本型，保本型適合風險承受度較低的投資人，訴求在投資的同時還要兼顧投資本金的安全性；不保本型適合風險承受度較高的投資人，在保障本金一定比例的情況下，採取更積極的方式，參與連結標的表現。

另就連結標的來分類，又可分為以下幾種：

1. 股權連結型。

2. 利率連結型。

3. 信用連結型。

4. 避險基金指數連結型。

5. 匯率連結型。

6. 原物料連結型。

7. 不動產投資信託(REITs)連結型。

　　若想投資結構型商品，但又不想承受本金虧損的風險，則可投資保本型商品。例如投資標的為美國標準普爾 500 指數，到期收益端視標準普爾 500 指數的表現，若表現良好，則投資人可獲取高於定存之報酬，若標準普爾表現不如預期，則投資人仍可享有到期本金的保障。如果投資人對於單一個股的未來前景相當有信心，而且可以承受本金的虧損，可以投資選擇權，透過賣出一個賣權的方式，收取權利金。高的配息收益，雖約束在一定跌幅內，本金還是可能虧損，也可能全部喪失。

　　結構型債券的交易成本比基金低，產品也可以質借，若有資金需求時，向銀行質押借款週轉，不必中途解約，惟損失未來參與連結標的上漲機會，故此方式可能讓自己陷入更大的賠率。

　　投資前對於手續費及投資扣款的時間，亦須留意；銀行受託投資業務，不保本、不保息，除應善盡善良管理人的注意義務外，投資所可能產生的本金虧損、匯率損失、或基金解散清算、移轉、合併等風險，均由投資人承擔。

　　下表為中國信託的收費標準，相較其他銀行，除特惠推銷時期外，也都大同小異。

1
PART

理財思維的建立

	一般單筆投資	定期定額投資	定期不定額投資
最低投資金額	境內外基金： 網路／語音：新臺幣 10,000 元 臨櫃：新臺幣 50,000 元（以千元為增加單位）	境內外基金： 每次每筆新臺幣 3,000 元以上（以千元為增加單位）	境內外基金： 設定每月之基準扣款金額為新臺幣 5,000 元以上（以千元為增加單位），減碼後最低扣款申購金額為新臺幣 3,000 元 境內 ETF： 新臺幣 10,000 元以上（以仟元為增加單位）
投資日	境外基金： 週一～週五下午 3:30 前完成，視為當日交易，逾時和星期例假日則視為次一個金融機構營業日之交易。 境內基金： 週一～週五下午 3:30 前<申購債券型基金上午 10:30 前>完成，視為當日交易，逾時和星期例假日則視為次一個金融機構營業日之交易。	1. 選擇自存款帳戶扣款：每月 6、12、16、26 日的任一日或多日（扣款帳戶不限本人）。 2. 選擇自信用卡扣款：每月 6、12、16、26 日（限持卡人本人，含正、附卡；但僅限新臺幣信託投資境外基金及「集合管理運用帳戶」）。 3. 選擇自郵局帳戶扣款：每月 6、12、16、26 日（扣款帳戶限委託人本人）。	1. 選擇自存款帳戶扣款：每月 6、12、16、26 日的任一日或多日（扣款帳戶不限本人）。 2. 選擇自信用卡扣款：每月 6、12、16、26 日（限持卡人本人，含正、附卡；但僅限新臺幣信託投資境外基金及「集合管理運用帳戶」）。

資料來源：中國信託商業銀行

銀行的理專或保險公司的業務，其實與一般的產品銷售業務大同小異，產品不同、推銷環境不同，造就消費者的感受不同，而比較消費型商品和投資投資型商品的不同，在於獲利所得後的心情，才應是真止感受不同的時刻。一般而言，當銀行或保險公司推出新商品，或因公司獎勵政策的前提下，業務多會因著豐厚的佣金或獎勵結果，來決定要推銷的產品，至於有幾位客戶買的不一樣，那是因為客戶需求不同，或無法引發興趣，只好退而求其次。我們無法避免業務員有這樣行為發生的風險，也不能說這樣的行為不對；然各家商品的特色及投資標的不同，甚至可說消費者只是選擇了不同的品牌、或是因為信任眼前這一個人，而願意認購或放心將資金投入。套句業務主管的話：「你現在不賣他，別人也會賣他。」

超級業務員賣什麼都行，他／她一定很懂得人與人之間那種微妙的情感，擅長建立信任與專業、關心您的健康與家庭、對您所關心、在意的事，也能適時幫上小忙，送了幾次小禮物，會讓你不禁認為至少也該捧個場，注入些投資的金錢。

舉個例子，當 2008 年 4 月各金融銀行保險公司都在推銷美元指數債券，但到了同年 5 月，為什麼銀行忽然改賣澳幣基金或存款。這不單是因為外幣市場變動，或投資時機到來，而有大部分原因，是因為銀行買入該選擇權，或與投信簽約後，需達到某個銷售額度之故。

行銷手法大公開

在消費者決定需求，並決定購買前，多半會從 Step 1.確認問題、Step 2.搜尋資訊、Step 3.評估選擇、Step 4.決定評價，而這個過程也被推銷專家、業務高手充分剖析利用，並從消費者的五個影響因子，包

括：知覺、家庭社會、人格、動機與學習記憶，來影響或說服眼前這位客戶的決定。

消費者通常對「專家」多所認同或言聽計從，因此導致客戶忽略的重點有：

1. 投資配置後，以為中、長期就可以放心的不需要管理或變化。

2. 忽略了國內外短期經濟短期因事件造成的波動變化。

3. 投資單一或特殊產業，只因別人一直鼓吹與推薦，收益卻常不如預期。

4. 應了解長期投資和短線盡出的資金比例，在財富管理中，本來就不該相同，這與分散風險是一樣的道理。

5. 過於依賴理專人員。

6. 被理專的銷售技巧牽著走，衝動下決定。

7. 猶豫時間過久，錯失投資買入或賣出時間。

（一）植入式行銷

在重複性的廣告中，人們都會在不知覺的情況下，接受某些商品的訊息或影響而不自知，這些產品本身不一定是高價格，但是如果利潤不高，又如何能在黃金時間，不斷地重複出現在螢幕媒體之前；也就是這種聲音、視覺不斷出現，即使原來漠視或不接受的訊息，也已印象式的刻劃在腦際中，成為非記憶性的經驗累積。

大家知道填鴨式的教學，吸收性較差，卻是對那些思考較遲鈍，或不願花大腦的人，一種勤能補拙的耐力練習。這些訊息透過產品的知識說明，比較性的差異，或者是引發憂慮，創造急迫的需求性，幾乎都是利用人性的弱點及共通性，來進行所謂的洗腦。

　　在這過程中，多會應用到音樂的加成。我們常會被電影的劇情感動，或聆聽高亢激昂的樂曲而落淚，在宗教的儀式中，也需要音樂的帶動。這種人類與生俱來的韻律，卻也能促使拒絕軟化，或是熱情澎湃下做成決定，而當心情平復後，卻又後悔那時的衝動。

　　一般而言，女性對視覺的傳導影響比男性強，尤其色彩和音樂加乘下，感受更強；男性則對數字或圖形較有邏輯概念，方向感也較強，這也是在平面廣告或行銷技巧中，被巧妙所應用的。

（二）漸進式行銷

　　一般理性的消費者，或有自己的主觀與價值判斷，比較難在短時間內被他人左右自己的想法或意見。聰明的銷售人員，便會運用一些小技巧，下列將一般常見的銷售技巧與流程整理如下：

1. 先以贊同或認同的言語拉近與客戶的關係，建立親和共識。
2. 呈現事先預備好的選擇性資料，直接侷限客戶的選擇。
3. 預先將客戶可能的提問，以數字、圖表，清楚呈現並釋其疑惑。
4. 訴諸專業、嘗試建立客戶的信賴感。
5. 誘導加勸說，使達成交易。

（三）傳銷式行銷

　　這種行銷模式，一般可見於所謂的直銷商品，目前臺灣市場上的一些代表性公司，包括安麗（日常起居用品、電器等）、賀寶芙（健康食品）、如新（化妝保養品、健康食品）、仙妮雷德（保養品）……等。曾加入這些消費行列的同學（包括我自己），也都有過一些銷售的經驗。首先透過好朋友或親戚的介紹使用了這些商品，接著加入會員後，不但自己購買有折扣，還可以介紹給其他朋友購買，以賺取架構式的佣金，

1
PART

理財思維的建立

下線的下線還可以代代抽傭，在如此利多的情況下，許多退休人員、家庭主婦都趨之若鶩，誰不想多掙一些外快貼補家用。所以，開始透過360 度的人情、以前的關係，帶人參加說明會，感受成功者的演說，並鼓勵加入事業的夥伴，成為自己的下線。

這種產品多以消費性商品為主，不但可以自用，而且屬習慣性的長期耗材，多半也標榜品質及效能，讓使用人產生不但有折扣賺到便宜，且認為屯購後，可轉售生財的心理。這也使得位於直銷頂端的傳銷者，能在短短的數月間，賺進驚人的佣金，並以自己的例子，不斷地吸引更多下線參與。

（四）卡內基優勢行銷

由黑幼龍先生引進的卡內基應用人性的情感及自體感性的發揮，達到與人互動中的最高境界，中間媒介產品的推銷，使這一連串的過程教育，成為一門激勵的課程與學問。

在卡內基優勢銷售的訓練中，分為六大階段，分別是：熱情迎賓、共同話題、情境建立、架構藍圖、回答問題與完成所託。分述如下：

1. **熱情迎賓**：讓客戶開心地享受接下來的時間，好像幾年未見的老朋友相逢，不矯揉造作。

2. **共同話題**：不是各自講各自的話題，而是找出今天見面的目的，或者在兩人中尋找出生活的共同點。例如：我倆一樣，都有位五歲的幼稚園女兒；我也常去打高爾夫球……

3. **情境建立**：常常我們都一味強調事實或環境，有些顧客卻是屬於感性決定的屬性，不需要分析利益、數據或步驟，只要給予一些想像的意念，客戶就可以在腦中勾勒想像藍圖。例如：母親節時，賣蛋糕的女店員把手中的蠟燭擺在蛋糕中間，向顧客說：「你想像一下，

一片漆黑中，這支蠟燭點亮在你和母親之間，是多麼地有感情，當蛋糕切開露出一顆顆碩大的草莓時，你可以向母親說，這裡面每一顆心都代表你對她的孝心。」這就是情境的建立，充分激發客戶幸福的想像力。

4. **架構藍圖**：想像力之外，再稍加補強，利用具時間性、計畫性，且可以達成的短期目標，去描述這張藍圖的可靠性及保障價值。例如：只要你每天將喝可樂的 20 元節省下來，每月支付 600 元到投資型商品，若每年獲利 6%，10 年下來，就可以累積相當可觀的一筆錢了。

5. **回答問題**：除了針對客戶的反對意見，去找出更好的理由，並在過程中，避免使用任何負面的字眼或直接否決，如：你錯了！不是啦！等反對詞。因為客戶希望得到的是贊同，所以必須先給予附和，再藉由隱形的第三者或委婉的方式進行說明，避免以第二人稱的方式，直接否決。例如：昨天有位榮總的婦產科陳醫師來匯款，也有提到跟您一樣的問題，但他發現原來是自己誤以為……。

6. **完成所託**：讓這次的會面，成為一次難得的機緣，是為了客戶的好處，也是為了解決客戶面臨的問題，才會有今天的會談，如果今天不解決，這問題會一直存在，形成困擾，所以現在就要做出聰明的決定、不要猶豫、簽下大名、承認你自己的智慧。

（五）行銷心理

這是利用敏銳的觀察力，知道說話對象的性格與興趣。在交談過程中，也能隨時探究其內心反應；從姿態及眼神中，了解目前談話內容是否令對方感興趣；在互動中，以身體碰觸、親暱稱謂，達到建立親密感的交流。

　　知道對方的經驗、教育程度及背景，以其印象性經驗來陳述商品特性，或者用封閉式或開放式選擇題，交叉應用，使對方一步步同意設好的結論。例如對方是修配廠的老闆，就可以用汽車零件，工人管理來舉例；若對方是護士，就可以運用其服務病人、與醫生間的互動等話題，來引起其興趣。

　　聰明的業務，不會把銷售的商品掛在嘴邊，一定會先瓦解客戶的防禦心理，建立信任並談及客戶感興趣的話題，藉由感情交流、互動找出共通點，而後藉由分享的方式介紹其商品。

　　談話過程中，理專也會運用情境，讓客戶對未來財富規劃產生不確定感，進而提供對策及解決方法，強調時間的急迫性，不論是理財或保險，都必須立刻著手開始。

（六）消費者心理六大弱點

　　既然身為哺乳類動物，就一定有動物行為學中，可以歸納的行為及思考模式，在這裡我們依過往經驗，歸納六個人性的共通點。

1.**平等對待**：我請你吃碗牛肉麵，下次再一起吃時，我的心理會容易產生預期也許這次你會想請客，這就是我們常說的彼此「互相一下」。當我有求於你，雖然你不要求立即的回報，但亦容易認知：助人也將得人助，或上天會回報善人的意念。

因此當業務利用這樣的人性，就可以提供你需要的協助或假借一個情況，讓你來幫忙，進而達成他完成交易的目的。例如：一位外科醫生替一位在銀行操作外匯選擇權的專員開刀，就診治癒後，這名專員帶禮物前來謝恩，並將外匯選擇權介紹給這名醫生，也就因為此醫生相信：我有恩於你，所以不會對你產生太多的戒心。

2. **物稀為貴**：全球限量 100 套，為什麼要如此？賣的好，為什麼不多做一些來賣？這就是運用消費者心理，總認為「物以稀為貴」的原埋，基本上，這都是外像的包裝，對產品本身毫無改變，但什麼產品快沒額度或停賣，卻總能讓消費者一股腦地跟下去。

3. **權威模式**：為什麼要用商品代言人？找王建民拍牛奶廣告、理財廣告；找林志玲拍華航、化妝品，這都讓消費者趨向兩個結果：第一，如果我買了這商品，相對就是認同這個代言人，換言之，也就是支持他；第二：如果我用了這商品，我也可以像她一樣，享有青春美麗。這些都是利用消費者內心世界的微妙之處。

4. **信守承諾**：我的保險專員每次來看我，都會帶乖乖桶送給我的孩子，幾次下來，他就成了孩子口中的乖乖桶叔叔。幾次的送禮，加上我幾次推卻說再考慮看看，最後為了要信守自己的承諾，只好意思意思地買個比較低價的保險產品組合。一般的人性皆是如此，當然我們也遇過貪婪過分的人性，這在倒茶水談話間，就已經可以嗅出。

   這種也是資歷淺的業務員，最初期的作法，當行銷手法不高明，就會一直停滯在人情銷售的瓶頸，其實這也看出人性良善的一面，總不能一直都吃別人的，或是說話不算數嘛。

5. **慾望貪婪**：跳樓大拍賣、老闆不在家、折扣大優待、結束營業……等等字眼，常常吸引那些對價格較為敏感的消費者，尤其在經濟不景氣時，每位精打細算的家庭主婦，總是為了節省幾十塊而跑去排隊加油，或搶一元美金紅包而弄得頭破血流。因此消費者需特別留心，當業者打出好康回饋，或絕對優惠等字眼的促銷時，消費者在進行評估時，仍須留意有些業者的投機取巧，如：半價的促銷，卻另多收手續費之類的情況發生，以免因為一時衝動、貪便宜而因小失大。

6. **階級滿足**：人有階級性，也有股傻勁的榮譽感，所以對晉升等級，從普卡、金卡、白金卡、鈦金卡等等，都是榮耀身分地位的象徵。在產品分級、或帳戶分級下，也使消費者趨向於展現自我卓越的現象，越是狹窄的申請空間，越是有人花錢擠進來，讓行銷者的市場區隔行銷策略成功，也如預期地吸引了不同消費層次的客戶進來。

（七）如何選擇適合的理財專員

曾經有位客戶，說他必須要到幾個不同的銀行去開戶存款，因為每家銀行只有中央存款保險 300 萬元，所以他至少要跑五家（因為共有 1,500 萬元）。我反問他，那好在您只有 1,500 萬元，存五家，那若上億元的客戶，需要去開幾個戶頭呢？其實選擇不同的金融機構，是因應本身的投資行為需求。例如：選擇離工作或住家近的郵局，開立存簿儲金帳戶，可當做家居公用事業代收費用扣款，另外找間公司或個人支票使用的銀行，要申請新票方便、手續費免費；再找間投資銀行，專供買賣基金、或股票使用；或者再找家存款利率最高的銀行，放一些不同貨幣的定期存款，這樣才是正確的選擇適合自己的銀行。

這些都是依照每個人不同的習性及需求來選擇，所以過多的存簿放置而未用、過多的信用卡擺著來擔心，這都是不對的。

在投資銀行裡，消費者多半也是一知半解，因著品牌廣告或親戚介紹，也不知是否適合自己的風險屬性。說的更明白一點，理財專員本身的風險屬性，多少會影響所帶領的顧客群所投資的方向，這部分可以從每位銀行業務、每個月的產品銷售比例報表，看得出來。另一種解釋，是說可能這些商品，因業務員自己比較了解，也比較有信心，所以客戶的接受度及成交率比較高。

我們可以在了解自己風險屬性問卷的同時，也要知道你眼前這位專家的過去投資產品與績效，是否波動過大，或者毫無記錄可言。舉例來說，我問一位正在推銷拉丁美洲基金的專員，他自己買了沒有？大部分的客戶，在什麼時候就開始進場了？他說，從年初就已經熱賣了，到現在已過了 3、4 個月，已經漲了很多，但他自己因為投資了別的市場，所以目前沒有投資這檔基金。那聰明的你，還會聽他的話，趕在別人獲利出場前，下單在高點嗎？

有些人看到帥哥、美女專員就無法自拔，投資什麼都好，回家後不是被先生唸就是被太太罵，除非運氣好，景氣上揚、賺到錢，否則又是一場家庭革命。

投資雖是一項長期的工作，但若在短期獲利，也可以趁好早收，再計畫下一筆的投資及市場分析，並不需要一直放著，非等到最初設想好的報酬、時間或年度不可。

好的理財專員或壽險從業人員，會依每位不同客戶的資金比重，及風險屬性規劃，最重要的還是要能了解現在、及未來短期可能變化的市場趨勢。在談話互動中，要相信自己的直覺，誠實可靠比花言巧語來得長久，問問他最近的工作情況、了解他的業績狀況，對於頻繁換工作或業績很好的理專，要更謹慎一些。

一般而言，沒有人想害自己的客戶，只是預測未來，誰也不知道，最重要的是隨時保持消息的傳遞，要定期告知所投資商品的市場變化或價格。尤其一些新商品，沒有過去業績可查，倒不如持穩些，買一些變化不大、卻有穩定績效的產品，這才是穩健的財富管理。

四　人工智能理財

　　人工智能理財是指利用人工智能技術（如機器學習、大數據分析等）來幫助人們管理和投資自己的財務資產。這種理財方式可以透過智能算法分析市場趨勢、風險評估、資產配置等方面，提供個性化的投資建議和財務規劃，以達到更有效率的資產增值和風險管理。

　　人工智能理財的應用範圍很廣，包括但不限於：

1.**投資組合管理**：根據投資者的風險偏好、財務目標和時間範圍，智能算法可以自動調整投資組合，以實現最佳的風險收益平衡。

2.**預測市場趨勢**：利用大數據分析和機器學習技術，人工智能可以分析市場數據，預測股市、外匯、加密貨幣等資產的價格變動趨勢，以協助投資者做出更明智的投資決策。

3.**自動化交易**：人工智能可以根據事先設定的交易策略，自動執行交易，包括買入、賣出和停損等操作，以減少人為情感干擾對交易的影響，提高交易效率和成功率。

4.**財務規劃**：基於個人財務狀況和目標，人工智能可以提供個性化的財務規劃建議，包括儲蓄、投資、退休規劃等方面，幫助人們實現財務自由和長期財務穩定。

　　目前廣受全世界人士喜好的 ChatGPT，就是一種生成式的人工智能，不但可以應用在金融理財，更被廣泛使用在許多工程計算、商業設計上，透過學習輸入數據的模式和結構，來產生與訓練數據相似的模型，內容不但新穎，並可用於分類或預測數據。這種記憶式的學習，讓過去需花費許多時間完成的事項，可以透過正確的指令，讓人工智能在瞬間完成，不論是撰寫論文，或製作簡報，完全推翻過去的學習概念。

下列是摘錄透過 ChatGPT（3.5 免費版／4 試用版）進行理財需求對話的幾個例子：

 範例一

You

我今年 35 歲，每年收入約 200 萬元，可以有 40 萬元的餘額作為投資或存款，投資風險屬性承受度高，可以接受基金及股票的買賣，請為我做一個適合的投資組合搭配。

ChatGPT

了解，基於你提供的信息，我可以提供一個初步的投資組合建議，但請記住，這只是一個參考，具體的投資決策應該基於更全面的財務狀況、目標和風險承受能力。此外，建議在進行任何投資前諮詢專業財務顧問。

考慮到你的收入、可投資餘額和高風險承受度，這裡是一個可能的投資組合構成：

1. **股票投資**：股票是高風險高回報的投資工具，但也可能帶來較大波動。你可以考慮將一部分資金（例如 70%）投資於股票市場，以追求長期增長。

2. **基金投資**：基金是一種多元化投資方式，可以降低個別股票風險。你可以考慮將另外的資金（例如 30%）投資於股票型基金，以分散風險並獲得穩定的回報。

3. **定期定額投資**：考慮設立定期定額投資計畫，每月定期投入一定金額以分散投資時機風險。

4. **風險管理**：雖然你的風險承受度高，但仍應留意風險管理。分散投資、定期調整投資組合、設置止損點等都是管理風險的重要手段。

請注意，這只是一個初步的建議，你應該根據自己的具體情況和風險偏好調整投資組合。另外，定期檢視投資組合，根據市場環境和個人目標進行調整也是很重要的。

⌖ 範例二

You

　　我今年 21 歲，是大學 3 年級學生，想要買一份人壽保險，包括實支實付的住院醫療及意外險，但年繳金額不能超過 2 萬，請問能給我一些建議嗎？

ChatGPT

　　當然，年輕時購買保險是一個很明智的決定，因為你可能能夠以更低的費用獲得更多的保障，在這種情況下，你希望購買一份人壽保險，其中包括住院醫療和意外險，這裡有一些建議：

1. **確定保障需求**：首先，你需要確定自己的保障需求，考慮你的家庭狀況、未來計畫和風險承受能力。例如，你是否有家人需要依靠你的收入？你是否有長期健康問題的風險？確定這些因素將幫助你選擇適合的保險方案。

2. **了解保險類型**：對於你的需求，你可能需要考慮兩種類型的保險：
   - 人壽保險：提供受益人在你去世時一筆金錢支付，這可以用於支付家庭的開支、學費或任何其他支出。
   - 住院醫療和意外險：提供醫療費用補償，包括住院費用和醫療費用，意外險則在意外導致傷害或失能時提供補償。

3. **比較不同保險公司的計畫**：在選擇保險計畫時，比較不同保險公司提供的計畫，查看保障範圍、保費、索賠程序等方面的差異。

4. **評估支付能力**：確保你可以輕鬆支付保險費用，不要超出你的財務能力範圍，以免在未來造成負擔。

5. **尋求專業建議**：最後，考慮尋求專業保險顧問的建議。他們可以幫助你評估需求，選擇適合的保險方案。

範例三

You

請告訴我如何正確地投資理財?

ChatGPT

正確的投資理財需要策略性地規劃和執行,並且要根據個人的財務目標、風險承受能力和市場環境進行調整。以下是一些關鍵步驟和建議,幫助你進行正確的投資理財:

1. 設定財務目標

確定你的短期和長期財務目標,例如購買房屋、子女教育、退休規劃等。目標應該具體、可衡量、可實現並有時間限制(SMART 原則)。

2. 評估風險承受能力

了解你的風險承受能力,包括你的投資知識、經驗、財務狀況和心理承受能力,年輕人通常可以承受較高風險,因為有更長的時間來承受市場波動。

3. 建立緊急備用金

在進行投資之前,應該先建立一個緊急備用金,以應對突發的財務需求。通常建議至少準備 3~6 個月的生活費用。

4. 分散投資

分散投資可以降低風險。不要將所有資金投入到單一資產或市場。考慮不同類型的投資工具,如股票、債券、基金、房地產等。

5. 定期定額投資

定期定額投資(如每月固定金額投入基金)可以分散時間風險,避免一次性投入帶來的市場波動風險。

6. 了解投資工具

熟悉不同的投資工具及其風險和回報特性。常見的投資工具包括:

- 股票:高風險高回報,適合長期投資。
- 債券:風險較低,回報穩定。
- 基金:專業管理的投資組合,分散風險。

PART **1**

理財思維的建立

．房地產：實物資產，具有保值增值潛力。

7. 定期檢視和調整

定期檢視你的投資組合，根據市場變化和個人情況進行必要的調整。確保你的投資策略仍然符合你的目標和風險承受能力。

8. 了解稅務影響

投資回報可能會受到稅務影響。了解不同投資工具的稅務政策，合理進行稅務規劃，以最大化淨回報。

9. 持續學習

投資理財是一個不斷學習和成長的過程。持續關注市場動態、經濟趨勢和新興投資機會，提升自己的投資知識和技能。

10. 尋求專業建議

在需要時，尋求專業財務顧問的建議。他們可以提供個性化的投資策略和建議，幫助你達成財務目標。

透過以上步驟，你可以建立一個穩健的投資理財計畫，提高資產增值的機會，同時有效管理風險。記住，理財是一個長期過程，需要耐心和紀律。

不難發現，只要透過多次的對話練習，精準的說明狀況與需求，人工智能不但可記憶先前的對話，還能針對需求提供建議與步驟方法，逐漸取代理財專家的位置。市場上還有一些使用在個人投資理財的 AI 軟體或應用程式，例如：

1. Robinhood：一款股票交易和投資平台，利用機器學習分析市場趨勢和個股表現，提供投資建議。

2. Wealthfront：一款自動投資管理平台，利用機器學習優化投資組合，提供個性化的理財建議。

另外 AI 人工智能運用在金融營運管理，也包括有：

1. **風險評估和管理：** AI 軟體可以利用機器學習和大數據分析來評估金融市場和投資組合的風險，並提供相應的風險管理策略。

2. **投資組合管理**：AI 可以根據投資者的風險偏好和目標，自動優化投資組合，以實現最佳的風險收益平衡。

3. **交易策略優化**：AI 軟體可以透過分析市場數據和歷史交易紀錄，發現和優化交易策略，提高交易效率和成功率。

4. **市場趨勢預測**：AI 可以利用機器學習和自然語言處理技術，分析新聞、社交媒體和其他市場信息，預測股票、外匯、加密貨幣等資產的價格變動趨勢。

5. **信用評估**：AI 軟體可以通過分析大量的財務和個人數據，自動評估個人和企業的信用風險，幫助金融機構做出更準確的信用決策。

6. **客戶服務和支持**：AI 可以通過自然語言處理和機器學習技術，提供智能客戶服務和支持，包括虛擬助手、智能客服系統等，提高客戶滿意度和忠誠度。

7. **反欺詐和安全監控**：AI 可以通過分析交易數據和用戶行為模式，檢測和預防欺詐行為，保障金融系統的安全和穩定。

在未來金融市場的操作與管理，將會是另一嶄新的科技引領，更多創新的理財方法和投資商品，讓我們更是必須去勇於接觸與學習應用，才不會成為科技下的呆瓜，任人宰割或遭受詐騙，但也不要盡信科技而忘卻人性，畢竟終端的操作及使用者，脫離不了人的情緒與改變決定。原來投資這門學問，除了了解自我，還須了解投資群眾心理，以及人為刻意造成的環境，包括供需失衡、引發戰爭、關稅壁壘等，都須謹慎對待。

1
PART

理財思維的建立

五　如何保障自己的權益

　　和銀行及保險公司打交道，最初都是因為對未來充滿憧憬和信任，但為什麼總是會聽到有打不完的官司和糾紛？是否有哪些需要特別注意的事項？事前是否已作好簽署？如此留心才不會有意想不到的麻煩。

　　與金融機構往來的交易商品，和《消費者保護法》中的製造業商品，似乎不太相同，也無法用後退還。最簡單的如外幣匯兌，早上買美金，下午賣美金，一買一賣，卻不能原價退換。所以，一旦交易簽署、成功出單後，除非可歸責對方，不然只好等到上漲的那天再做出脫。

　　向保險公司的業務人員購入保險，也要十分注意合約內容，不能只聽他說，要看內容，看不懂沒關係，要他教你看懂後再簽。

　　《金融消費者保護法》透過內部投訴系統，提供金融消費者與金融機構間，因商品或服務所產生的民事上的爭議，以過往糾紛最多的投資型保險為例，多半客戶反悔或告上法院，理由不外乎「保險人員說這像保本存款；這投資債券是固定收益，不會虧本；這商品零存整付，匯率根據以往經驗不會差太多、保證賺、我自己也有買……」等，多是似是而非的話語，我相信大部分專員都會說明清楚，並詳盡告知義務，甚至也有成為客戶的終身好友，但這些可能的糾紛，最好都能在發生前做好防範工作。例如金融投資商品交易中，制式化內容錄音及風險告知簽名，或定型化契約的簽署，包括銀行業、證券業、期貨業、保險業、電子票證業及其他經主管機關公告之金融服務業，都可以適用。像人壽保險要保書及示範條款中，就須載明客戶基本資料，告知事項、聲明事項等部分，還有審閱期的規定，而且要保人及被保險人，是不可以代填代簽的。

　　我也遇過因為客戶的無理要求，而造成公司困擾的情事，畢竟，誰也不希望天天在金管會或消保官那裡說明報告，一則我們要相信自己的行員，二則也要保障客戶可能受到的委屈。有時夾在中間的公司，當然只有請司法來判決，而不做私下和解或虧本的濫付。

　　臺灣的法官有人情味，會依不同身分，判定不同的合理賠償給付，甚至聽聞過保險公司依條款，拒付酒駕肇事死亡賠償，但對方施壓索討慰問金，畢竟於法理，真的無法以理賠金給付啊。

　　沒人喜歡上法院，但不得已碰到了，也可以在司法院網站上，搜尋一下過去相關的判例，作為自己有利的判例依據，相信只要正直良善的人，都可以獲得公平的判決。因為金融機構為了防堵詐騙及不法，所設下的許多規定，造成一些流程作業的不便，卻也是必要的。

　　以上的闡述，希望人人都守法，並成為自己財富的守護天使，用正確的觀念及方法，累積未來的財富。

1
PART

理財思維的建立

問題與討論

1. 試列舉目前金融保險市場中,財富管理或理財規劃的民間證照有哪些?

2. 金融商品投資中,消費者常忽略(或應注意)的重點有哪些?

3. 各種不同行銷手法,針對人性弱點來進行推銷,身為消費者,在簽署投資文件前,應該注意哪些要點?

4. 何謂定型化契約?並試舉二例。

投資商品的認識

1 PART

2 PART

3 PART

Personal Financial Management
with Wonderful Life

04
CHAPTER — 銀行存款

 銀行的種類

　　若依銀行法的定義，可區分為商業銀行、專業銀行及信託投資公司等三類，但若依大眾存款習性來區分，則可約略分為本國銀行、外國銀行、信用合作社及農漁會等，可由中央銀行或金融監督管理委員會網頁上查詢得知最新資料，例如下表即為銀行局公開資訊。

1. 本國銀行

機構代碼	金融機構名稱	機構代碼	金融機構名稱	機構代碼	金融機構名稱
004	臺灣銀行股份有限公司	052	渣打國際商業銀行股份有限公司	809	凱基商業銀行股份有限公司
005	臺灣土地銀行股份有限公司	053	台中商業銀行股份有限公司	810	星展（台灣）商業銀行股份有限公司
006	合作金庫商業銀行股份有限公司	054	京城商業銀行股份有限公司	812	台新國際商業銀行股份有限公司
007	第一商業銀行股份有限公司	081	滙豐（台灣）商業銀行股份有限公司	816	安泰商業銀行股份有限公司
008	華南商業銀行股份有限公司	101	瑞興商業銀行股份有限公司	822	中國信託商業銀行股份有限公司
009	彰化商業銀行股份有限公司	102	華泰商業銀行股份有限公司	823	將來商業銀行股份有限公司
011	上海商業儲蓄銀行股份有限公司	103	臺灣新光商業銀行股份有限公司	824	連線商業銀行股份有限公司

機構代碼	金融機構名稱	機構代碼	金融機構名稱	機構代碼	金融機構名稱
012	台北富邦商業銀行股份有限公司	108	陽信商業銀行股份有限公司	826	樂天國際商業銀行股份有限公司
013	國泰世華商業銀行股份有限公司	118	板信商業銀行股份有限公司		
015	中國輸出入銀行	147	三信商業銀行股份有限公司		
016	高雄銀行股份有限公司	803	聯邦商業銀行股份有限公司		
017	兆豐國際商業銀行股份有限公司	805	遠東國際商業銀行股份有限公司		
021	花旗（台灣）商業銀行股份有限公司	806	元大商業銀行股份有限公司		
048	王道商業銀行股份有限公司	807	永豐商業銀行股份有限公司		
050	臺灣中小企業銀行股份有限公司	808	玉山商業銀行股份有限公司		

2. 外國銀行

機構代碼	金融機構名稱	機構代碼	金融機構名稱
020	日商瑞穗銀行股份有限公司	085	新加坡商新加坡華僑銀行股份有限公司
022	美商美國銀行股份有限公司	086	法商東方匯理銀行股份有限公司
023	泰國盤谷銀行股份有限公司	092	瑞士商瑞士銀行股份有限公司
025	菲商菲律賓首都銀行股份有限公司	093	荷蘭商安智銀行股份有限公司
028	美商美國紐約梅隆銀行股份有限公司	097	美商富國銀行股份有限公司
029	新加坡大華銀行有限公司	098	日商三菱日聯銀行股份有限公司

2
PART

投資商品的認識

機構代碼	金融機構名稱	機構代碼	金融機構名稱
030	美商道富銀行股份有限公司	321	日商三井住友銀行股份有限公司
037	法商法國興業銀行股份有限公司	324	美商花旗銀行股份有限公司
039	澳商澳盛銀行集團股份有限公司	325	香港商香港上海滙豐銀行股份有限公司
072	德商德意志銀行股份有限公司	326	西班牙商西班牙對外銀行股份有限公司
075	香港商東亞銀行有限公司	328	法商法國外貿銀行股份有限公司
076	美商摩根大通銀行股份有限公司	329	印尼商印尼人民銀行股份有限公司
078	新加坡商星展銀行股份有限公司	330	韓商韓亞銀行股份有限公司
082	法商法國巴黎銀行股份有限公司		
083	英商渣打銀行股份有限公司		

3. 信用合作社

機構代碼	金融機構名稱	機構代碼	金融機構名稱
104	有限責任台北市第五信用合作社	178	保證責任嘉義市第三信用合作社
114	有限責任基隆第一信用合作社	188	有限責任臺南第三信用合作社
115	有限責任基隆市第二信用合作社	204	保證責任高雄市第三信用合作社
119	有限責任淡水第一信用合作社	215	有限責任花蓮第一信用合作社
120	有限責任新北市淡水信用合作社	216	有限責任花蓮第二信用合作社
124	有限責任宜蘭信用合作社	222	保證責任澎湖縣第一信用合作社

機構代碼	金融機構名稱	機構代碼	金融機構名稱
127	有限責任桃園信用合作社	223	有限責任澎湖第二信用合作社
130	有限責任新竹第一信用合作社	224	有限責任金門縣信用合作社
132	有限責任新竹第三信用合作社		
146	有限責任台中市第二信用合作社		
158	有限責任彰化第一信用合作社		
161	有限責任彰化第五信用合作社		
162	有限責任彰化第六信用合作社		
163	有限責任彰化第十信用合作社		
165	保證責任彰化縣鹿港信用合作社		

一般而言，本國銀行與外國銀行或信用合作社所經營的項目大抵相同，對投資者並無太大差異，僅是其規模及公民營的差別，但選擇往來銀行時，應依本身財務規劃需求的不同，搭配不同屬性的銀行或金融機構來進行。

 存款種類

（一）新臺幣存款

●活期存款	●定期存款	●支票存款
●活期儲蓄存款	●定期儲蓄存款	●可轉讓定期存單
●薪資轉帳活期儲蓄存款	●公務人員儲蓄存款	

1. **活期存款與活期儲蓄存款**

    開戶對象：年滿 18 歲之自然人、公司行號、機關團體及公營事業。
    　　　　　若為未成年人，需經父母或法定代理人同意並簽署同意
    　　　　　書後，方可辦理。

    金額限制：一般對起存金額有限制外，嗣後往來金額依各家規定不
    　　　　　同而有不一樣的限制，本國銀行為一千元以上計息，外
    　　　　　國銀行則可能有數萬元不等的存款餘額限制，並實施帳
    　　　　　戶管理費之扣除，來達到其要求的規定。

    存提方式：可憑存摺或金融卡提取，若為無摺活期存款，則計息方
    　　　　　式有每半年結算一次，或每日計息方式二種。

2. **定期存款與定期儲蓄存款**

    開戶對象：同活期與活期儲蓄存款。

    金額限制：有些行庫限制為一萬元，五萬元不等的金額，作為單筆
    　　　　　定期存款的最低額度。

    存提方式：可憑定期存款單到期提領，或轉存活期存簿帳戶，亦可
    　　　　　於未到期前，以利息折扣的方式，領回本金。

    計息方式：一般都是以一個月、三個月、六個月、一年、二年期的
    　　　　　定期存款利率來公布，若是要求提早解約，則給付利息
    　　　　　的方式，為未滿一個月不予計息，並依實際累計存款的
    　　　　　期數來計息，若是未滿的期數，則以次一期數利息來計
    　　　　　算。

    例如：某家銀行大廳公告的新臺幣定期存款利率表（107/01/02）

期數	1 個月	3 個月	6 個月	1 年	2 年
利率%	0.90	1.10	1.40	1.50	1.60

若存款人存單為一年，於 1 月 2 日存款 100 萬定存 1 年期，到期日為明年 1 月 2 日，若到期給付，利息計為：100 萬×1.5% = 15,000 元。

若於 8 月 10 日，存款人要求提前解約給付，利息計為：100 萬×1.4%×(211/365)×0.8 = 6,475 元，利率改依存款當日公告，未滿期的次一期數公告利率計算(1.4%)，未滿 1 個月的日數，則不予計算（1/2~7/31 計 211 日），再扣除 20%作業損失補償費用（違約費）。

3. 支票存款

開戶對象：個人、公司、行號、機關、團體、公營事業。

起存金額：新臺幣 10,000 元，嗣後往來金額不限。

存取方式：憑送款簿存入，由發票人簽發支票領取。

計息方式：不計息。

特　　點：可辦理透支。

　　　　　可辦理代繳公用事業費用、稅款等。

　　　　　可辦理語音電話銀行服務。

4. 薪資轉帳活期儲蓄存款

開戶對象：個人（存款人需為本行代發薪資之企業員工）

起存金額：新臺幣 1,000 元，嗣後往來金額不限。

存取方式：憑存摺、存取款憑條或金融卡存取。

計息方式：每半年結算利息一次。

特　　點：可辦理存摺存款融資。

　　　　　可辦理代繳公用事業費用、稅款等。

　　　　　可辦理語音電話銀行服務。

　　　　　可申辦金融卡使用自動化服務設備。

　　　　　有最高限額，超過部分按一般活儲計息。

2
PART

投資商品的認識

5. 公教人員儲蓄存款

開戶對象：公教人員（不含公營事業人員）及民意代表為限，以團
體方式辦理。

存款限額：

每月最高儲蓄額：職員 10,000 元、工友 5,000 元。

累計最高儲蓄額：職員 700,000 元、工友 350,000 元，超過部分以活
期儲蓄存款利率計息。

存取方式：每月發薪時由各機關學校會計出納人員彙總來行辦理存
儲，不得自行存款，但可憑存摺及取款憑條隨時提現。

計息方式：二年期定期儲蓄存款固定利率計息，並隨該固定利率之
調整而調整。

6. 可轉讓定期存單(NCD)

開戶對象：同活期與活期儲蓄存款

金額限制：一般銀行可轉讓定期存單的面額為新臺幣十萬元之倍
數，以一百萬及一千萬兩種較常見，發行期間以月為單
位，最長為一年，票面利率由銀行參考當時貨幣市場之
利率水準而加以調整。持有人在急需變現時，可以將轉
讓定期存單賣給其他金融機構或投資人。

中央銀行所發行的可轉讓定期存單面額較大，分為新臺
幣五百萬、一千萬、五千萬、一億元等四種；期限分為 1
個月、3 個月、6 個月、9 個月、1 年、2 年及 3 年等七
種，由一般銀行、信託投資公司、信用合作社、農會信
用部、漁會信用部等公開競標。

計息方式：利率以每半年一次的複利方式計算，到期時本利還清，
　　　　　一般有二種利率的訂定方式：一為浮動利率(floating rate)
　　　　　方式，一為固定利率(fixed rate)。所謂浮動利率的方式係
　　　　　指存單在一定期間內，每一期間的利率依期調整，存單
　　　　　需載明利率調整的基礎是依 LIBOR(London Interbank
　　　　　Offered Rate)，SIBOR(Singapore Interbank Offered Rate)或
　　　　　其他利率指標，再加減固定碼數為計息的基礎。所謂固
　　　　　定利率方式係指在期限內，存單利息的計算基礎是依記
　　　　　載在存單上的利率為主，且利率是固定不變的。通常短
　　　　　期可轉讓定期存單採用固定利率方式，長期（一年以
　　　　　上）可轉讓定期存單大都採浮動利率方式。可轉讓定期
　　　　　存單持票人想要變現使用時，可經由背書而轉讓流通，
　　　　　但不得中途解約，逾期提取不予計息。大部分可轉讓定
　　　　　期存單的發行期限，多在一年以下。一般而言，期限在 1
　　　　　至 3 個月的轉讓定期存單在市場上的流通性最好。

　　　　　例如：107/04/25 中央銀行公開市場操作資訊（發行
　　　　　NCD）公告如下：

一、本日（4 月 25 日）本行定期存單到期金額為 576.00
　　億元，發行金額為 500.00 億元（包括 NCD 153.00
　　億元 及 CD 347.00 億元）。

二、本日發行之本行定存單，天期如次：

　　（一）30 天期 申購利率 2.060% 金額 400.00 億元。

　　（二）91 天期 申購利率 2.150% 金額 90.00 億元。

　　（三）182 天期 申購利率 2.250% 金額 10.00 億元。

2
PART

投資商品的認識

三、自 4 月 1 日至本(25)日，本行定期存單共計到期金額為 11,723.20 億元，發行金額為 14,399.30 億元，在此期間淨增加 2,676.10 億元。

四、截至本日止，本行定期存單未到期餘額為 41,975.55 億元。

存提方式：可轉讓定期存單不能夠中途解約，但是可以在市場上自由流通，所以一般來講如果手上擁有可轉讓定期存單，但是臨時想要用錢的時候，便可以賣給別人，可透過票券公司來賣給別人；另外一般定期性存款不得轉讓，但存戶急需用錢時，可以向銀行辦理質借，質借就是銀行按照存單金額的百分之多少借給你，利率通常是按照存款的利率加 2%。

另外，可轉讓定期存單如果超過期限購買者不來辦理展期或者提取本金的話，銀行是不計算利息的，而一般定期存款如果超過時間來提取的話，銀行仍會給予活期存款的利率。

可轉讓定存單與定期存款差異：

	定存	NCD
抬頭人	記名	記名或不記名皆可
期限	1 個月～3 年	1 個月～1 年
中途解約	可	不可
利息所得稅	納入利息所得	分離課稅 10%
逾期息	按活期存款計	無

歸納特性：

A. 為配合政府政策，充實短期信用工具，調節貨幣市場資金，可轉讓但不得中途提取，亦不得質借。

B. 本存單為無記名式，但於發售時經承購人之請求得為記名。

C. 存單無論記名與否，其中途轉讓者均應於存單背面註明各次轉讓者受讓者之姓名或名稱、國民身分證或事業團體之統一編號及轉讓價格。以取得價格及轉讓價格之差額為所得額，其應繳利息所得稅由銀行依照規定代扣彙繳。

D. 本存單得供質押或充公務上之保證，但記名式者應先向銀行辦妥過戶手續後為之。

E. 可轉讓定存單之利息所得則採分離課稅，由扣繳義務人依規定稅率（目前為百分之十）於存單到期兌償時一次扣繳稅款，不再併入所得人之綜合所得總額或營利事業所得額。

F. 存單到期日如為休假日，按存單利率給付休假日之利息，逾期部分停止。

（二）外匯存款

DBU (Domestic Bank Unit) 又稱指定銀行，中央指定辦理外匯業務的銀行，服務對象主要針對國內自然人、法人及專業投資人。

OBU (Offshore Bank Unit) 稱為「境外金融中心」，或「國際金融業務分行」，此類帳戶僅提供給境外法人或自然人開立。

活期 OBU/DBU 存款	定期 OBU/DBU 存款 指定到期日定期存款	外匯保證金買賣

1. 外匯活期存款

種類	DBU （國外部、外匯指定分行）	OBU （國際金融業務分行）
開戶對象	年滿 18 歲之個人、公司行號、團體。	境外個人、境外法人、外國政府機構。
存款起存額	開戶最低壹佰美元，美以外之其他幣別按等值壹仟美元計算。	
計息方式	每半年計息一次（1 年以 360 天計算）。	
特點	可隨時存入或提領款。 單帳號多幣別一本存摺。	1. 可隨時存入或提領。 2. 單帳號多幣別 3. 利息免扣所得稅。

2. 外匯定期存款

種類	DBU （國外部、外匯指定分行）	OBU （國際金融業務分行）
開戶對象	年滿 18 歲之個人、公司行號、團體。	境外個人、境外法人、外國政府機構。
存款期限	分一、三、六、九個月及一年期五種。	
存款起存額	最低存款額為壹仟美元；或等值伍仟美元之其他外幣。	最低存款額為壹萬美元或等值外幣。
計息方式	到期一次按單利計付本息，採固定利率	
特點	在存單面額八成範圍內，得辦理質借新臺幣。 在存單面額九成範圍內，得辦理質借外幣。	1. 利息免扣所得稅。 2. 依存單面額九成質借原幣。

3. 指定到期日外匯定期存款

種類	DBU （國外部、外匯指定分行）	OBU （國際金融業務分行）
開戶對象	年滿 18 歲之個人、公司行號、團體。	境外個人、境外法人、外國政府機構。
存款幣別	以美金、日圓、歐元、英鎊等四種為限。	
存款期限	自 1 天至 360 天，由客戶自行決定。	
存款起存額	最低美金 5 萬元、日圓 500 萬元、歐元 10 萬元、英鎊 5 萬元。	最低美金 10 萬元、雜幣為等值美金 20 萬元。
計息方式	利率逐筆議價，利息依實際存款天數以單利固定計算。	利率逐筆議價，利息依實際存款天數以單利固定計算。

資料來源：土地銀行

4. 衍生性金融商品

(1) 外匯保證金

　　交易對象：年滿 18 歲之自然人、公司行號、公民營團體。

　　交易內容：買賣美元對其他外匯即期、遠期交易。

　　交易金額：每筆十萬美元以上。

　　特　　點：繳交一定成數之保證金，即擴大倍數操作，含有較大之風險。

(2) 外匯選擇權

　　為規避匯率風險之工具。客戶若為選擇權買方，期初須支付銀行權利金，於約定日或該期間內，有權依約定匯率買賣外匯；客戶若為賣方，銀行則於期初支付客戶權利金，客戶有義務於約定日或期間內應要求依約定匯率買賣外匯。（大部分國內銀行目前僅接受客戶為買方）

產品特色：買方僅須支付權利金，交易成本較少，具財務槓桿效
果。可根據客戶對履約價格、到期日等之要求做多樣
化策略組合，風險有限。

對象客戶：對匯率有預期者，可透過選擇權進行策略性交易。

(3) 利率交換

為規避利率風險之工具。客戶與銀行約定特定期間內，將其本身
固定（或浮動）利率計息之負債（或資產）換成浮動（或固定）
利率計息之方式，以規避利率上漲或下跌的風險。契約期間通常
為一到五年。

產品特色：名目本金不交換，資產負債表不會因此膨漲。為管理
利率風險的工具，並非舉債工具。

（資料來源：國泰世華銀行）

 三 **雙幣存款的搭配**

在新臺幣及外匯存款的比例，可以依照匯率波動的大小及進出口成
長的數據來估量，一般在平常期間，由於新臺幣在亞洲貨幣市場上並非
強勢貨幣，反而持有日圓、人民幣流通性大，另外對於歐元及美元的持
有，也可以因應著美國政府的貨幣政策，於低檔陸續承購，並不急於一
時，或在政治原因不明下，盲目追隨買進。當以即期價格買入外幣轉入
外幣帳戶，可供轉存外幣定存或投資海外基金，僅在需要外幣現金出國
使用時，才會用現金價格買入。

另外要考慮到中央銀行的貨幣政策，尤其在季末月底時，刻意讓新
臺幣貶值，以利本國出口公司季報結算。過去央行曾於收盤前，逆勢操
作拋售美金，打擊禿鷹投資客。畢竟投資理財是終身事業，短暫的小額

變化並不會帶入巨大的財富，因為外匯買賣存有價差因素，有的外幣更高達 8%之差，也是買賣外匯必須注意到的現象。

　　建議在儲蓄初期仍以新臺幣為主，其次加入以美元為買賣的共同基金或美元儲蓄型保險，才不會讓美元存款閒置，盡量減少提存美元現鈔次數，因有手續費用，但若能使用貴賓戶的免手續費優惠，或外幣提款卡的優惠，也是不失為一種便利常出國旅遊提現的好方法；對於人民幣換匯，因有每人每天的限額，可以先在銀行填寫自動換匯申請書，透過每天換匯機制處理，不須每天上網銀或親臨櫃台換匯，而這筆資金建議以中國境內股票或港股投資為主，還有歐元、澳幣或南非幣的投資，建議占比不要過大。之前有位客戶用新臺幣 300 萬元買英鎊存款一年，利率近 6%，但一年後換回比原數值還少的新臺幣，也有客戶買南非幣高收益月配息債券，年利率約 6%，但兌換匯率從 1:2.6，到 2 年後的 1:2.2，光是匯損就少了 15%（雖然 2 年共領回約 12%），這些都是做外匯存款或投資前要考量的因素。

2
PART

投資商品的認識

下表為 2024/05/21 臺灣銀行營業時間牌告匯率交換行情

幣別	現金匯率		即期匯率	
	本行買入	本行賣出	本行買入	本行賣出
美金(USD)	31.92	32.59	32.27	32.37
港幣(HKD)	3.987	4.191	4.113	4.173
英鎊(GBP)	39.87	41.99	40.88	41.28
澳幣(AUD)	21.12	21.9	21.41	21.61
加拿大幣(CAD)	23.2	24.11	23.6	23.8
新加坡幣(SGD)	23.4	24.31	23.89	24.07
瑞士法郎(CHF)	34.66	35.86	35.34	35.59
日圓(JPY)	0.1973	0.2101	0.2046	0.2086
南非幣(ZAR)	0	0	1.735	1.815

幣別	現金匯率		即期匯率	
	本行買入	本行賣出	本行買入	本行賣出
瑞典幣(SEK)	2.63	3.15	2.97	3.07
紐元(NZD)	19.23	20.08	19.61	19.81
泰幣(THB)	0.7638	0.9538	0.8762	0.9162
菲國比索(PHP)	0.4903	0.6223	0	0
印尼幣(IDR)	0.00168	0.00238	0	0
歐元(EUR)	34.27	35.61	34.89	35.29
韓元(KRW)	0.02193	0.02583	0	0
越南盾(VND)	0.00105	0.00146	0	0
馬來幣(MYR)	5.848	7.368	0	0
人民幣(CNY)	4.365	4.527	4.437	4.487

問題與討論

1. 依據我國銀行法，銀行的種類分為哪幾種？並試各舉三例。

2. 試簡述商業銀行的承辦業務及交易商品有哪些？

3. 個人或公司在選擇往來金融機構時，應依何種財務規劃需求，來選擇適當的銀行？

4. 本國或外國商業銀行中，投資銀行的財富管理業務為何？

2
PART

投資商品的認識

MEMO

Personal Financial Management
with Wonderful Life

05 CHAPTER ── 票、債券買賣

 一 認識債券

債券依不同的發行單位而分為下列三種：

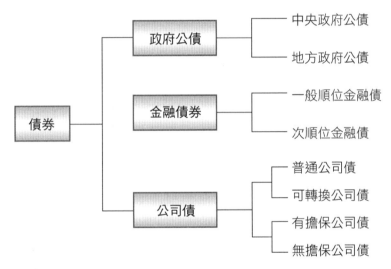

圖 5-1 債券的分類

1. 政府公債

各級政府為籌措資金支應重大建設，按各級政府所頒布「公債發行條例」發行之債券屬之，可分為中央政府及地方政府發行的公債。

2. 金融債券

銀行為穩定中長期資金來源，按銀行法規定發行之債券屬之。

3. 公司債

　　公民營企業（公開發行公司）為籌集資金，以因應本身營業之需求，依據公司法之規定所發行的債券，如普通公司債、可轉換公司債等。

債券的分類

　　債券因分類的分式不同，而有多種型態的分類，分述於下：

1. 依發行主體分類

(1) 中央政府公債：由中央政府發行。

(2) 省（市）政府公債：由地方政府發行。

(3) 金融債券：由金融機構發行。

(4) 公司債：由企業公司發行。

2. 依發行型態分類

(1) 付息債券：債券票面上載有一定利息者。

(2) 貼息債券：發行人不付利息，而以低於票面金額折價發行，面額與發行價格的差價，即為利息的補償，又稱零息債券。

(3) 轉換公司債：債券持有人可依自己意願，於特定轉換期間內，將債券申請轉換成股票。

3. 依有無擔保、保證分類

(1) 政府保證債：由政府保證債券本金及利息的償付。

(2) 銀行保證債：由銀行保證債券本金及利息的償付。

(3) 附擔保債及無擔保債：附擔保債券就是有擔保品（包括動產及不動產）作為債券發行的擔保，以期能順利還本付息，國內公司債多屬擔保債券。

4. **依償還期間長短分類**

(1) 短期債券：一年期以下之債券。

(2) 中期債券：一年以上至五年之債券。

(3) 長期債券：五年以上之債券。

5. **依交易型態不同分類**

(1) 票債券買賣斷交易

- CP1（交易性商業本票）
- CP2（金融性商業本票）
- B/A（銀行可承兌匯票）
- NCD（可轉讓定期存單）
- 政府公債、金融債券、公司債

(2) 票債券附條件交易

- R/P（附買回約定交易）
- R/S（附賣回約定交易）
- OS/RS（保證交易）

債券發行

（一）政府債券

1. 國庫券（Treasury Bill 簡稱 TB）

中央政府因為調節收支及支援國家重大建設等財政需要，或為配合貨幣政策以穩定金融，財政部需藉由發行各種債券以為融通，這當中到期日在一年以內者。

(1) 種類與區別

我國國庫券分為甲、乙兩種，茲彙下表說明。

項目	甲種國庫券	乙種國庫券
1.發行目的	調節國庫收支	穩定金融市場
2.發行價格	按面額發行	折價發行
3.償付方式	到期本息一次清償	到期按面額清償

(2) 發行方式

A. 甲種國庫券

照面額發行，依票載利率計算利息，到期時本金連同利息一次清償。

B. 乙種國庫券

採貼現方式發行，公開標售，以標價超過底價之高低為得標次序，到期時按面額清償，因此標價與面額約差價即是利息。

(3) 特性

　A. 絕對安全可靠

　　　　國庫券由政府發行，以國家信用作為保證，屬於政府負債的一種憑證，絕不可能背信及延滯償還。

　B. 變現容易、流動性高

　　　　國庫券持有人需用資金時，隨時可在最短時間內轉變為現金。因國庫券可自由買賣與轉讓，中途變現容易，而無虧蝕本金之虞，如我國發行之國庫券，隨時可向貨幣市場的票券金融公司或中央銀行指定之國庫券經紀人出售。具有高度之流動性。國庫券通常均採無記名之方式，所以持有者不背書，更便於輾轉讓售。

　C. 國庫券期限短促，較符合短期投資者之需要

　　　　國庫券之期限雖有 91 天期、182 天期、273 天期甚或 1 年期等之分，但在各國仍以 91 天期與 182 天期兩種占絕大多數，與其他政府債券之期限相較，都要短促很多，且國庫券定期招標發售，如我國每週發售 1 次，對於擁有短期閒置金的人確實是一種很好的投資工具。

　D. 國庫券價格反應市場情況

　　　　國庫券每次發行時，採取公開標售，自由競價的方式出售，其利率取決於市場供需，然能符合與確實反映當時金融市場情況，價格甚為合理。

(4) 投資方式

　A. 委託國庫券經紀人（銀行及票券公司）參加標購乙種國庫，或於甲種國庫券發售期間向國庫券經紀人購買。

　B. 國庫券發後在各票券金融公司營業處所買賣。

例如：中央銀行儲蓄券

2
PART

投資商品的認識

中央銀行所發行的儲蓄券，面額分為新臺幣五萬、十萬、五十萬、一百萬及一千萬元等五種，個人可以購買，分為記名與不記名；其中不記名儲蓄券的流動性高，性質類似於可轉讓定期存單。而一年以下的記名儲蓄券，除非是因設質於各機關或經售機構外，不得轉讓。

中央公債買賣須知：

- 買賣流程

    (1) 客戶需先開立存款帳戶及公債帳戶。

    (2) 每月應繳交公債帳戶維護費（公債帳戶當月份均無餘額時，不需繳交）。

    (3) 跨行轉帳交易應付跨行轉帳交易手續費。

    (4) 可由指定行庫及郵局購買。

- 特性說明

    (1) 登錄公債無實體，勿需保管債券，無債券遺失、被竊及偽造之風險。

    (2) 便於轉讓、交易。

    (3) 最低登記單位為 10 萬元，交易單位小，利於小額投資人交易。

    (4) 還本付息日自動辦理兌領本金利息作業，省時省力。

    (5) 債券存摺登錄公債交易事項，清楚明白易查詢。

    (6) 手續簡便，是保本固定收益之投資工具。

表 5-1　公債買賣斷交易與附條件交易的比較

債券種類	政府債券買賣斷交易	政府債券附條件交易
受理對象	1. 自然人。 2. 法人。	同左。
交易標的	政府債券。	同左。
交易金額	最低公債面額新臺幣 10 萬元。	附買回交易每筆最低 50 萬元為原則。

表 5-1 公債買賣斷交易與附條件交易的比較（續）

債券種類	政府債券買賣斷交易	政府債券附條件交易
交易期限	無。	最長一年。
應繳交文件		1. 國民身分證或法人登記證影本乙份。 2. 債券附條件買賣契約書乙份。 3. 債券附條件買賣免簽章同意書乙份。
特別約定事項	無存款帳戶者需開立帳戶，以利匯款交割。	同左。
特　　點	1. 投資人承擔債券價格波動風險。 2. 可作保證，押標金之用。	1. 附買回交易保本，免手續費，自然人免稅負，法人按實際持有期間之利息所得課徵營利事業所得稅。 2. 附賣回交易靈活運用資金，保有債券增值機會。

資料來源：土地銀行

2. 商業本票（Commercial Paper 簡稱 CP）

(1) 意義

商業本票是指企業以簽發遠期本票方式，在貨幣市場中發以取得短期融通資金的信用工具。商業本票的發行者承諾將於票據到期時給付購買者票據上所記載的面值。發行者並無任何資產來作為保證的依據。

商業本票與國庫券非常相似，商業本票不但可以轉讓，而且通常以貼現方式來發行，並於到期時面值來償還給持有者。然而國庫券是政府所發行的短期票債，其風險程度為零，但由於商業本票的發行者，是私人的企業團體，因此，風險程度會較國庫券為高。基於風險程度的考慮，商業本票的貼現利率，通常會較國庫券為高。

通常商業本票的期限為 1 個月至 6 個月，最長期限不超過一年。為避免浪費時間及增加成本，美國的商業本票的期限超過 270 天期限者，便極為少見。

商業本票通常是以不記名的方式發行，但也有採記名方式發行的。但不論是何種發行方式，商業本票的發行者與購買者係依商業本票本身的信用等級、貼現率、金額等進行交易。商業本票到期時，發行者不可以任何的理由而延長期限，僅能再發行新的商業本票，吸收資金以付到期的本票。基於上述種種因素，商業本票被視為流動性甚高的短期融通工具。

(2) 種類與比較

基本上，商業本票可分為交易性商業本票(CPI)與融資性商業本票(CPII)，前者係因企業基於實際交易行為，以付款為目的而簽發之交易票據，期限通常在一年以下，一般為記名式，轉讓時必須背書，在票券市場中的流通性很低；而融資性商業本票係依法登記之公司組織與政府事業機構為籌集資金所發行之票據，企業為籌措短期資金，經金融機構或票券經紀商保證之商業本票；期限原則分為 10 天、30 天、90 天、180 天、360 天等五種。票券公司在每日營業開始時，會在其營業場所掛牌，將商業本票於次級市場中的買入及賣出價格告示。一般企業發行融資性商業本票多經金融機構保證，惟下列幾種情況之本票可不經金融機構保證：股票上市公司，財務結構健全，並取得銀行授予信用額度之承做發行之本票；政府事業機構所發行之本票；股份有限公司、財務結構健全之證券金融事業所發行之本票；公開發行公司，財務結構健全，並取得銀行授予信用額度之承諾所發行面額逾新臺幣一仟萬元之本票。商業本票期限在一年之內。

表 5-2　商業本票比較表

項　目	第一類商業本票 CPI	第二類商業本票 CPII
發行目的	融通實質商業交易	籌集短期資金
簽發對象	賣方	無特定對象
簽證	無須簽證	須由票券金融公司簽證
面額	以實際交易金額為準	最低面額 10 萬元，超過 10 萬者按其倍數計算
發行成本	無	保證、簽證、承銷等手續費
流通方式	背書後轉讓	票券公司承銷或背書轉讓
利率	通常略高於第二類商業本票	參考貨幣市場資金供需決定

(3) 發行價格（初級市場）

　　A. 交易性商業本票

　　　　發行費用：發行總費用為貼現息，其計算方式如下：貼現息＝發行金額貼現率×距到期天數／365（貼現率依買入當時市場利率決定，請參考牌告利率）

　　發行實得金額＝買入票據面額－貼現息

　　例：甲公司持面額 10,000,000 元，距到期日 180 天之交易性商業本票要求中華票券公司買入，內容如下（貼現率＝9%）：

　　　　貼現息＝發行金額×貼現率×距到期天數／365

　　　　＝10,000,000×8%×180/365＝443,836

　　　　發行實得金額＝買入票據面額－貼現息

　　　　＝10,000,000－443,836＝9,556,164 元

B. 融資性商業本票

　　融資性商業本票除了貼現息外，尚須支付的發行費用包括：

保證費：面額之 1%，以 3 個月為一期，不足 3 個月者以 3 個月計算。

簽證費：面額的 0.3%。

承銷費：視情況而言，一般介於 0.25~0.45%之間。

C. 「交易性商業本票」（Commercial Paper I，簡稱 CPI）

　　中華票券金融公司授信客戶持銷貨本票或廠商交易票據，向票券金融公司辦理貼現之業務。

作業流程：

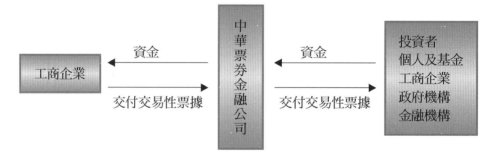

圖 5-2　CPI 之作業流程

D. 「融資性商業本票」(Commercial Paper II)

• 工商企業為籌集資金，經金融機構保證所發行之商業本票。

• 政府事業機構所發行之本票。

作業流程：

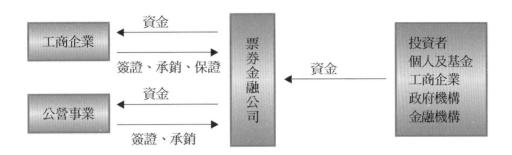

圖 5-3　CPII 之作業流程

（二）金融票券及公司債券

1. 附買回約定(RP)

(1) 意義

　　由券商或銀行出售債券給投資人，並於交易同時附加一項協議，券商（或銀行）於約定到期日應以約定利率計算本息，以此本息和向投資人買回該債券；因此並非賣斷債券，只是暫時性的轉移而已，銀行（或券商）發出成交單給投資人做為憑證。

　　換句話說，從投資人的角度來看，RP 相當於投資人存一筆短期的錢到券商或銀行，同時向券商或銀行取得債券轉讓成交憑證做為存錢的擔保品。

(2) 優點

- 利率優惠，收益穩定。
- 短期資金可靈活運用。
- 免稅負，免手續費。

(3) 運用方式

　　對於利息所得高於 27 萬並經常投資股票的投資人，賣出股票拿回資金到下次買進股票中間的空檔，很適合與證券公司進行公債附買回交易，取得免稅且較一般活存優惠的利息。

(4) 交易流程

- 交易時：投資人本金→券商或銀行，券商或銀行發出債券成交憑證→投資人。

- 到期時：券商或銀行本利和→投資人，成交憑證上載明投資人交易時取得的債券成交憑證到期失效。

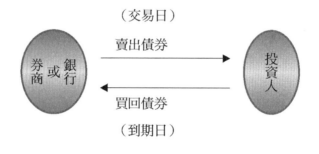

圖 5-4　RP 交易流程

2. 附賣回約定(RS)

(1) 意義

　　由券商或銀行向投資人買入債券，並於交易同時附加一項協議，券商（或銀行）於約定到期日應以約定利率計算本息，以此本息和向投資人賣回該債券。

　　換句話說，從投資人的角度來看，RS 相當於投資人向券商或銀行短期融資，同時以債券向券商或銀行做為借錢的擔保品。

(2) 優點
- 融通資金成本低廉，手續簡便。
- 貸款成數幾近 100%，但是投資人必須以公債為融資擔保品。

(3) 運用方式

當投資人為了免稅或看好利率下跌獲利等理由而手中持有公債，偏偏短期臨時需用到資金，又不願意將手中債券賣掉，可利用手中持有的債券為擔保品向債券交易商取得短期融通資金。

(4) 交易流程

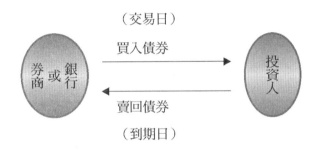

圖 5-5 RS 交易流程

若從投資人的角度來看，RS 相當於投資人向券商或銀行短期融資，同時以債券向券商或銀行做為借錢的擔保品。

表 5-3 RP 交易與 RS 交易的比較

	附買回交易	附賣回交易
意義	買賣雙方約定在一定的期間內，賣方再買回買方手中賣方原出售債券，為短期利用資金之方式。	買賣雙方約定在一定的期間內，買方在賣出買方手中賣方原出售債券，係指債券擁有人急需短期資金時，以債券向交易商調度短期資金。

表 5-3　RP 交易與 RS 交易的比較（續）

	附買回交易	附賣回交易
用途	為投資人中、短期資金去化的工具。	為投資人取得中、短期資金的工具。
好處	利率優惠，收益穩定，短期資金可靈活運用免稅賦，免手續費。	融通資金成本低廉，手續簡便貸款成數幾近 100%，但是投資人必須以公債為融資擔保品。
運用方式	對於利息所得高於 27 萬並經常投資股票的投資人，賣出股票拿回資金到下次買進股票中間的空檔，很適合與證券公司進行公債附買回交易，取得免稅且較一般活存優惠的利息。	當投資人為了免稅或看好利率下跌獲利等理由而手中持有公債，偏偏短期臨時需用到資金，又不願意將手中債券賣掉，可利用手中持有的債券為擔保品向債券交易商取得短期融通資金。
交易方式	1. 視各銀行或券商不同規定進行開戶。 2. 透過各公司債券櫃檯，以當面或電話方式議定承作利率、天期即可。 3. 最低承作金額各公司規定不同，一般為五十萬元以上。 4. 款項以台支、現金當日支付或匯款至該公司指定專戶。 5. 交易時間一般為週一至週五 9:00~11:00。	1. 視各銀行或券商不同規定進行開戶。 2. 透過各公司債券櫃檯，以當面或電話方式議定承作利率、天期即可。 3. 承作標的一般皆限制為中央公債，可貸金額一般低於債券面額。 4. 債券須當日交付交易機構。 5. 交易時間一般為週一至週五 9:00~10:00。

3. 債券買斷(OP)債券賣斷(OS)

(1) 意義

- OP 債券買斷為站在債券經紀商的角度，向投資人買入債券。
- OS 債券賣斷為站在債券經紀商的角度，賣出債券給投資人。

    所以若投資人想要買進債券，可向債券經紀商（證券公司或銀行等），進行 OS 交易；同理，等到想要賣出手中持有的債券時，可與經紀商進行 OP 交易。

(2) 優點

- 穩健性之投資標的。
- 用途多元化，可充當業務上之保證金。

(3) 運用方式

    當手上有大額資金需要長期而穩健的投資，且看好利率可能會下跌時，可以考慮投資債券。或者，當需要繳交保證金時，若以現金繳交，則本身無利息收益，若以債券繳交，由於自己為債券所有權人，所以仍有利息收益。

4. 債券保證交易(OS-RS)

(1) 意義

    顧名思義，投資人向債券交易商借錢(RS)，買進債券(OS)，同時以 OS 交易買進的債券做為 RS 交易的擔保。換句話說，類似向證券公司融資買進股票，並以融資買進的股票做為融資擔保品。

(2) 優點

    積極性的投資行為，財務槓桿效果大，利率下跌時投資人可能獲取極大利潤。但是風險高，特別提醒的是債券交易沒有漲跌幅限制。

(3) 運用方式

　　當看好利率會走跌，想要藉此賺取利潤，手中卻又無足夠本金時，可以進行此種交易。

　　若是依金融債券來區分買賣斷債券交易與附條件交易的差異，可以下表中，清楚一窺全貌。

表 5-4　短期票券買賣斷交易與附條件交易的比較

票券種類	短期票券買賣斷交易	短期票券附條件交易
受理對象	1. 自然人。 2. 法人。	同左。
交易標的	國庫券。 銀行可轉讓存單。 銀行承兌匯票。 商業承兌匯票。 交易性商業本票。 融資性商業本票。	同左。
交易金額	短期票券最低面額新臺幣 10 萬元為原則。	附買回交易每筆最低 1,000 萬元為原則。
交易期限	無。	最長一年。
特別約定事項	無存款帳戶者需開立帳戶，以利匯款交割。	同左。
特　　點	短期票券由金融機構保證，承兌或背書者，安全可靠。 流動性強，變現容易。 利息所得按 20%分離課稅。	法人短期資金運用管道。

資料來源：土地銀行

（三）海外債券：依外幣計價，由境外銀行或政府為擔保之債券，於近年來漸受投資人喜好，以下是其特性說明。

1. 投資海外債券的優點

- 定期配發利息：每半年或每年固定依面額及票息給付利息。
- 利率高於定存：債券票面利率，一般多高於市面定存利率，但相對投資期間也較長。
- 潛在資本利得：債券除了票息之外，債券價格變動，也是獲利之一。
- 分散投資風險：債券屬固定收益型投資產品，可以與其他屬性的投資產品搭配組合，達到風險分散的目的。
- 不同投資年限：債券雖屬中、長期投資產品，亦可選擇將到期之債券，但相對的獲利空間縮小。
- 境外所得免稅：臺灣稅法對海外債券的獲利，認定為境外所得，所以仍屬限定額度內免稅產品。

2. 適合低風險屬性的選擇

- 中低風險接受程度的投資。
- 偏好中、長期利息收入的客戶。
- 希望得到較定存利息為高的報酬。
- 投資組合需要分散風險的客戶。
- 有稅務考量需求者。

2
PART

投資商品的認識

表 5-5　海外債券 VS.債券基金 VS.外幣定存

	海外債券	債券基金	外幣定存
資本利得	有	有	有
定期配息	有	無	有
利率高低	高	NA	低
風險高低	高	高	高
資金流動性	中上 (T＋3)	低 (T＋5)	高
申購手續費	最高 1.25%	最高 3.0%	無
中途贖回手續費	最高 1.25%	無	解約時利息打折
期滿時手續費	無	無	無
信託保管費	有	有	無

四 債券的稅負

1. 交易稅：除政府公債外，其他均課徵千分之一的交易稅。

2. 利息所得稅：在個人所得稅方面，投資債券所得到的債券利息收入併入個人綜合所得稅中，可享有二十七萬的免稅額優惠。法人的利息所得則併入營業所得稅中。

3. 公司債、金融債券、可轉換公司債皆須扣成交價格千分之一作為證券交易稅。但為活絡市場，自九十九年一月一日起至一百十五年十二月三十一日止暫停徵公司債及金融債券之證券交易稅。

4. 投資人出售債券所賺取的差價不課稅。

表 5-6　債券的稅負

種　　類	營業稅	交易稅	利息所得稅	所得稅
政府債券	×	×	○	×
金融債券	×	○	○	分離課稅
公 司 債	×	○	○	分離課稅

五　投資債券的優點

投資債券有以下的五個優點：

1. 享受固定的利息收入

當債券在發行時，就會明訂發行期間及利率，發行單位固定每一段時間發放利息，因此投資大眾可享有固定的配息配股。

2. 一定的存續期限

債券會依發行單位的需求，設計不同的存續期限，如三年期債券或五年期債券等。

3. 安全性高於其他金融商品

債券因為有優先受償的性質，因此安全性較其他投資標的高。以目前債券市場交易最活絡的中央公債來說，因其發行單位為政府機會，而政府機關的信用高於其他民間機構，故其安全性相當高。

4. 變現易

以目前的債券市場買賣情況來看，公債的變現性幾以達百分之百，只是價格高低上的考量罷了，例如買斷持有公債、公司債或票券，可在市場上隨時變現，流動性佳，而買附買回債券，可依動用資金之需要，訂定長短期契約，隨時可收回本金利息。

5. 合法節稅

公債買賣免課證交稅、營業稅；票券買賣免課證交稅、證所稅；自然人做公債 RP 不論利息金額多寡一律免稅；任何人做票券 RP，不論利息多寡，皆採百分之十的分離課稅，此項對高所得者更有節稅的效果。

債券的價格變化可以由殖利率的相互關係看出，跌幅不大。

1. 因債券的凸性關係(Convexity)，殖利率漲跌一單位，債券價格上揚幅度，較下跌幅度大，a>b。

2. 債券價格與到期收益率成反向關係。

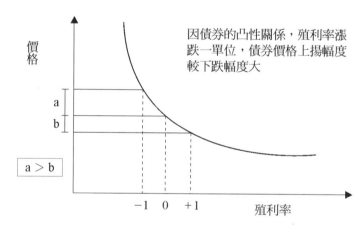

圖 5-6　債券與殖利率的凸性關係

六 投資債券的風險

一般投資人以為買了債券後，可定期領取固定的利息及本金，故多將其視為一種沒有風險的投資工具，事實上，債券投資人必須面臨下列七種的風險。

1. 信用風險

即債券發行人可能無法如期支付利息或本金，致發生所謂的違約風險或信用風險，通常公債的債信較公司債為佳，有擔保保證者又較無擔保保證者安全。

2. 利率風險

市場利率是影響債券價格變動最主要的因素，一般而言，市場利率上升（下降）時，則債券價格會下跌（上漲）。

圖 5-7 就以 1990 至 2010 年中，觀察美國國庫券利率變動走勢圖，不難發現債券的穩定性及固定收益的好處。

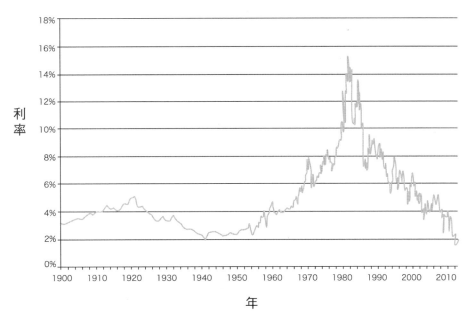

圖 5-7　1990~2010 美國國庫券利率走勢圖

資料來源：觀察家 http://observationsandnotes.blogspot.com/

3. 購買力風險

又稱為通貨膨脹風險,當通貨膨脹越高,對於收益固定的債券言,其收益將被通貨膨脹所侵蝕。

4. 匯率風險

買賣非本國流通的債券,難免必須承擔兩種不同貨幣間的匯兌風險。

5. 流動性風險

又稱為變現風險,此係由於次級市場不發達所導致,一般而言,某種債券越具流通性,其交易差價就越小,即其流動性風險越低。

6. 再投資風險

投資人在債券持有期間得到的利息部分本金償付的現金收入,其再投資所能實現的報酬可能低於原來投資於債券的報酬率,此即所謂再投資風險,而零息債券或貼息債券,由於在持有期間,並不領取任何利息收入,就不會發生再投資風險。

7. 發行者贖回風險

此種風險存在於當發行可贖回債券,當市場利率水準低於債券之票面利率水準時,發行人可以特定的價格將此債券提前贖回。

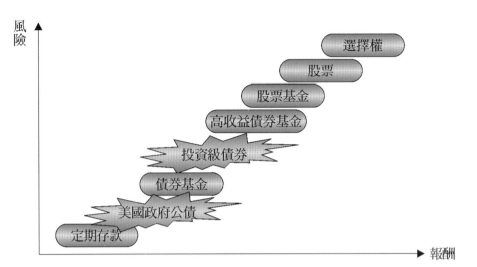

圖 5-8 債券風險與報酬比較

　　債券雖然也有投資風險，但進可攻，退可守，對於中、低風險者，仍是較佳選擇。

　　假設 A 債券票面利率 5%，12/31/2003 到期，目前價格 100，如果未來價格漲至 103，可賣出，報酬率為 3%資本財＋累積利得，如果未來價格跌至 98，可繼續持有至到期日，報酬率仍為 5%，將債券持有到期，就沒有利率風險，但仍有信用風險，故宜選擇投資評等高的債券，而投資外幣債券有匯率風險。

　　初期投資者可以利用現金流量進行理財規劃，並依不同年齡階級劃分出資金流量大小。

- 債券付息日固定，如果票面利率固定，則現金流量也固定。
- 配合利息收入與支出的金額與時點

　　一如：年終獎金、紅包、繳稅、繳學費、中秋送禮等。

- 依人生階段做不同規劃

  一預估未來每年固定支出費用，用利息支付，不須動到本金。

  一可將利息拿來再投資，如共同基金。

  一適用於短期之資金需求。

  一適用於退休後的穩健理財規劃。

表 5-7　債券 VS.債券型基金

風險種類	債　券	債券型基金
信用風險	目前銀行所建議大都為投資等級以上債券	依基金投資標的不同而定
流動風險	流動性較債券型基金低	投資人可隨時依 NAV 贖回
利率風險	投資人可自由選擇有或無	有利率風險
現金流量	時間及金額已知	時間已知，金額不定

　　在各種投資組合規劃……債券屬於中、低風險者較大的資產分配，亦可以搭配貨幣基金的置入。

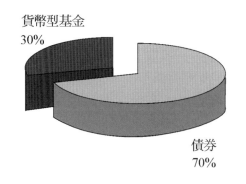

貨幣型基金 30%

債券 70%

- 債券維持 70%
- 貨幣型基金維持 30%

一資金有流動性需求考慮債券或貨幣型基金

一閒置資金不須動用者可考慮直接投資債券

一有閒置資金、要求高於定存報酬率、且想保本者，考慮債券，但須持有到期才無利率風險

圖 5-9　中低風險者可搭配貨幣型基金和債券

問題與討論

1. 債券依發行單位的不同，區分為哪三類？

2. 投資債券的優點有哪些？

3. 試說明債券投資的七種風險為何？

4. 如何買賣可轉讓定存單(NCD)？購買時機為何？

2
PART

投資商品的認識

MEMO

Personal Financial Management
with Wonderful Life

06
CHAPTER ── 共同基金

 一 共同基金的簡介

（一）何謂共同基金(Mutual Fund)及基本架構

　　在證券投資信託制度下，由證券投資信託公司以發行公司股份或受益憑證的方式，向投資者募集資金並獲取利潤的集資工具。並由專業的基金經理人運用、進行投資。所謂「國內共同基金」是指在臺灣證期會註冊登記的共同基金，「國外共同基金」則是註冊在國外之共同基金，所以不同之處在於註冊地，與投資的地區無關，例如建弘馬來西亞基金雖主要投資在馬來西亞的股市，但該基金係向臺灣證期會申請註冊，所以屬於「國內共同基金」。

　　依成立的法律基礎，共同基金可分為「公司型」和「契約型」，前者投資人就是基金的股東，美國的基金即屬此類。契約型共同基金則以信託契約為依據，由委託人、受託人及受益人三方面組成，國內的基金則屬此類。一般的共同基金的組成主體包含投資人、基金本身、基金經理公司、保管機構。以國內來說，基金經理公司就是「證券投資信託公司」，也可簡稱投信公司、基金公司或經理公司，也就是契約中的「委託人」，在基金募集完成後，將基金的資產交由保管機構(Custodian)保管，也就是契約中的「受託人」，通常是銀行或信託公司等金融機構，負責保管資產或辦理交割及核對帳目手續，而出資的投資人則是「受益

人」。也就是說，基金公司負責投資買賣操作，但不經手基金的資產，由保管機構來保管基金資產，為了防止基金公司監守自盜，以保障投資人權益。基金投資的收益及風險由全體投資人依據所占的投資比例共同分擔，而基金公司則賺取基金的管理費用。

　　共同基金的投資目標、屬性、費用，以及運作方式和主體間權利和義務的關係等皆詳載於每一基金的信託契約上，並綱要陳述於公開說明書(Prospectus)上，如基金名稱、種類、投資方針、投資範圍、投資限制、基金型態、核准發行總面額、受益權單位數、申購或賣回基金費用、基金經理人、基金公司概況、基金銷售及賣回機構、發行日期等，此份文件共同基金提供給投資人，重要的歷史記錄與投資資訊，投資者應了解公開說明書上的資訊，以求取投資上更大的勝算和保障。

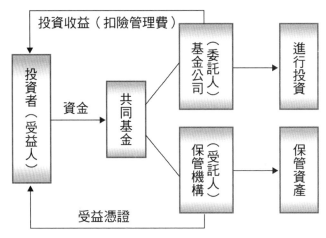

圖 6-1　國內共同基金的基本架構

（二）共同基金的分類

　　在臺灣，可以買到的國內共同基金有三百多餘種，海外共同基金經證期會核可亦多達三百餘種。共同基金的分類有許多種，可依投資標的物、發行方式、投資地區與投資的風險加以區分。

1. 以投資標的物區分

(1) 股票型基金(Equity Fund)

以股票為主要投資標的，也少量投資於其他高流動性資產。有些基金公司採取融資操作方法投資股市，固然在多頭市場有較大的漲幅，但處於空頭市場時風險也較大。

(2) 債券型基金(Bond Fund)

主要投資於公司債及政府公債，賺取利息收入及債券價差，所以債券型基金報酬會受債信、到期日及利率的差異影響。例如政府公債的債信最好，風險最低，但利息收入也最少；公司債券依公司信用評等而有不同的報酬率；到期日較長的債券報酬率比短天期債券高；利率的變動也會影響債券價格。由於債券型基金有固定利息收入，所以基金淨值報酬不致波動太過劇烈。

(3) 貨幣型基金(Money Marker Fund)

主要投資於短期貨幣市場工具，如商業本票、可轉讓定期存單和其他短期票券等。由於貨幣市場工具的到期日短且有固定利息收入，是低風險、低報酬的基金。適合通貨膨脹初期投資，因為短期利率節節高升，既不利於股市，也不利於債市。在債市、股市走勢不明時，可將資金轉換至貨幣基金，以規避市場風險。

(4) 外匯基金(Currency Fund)

以各國貨幣為投資標的，利用外匯金融工具賺取匯兌利益，例如現貨外匯、外匯保證金、外匯期貨和外匯選擇權等。這種基金的淨值起伏極大，風險亦較高。

(5) 特殊類型基金(Specialty Fund)

還有其他較特殊類型的基金，如資產組合管理基金(Asset Allocation)、衍生性金融商品(Derivatives)基金、可轉換證券基金(Convertibles)、不動產基金(Real Estate Fund)、避險／對沖基金

(Hedge Fund)、傘型基金(Umbrella Fund)、基金中之基金(Fund of Funds)等,且為數變化與日俱增。

2. 以發行方式區分

(1) 開放型基金(Open-End Fund)

開放型基金發行的持分總數不固定,投資人可隨當時基金淨值向經理公司買進或賣回,既可全數賣回,又可部分賣回,富有彈性。

(2) 封閉型基金(Closed-End Fund)

基金發行的持分固定,發行期滿後基金即封閉,總持分不再增減。投資人不得請求發行機構贖回持分,但可通過證券經紀商在交易市場買賣,故又稱公開交易共同基金。其成交價格由市場供需關係決定,不真正反映基金淨值。

表 6-1 我國封閉型基金與開放型基金的比較

項 目	封閉型基金	開放型基金
發行單位數	掛牌後即固定	隨每日申購、贖回交易而變動
交易方式	需透過證券經紀商在交易所買賣,第三天收到款項	向基金公司或銀行申購或贖回,五天內收到款項
交易價格	依市場供需決定當市價＞淨值時,處於溢債價狀態。當市價＜淨值時,處於折價狀態	基金淨值
交易成本	買進:證券商經紀手續費(0.1425%) 賣出:證券商經紀手續費(0.1425%)＋證券交易稅(0.3%)	申購手續費,按購金額大小介於 0.8~2%。贖回不用手續費
最低交易單位數	1,000 單位（股）	不限制最低申購單位數,但有限制最低申購金額,單筆 1 萬元,定期定期 3,000 元
投資比例	可 100%投資	投資上限為 95%,需保留 5~10%以備投資人贖回

3. 以發行地區區分

(1) 全球型基金

投資標的遍及世界各金融市場，以美、日、英、法等主要金融市場為主，其他新興市場為輔。此種基金最具分散風險的特色，漲跌也較不明顯。因為各地的投資報酬率不同，在截長補短下，淨值變動較投資單一市場或區域基金為小。

(2) 區域型基金

投資於特定區域，如亞洲基金、遠東基金、北美基金、太平洋基金、拉丁美洲基金等。區域基金的投資風險較投資於單一國家小。

(3) 單一國家基金

以特定國家為投資目標，如馬來西亞基金、香港基金、日本基金等等。投資風險雖較全球基金或區域基金為高，但比投資單一股票的風險要小。

4. 以投資風險區分

(1) 積極成長型(Aggressive Growth Fund)

其特性是追求最大的資本利得，通常投資高科技股，新公司股票投機股，認股權證等風險甚大的標的，藉以賺取最高的利潤，因此具有高風險，高報酬的特性，如：認股權證基金、小型股基金、特性產業基金等。

(2) 成長型基金(Growth Fund)

以追求長期資本利得為目的，為達成增值的目的，這類基金通常以業績、盈餘展望較佳，股性較為活潑的股票為主要投資標的，固定配息的投資工具，如特別股、公司債、金債、票券所占比例極小。股票行情的起伏會影響基金的淨值，投資人應隨時掌

2
PART

投資商品的認識

握買賣時點才有利可圖。而成長型基金雖標榜以成長為目標，但由於經理人的操作手法與策略及投資金融商品不同而有所差異，有些基金偏向「積極成長」，有些則強調「穩健成長」。

(3) 平衡型基金(Balanced Fund)

又稱為成長兼收益型基金(Growth and Income Fund)，其特色介於成長型基金與收益型基金之間，把資金分散投資於股票及債券，希望在資本成長與固定收益求取平衡點。理論上，這類型基金的投資報酬率應介於成長型基金與收益型基金之間，股市大跌時，表現優於成長型基金；在多頭行情中，漲幅則較收益型基金為佳。

(4) 收益型基金(Income Fund)

此類型基金強調的是固定、穩定的收入，投資標的以債券或票券為主。最大的優點為損失本金的風險很低，投資報酬率也略優於銀行定存，通常每年都會配息。

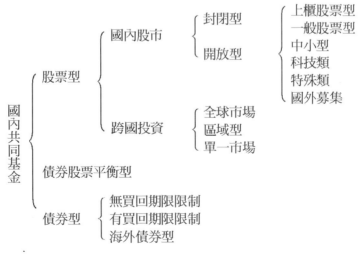

圖 6-2　國內共同基金的分類

表 6-2 海外基金種類之比較

基金種類	風險	投資標的	例 如
貨幣型基金	低	投資於外幣定存及短期票據，報酬穩定，風險小，是很好的避險工具	安本歐元貨幣基金
債券型基金	低	投資於海外債券市場，有固定收益，報酬率較容易評估，風險介於股票基金與貨幣基金之間	寶源美國債券基金 富達美元債券基金
全球市場基金	中／低	投資於全球股市或債券市場，風險因投資區域的分散而降低	大聯全球平衡基金 友邦國際平衡基金
區域市場基金	中／高	投資於區域性市場，例如歐、美股市，風險雖因分散區域而適度降低，但區域市場多具高度相關性，故風險仍屬中高	景泰歐洲基金 花旗北美基金
單一市場基金	高	投資於單一國家市場，為股票型基金中風險最高之基金	柏克萊香港基金 怡富日本信託基金
可轉換公司債基金	中／高	投資於可轉換公司債及附有認股權證的公司債券，具有債券利息的穩定收益，亦可轉換為公司股票獲取資本利得	友邦日本可轉換公司債基金 富蘭克林可轉換證券基金
產業基金	中／高	投資於特定產業之基金	大聯國際醫療基金 寶源能源基金
認股權證基金	最高	投資於富投機色彩之認股權證，風險度最高	億順歐洲認股權證基金 德盛日本認股權證基金

（一）國內基金報酬排名

排名	基金名稱	一個月 (%)	三個月 (%)	六個月 (%)	一年 (%)	三年 (%)	五年 (%)	十年 (%)
1	路博邁台灣 5G 股票基金 T 累積型（基金之配息來源可能為本金）	3.92	3.88	25.87	77.85	117.62	202.94	N/A
2	路博邁台灣 5G 股票基金 T 月配型（基金之配息來源可能為本金）	3.91	3.84	25.86	77.74	117.36	202.67	N/A
3	路博邁台灣 5G 股票基金 N 累積型（基金之配息來源可能為本金）	3.94	3.89	25.84	77.74	120.40	132.30	N/A
4	路博邁台灣 5G 股票基金 N 月配型（基金之配息來源可能為本金）	3.92	3.88	25.84	77.71	117.34	214.73	N/A
5	統一台灣動力基金	3.27	6.53	20.18	62.15	111.72	304.33	449.41
6	日盛 MIT 主流基金	3.33	2.11	16.26	59.78	99.33	247.82	325.44
7	統一經建基金	5.34	6.81	23.33	58.88	87.28	207.03	370.09
8	宏利臺灣股息收益基金 A 類	6.52	7.49	17.14	58.14	71.52	172.12	238.02
9	統一統信基金	4.66	1.96	21.54	57.47	90.54	233.58	280.59
10	德銀遠東 DWS 台灣旗艦基金	6.91	9.38	24.36	56.38	88.86	252.62	193.75
11	統一全天候基金	3.51	2.77	15.42	56.15	59.83	201.90	368.87
12	日盛台灣永續成長股息基金	4.14	1.91	16.08	56.12	90.38	N/A	N/A
13	復華高成長基金	-1.01	5.19	23.61	55.81	55.23	130.56	282.98
14	富邦富邦基金	2.89	3.56	26.25	55.23	70.88	217.66	303.29
15	國泰台灣高股息基金- A 不配息（台幣）	6.32	8.11	22.34	54.24	109.41	N/A	N/A
16	國泰台灣高股息基金- B 配息（台幣）	6.34	8.12	22.27	54.20	109.36	N/A	N/A
17	日盛上選基金-N 類型	3.16	0.62	13.07	53.35	76.98	N/A	N/A
18	日盛上選基金-A 類型	3.16	0.61	13.06	53.33	77.02	211.33	351.73
19	安聯台灣大壩基金-G 累積型（台幣）	4.73	1.36	16.51	49.51	69.80	N/A	N/A
20	野村成長基金	1.99	-4.10	11.88	49.04	84.45	299.86	405.97

資料來源：MoneyDJ.com（2024/05/20）

需注意各期間的報酬變化之外，對於成立期間，資金規模，經理人，夏普值及貝他值都可列入參考依據。

（二）海外基金報酬排名

基金名稱	報酬率(%)						風險		
	三個月	六個月	一年	二年	三年	五年	年化標準差	Sharpe	Beta
野村優質基金	-2.62	16.41	47.77	53.19	82.44	326.55	24.10	0.49	0.87
安聯台灣科技基金	1.90	16.85	56.84	61.46	116.86	330.39	18.63	0.72	0.71
統一奔騰基金	3.63	19.40	63.14	78.39	119.58	354.58	21.26	0.69	0.75
統一黑馬基金	2.01	12.78	45.52	55.76	89.51	291.70	23.66	0.48	0.82
元大台灣高股息優質龍頭基金 B 配息（本基金之配息來源可能為收益平準金）	10.41	18.78	45.96	42.05	31.29	N/A	18.02	0.62	1.09
安聯台灣大壩基金-A累積型（台幣）	1.09	15.93	48.02	37.31	64.75	221.88	18.51	0.63	0.68
安聯台灣智慧基金	0.19	17.37	48.85	46.26	84.16	302.17	18.81	0.63	0.66

資料來源：MoneyDJ.com（2024/05/20）

以上舉例的基金排名，可以自行設定篩選基金種類和報酬區間，透過不同參數來比較出各期間的報酬變化，對於成立期間，資金規模，經理人，夏普值及貝他值都可列入投資參考依據。

投資共同基金前的須知

（一）投資共同基金的優點

1. 專家管理

國外基金公司聘有專業基金經理人及研究人員，從事市場調查研究，對於國內外的總體個體經濟投資環境及個別公司狀況，都有

深入了解。投資國外共同基金,即是花少數的基金經理費,請專家隨全球市場變動情形規劃投資組合,對投資人而言,不僅是省錢省力的方法,更能有效提高投資獲利。

2. 風險分散

國外共同基金可投資在不同的投資標的上,亦可投資在不同區域或國家,而利用投資組合可降低投資單一股票之風險,投資人也可以分享到全球各地區的經濟成長。

3. 變現性高

國外共同基金大多是開放型基金,投資人可隨時贖回,一般基金辦理贖回後約一週,贖回金額便可入帳,變現性高。投資人可靈活運用基金的轉換服務,在市場變化過大的時候,將原持有基金轉換其他基金,但必須屬於同一公司旗下。

4. 小額投資

定期定額投資每月只要新臺幣 5,000 元即可輕鬆理財,小額投資,每月扣款,除了能有效累積資金,長期的獲利績效通常高於定存。

5. 手續簡便

由於國外共同基金的規模較大,可以享有優惠的交易費用,比起個人直接投資,可以省去大量的成本及處理時間。

6. 合法節稅

現行稅法課徵採屬地主義,個人境外所得可享有免稅之優惠,因此投資國外共同基金的收益可以合法的免稅,不必納入個人所得申報;此外,家長可運用每人每年新臺幣 220 萬元的免贈與稅額度以子女名義進行投資。

（二）共同基金的投資成本

　　共同基金由基金公司管理，必須支付的投資成本有兩類，一是手續費，二是經理費。手續費又可分申購手續費與贖回手續費兩種，只有在申購或贖回時收取，不會每年收取。目前投資國內基金的手續費幾乎只需付申購手續費，贖回時不會再收取任何的贖回費用，除非透過基金公司所指定的代辦銀行辦理贖回仍酌收工本費（約為 50 元）。國內開放式股票型基金的手續費費率約為 0.8~2%，通常採取級距式收費，依申購金額區分，金額越大，費率越低。而國外基金手續費收費方式較為複雜，贖回時仍支付贖回費用，又稱信託管理費，其收費費率約0~0.2%，通常隨著投資人持有越久，費率則越低，甚至超過一定年限後則變成免費的情況。

　　至於基金公司因操作與管理產生的費用，又稱經理費，又稱經理費，也就是例如基金公司之管理費用、保管機構的費用與其他相關費用，這些費用雖不需投資人另外支付，但會從基金的資產中直接扣除，其收費標準約 0.08%~2%。

　　投資國內基金辦理轉換成基金公司或銀行旗下的其他基金時，通常不另外收取任何轉換手續費，但海外基金辦理轉換時，還要支付轉換手續費，大約每筆 500 元或累計信託金額之 0.5%（最高為 5,000 元）。

1. 基金經理費

　　支付負責經理、管理基金資產的基金公司之費用，自基金資產中直接扣除。

2. 保管費用

　　支付負責保管、處分基金資產的保管機構之費用，自基金資產中直接扣除。

3. 申購手續費

申購基金時所收取的費用。

4. 贖回手續費

將時有單位數變現時產生的費用。

5. 轉換手續費

將原持有基金轉換其他基金所發生的費用。

6. 帳戶管理費

受託銀行為管理信託資產所收費用，自贖回款中扣除。

表 6-3　投資基金的成本

項目	手續費		經理費	轉換手續費
	申購手續費	贖回手續費		
國內開放型股票基金	0.8~2%	無（若透過代辦銀行需 50 元）	0.08~2%（皆在基金淨值中直接扣除，客戶不需另外支付）	無
國內封閉型股票基金	1%	0.2425%		
國內債券型基金	無	無		
海外基金	1~3%	信託管理費：0~0.2%（通常持有越久，費率越低）		每筆 500 元

（三）投資共同基金的風險

投資基金可能面臨的風險(Risk)，可分為六種：

1. **市場風險(Market Risk)**：是指在同一投資地區受到整體市場因素影響產生的投資風險。如發生於該投資地區的戰爭、通貨膨脹、經濟衰退、或不可抗力的天災等，導致投資標的價格或殖利率受此市場風險因素影響而上升或下降。由於市場風險的影響範圍遍及整體投資地區，即使藉由多角化投資亦無法分散掉此種風險，故市場風險又稱為不可分散風險(Undiversifiable Risk)或系統風險(Systematic Risk)。

2. **利率風險(Interest Rate Risk)**：利率高低的變化將影響各類型投資工具的表現，基金價格的走勢亦會隨著利率高低變化而波動，利率波動隱含的風險，特別以投資債券、票券等為收入來源的基金影響較大。一般而言，股票價格與市場利率是呈反向的走勢。當市場利率走跌時，企業因借款城本降低，有助於企業主的投資意願，股票價格將會上漲；當市場利走高時，企業資金成本升高，阻礙企業獲利空間，股票價格則會下跌。而債券因是以利息收益為獲利的主要來源，當市場利率走跌時，債券價格將上漲；市場利率走高時，債券價格將下跌。

3. **信用風險(Credit Risk)**：主要可分基金與公司兩部分，基金部分是指當投資債券或債券可基金存在著發券單位無法依合約履行利息給付或本金歸還的不確定因素。通常財務狀況較弱或新成立公司因其信用評等較低，故常以高利率(High Yield)來吸引投資人，此種債券因無法履約的機率較高，通常也存在著較高的信用風險。而由美國聯邦政府所發行的美國政府公債因其具有最高的債信等級，無法履約

2
PART
投資商品的認識

的可能性為零,投資此債券的信用風險最低。基金公司部分若發生財務危機,並不會直接影響投資人的錢,但多少會影響到行政管理,而間接地影響基金績效的表現。

4. **匯兌風險(Currency Risk)**:主要影響投資海外市場的基金,投資於本國以外市場的投資標的,當投資人申購海外基金至贖回基金的這段時間內,產生本國貨幣與美元或其他貨幣間的匯兌的波動。若在投資期間投資基金的計價幣別兌本國貨幣為升(貶)值的情況,會產生匯兌利益(損失)。

5. **通貨膨脹風險(Inflation Risk)**:指隨著每年物價自然成長,不論是投資人或非投資人均會遭致購買力減低、資產蝕損的風險。因此,若只選擇投資貨幣型、債券型基金等低風險、低報酬的投資人,隨著每年物價膨脹的成長,其物價購買力亦將隨之減低。

6. **國家風險(Country Risk)**:指因戰爭、社會動亂、天然災害、經濟基本面改變、政治權力轉移等事件所引發國家經濟衰退或金融市場瓦解的風險,例如 2000 年美國總統大選歷經一星期仍懸而未決造成美股的震盪下跌,及我國政治權力轉移引發政治不穩定所造成股份的崩跌。

　　風險的高低表示,一般基金都是以標準差、夏普指數、貝他指數為指標,分別顯示基金在每季的變化,藉由各種風險指數,表示各基金的風險高低比較值。

基金名稱	成立日 (%)	成立日以來 (%)	自今年以來 (%)	年化標準差	Sharpe	Beta	基金規模
路博邁台灣 5G 股票基金 T 累積型（基金之配息來源可能為本金）	106/09/13	189.00	20.12	18.46	0.93	0.54	25.48
路博邁台灣 5G 股票基金 T 月配型（基金之配息來源可能為本金）	106/09/13	188.89	20.12	18.44	0.93	0.54	9.95
路博邁台灣 5G 股票基金 N 累積型（基金之配息來源可能為本金）	108/04/01	132.30	20.11	18.45	0.93	0.54	5.04
路博邁台灣 5G 股票基金 N 月配型（基金之配息來源可能為本金）	108/04/01	216.05	20.11	18.40	0.93	0.54	2.47
統一台灣動力基金	96/09/13	553.80	18.64	23.23	0.63	0.84	32.84
日盛 MIT 主流基金	99/11/26	403.30	12.87	19.72	0.71	0.58	7.78
統一經建基金	86/10/23	1,223.30	19.43	22.90	0.61	0.84	18.32
宏利臺灣股息收益基金 A 類	87/07/20	558.80	10.00	19.43	0.70	0.88	9.14
統一統信基金	82/01/30	2,339.98	16.89	21.12	0.64	0.92	17.90
德銀遠東 DWS 台灣旗艦基金	90/08/02	412.00	20.61	18.77	0.71	1.08	9.99
統一全天候基金	83/02/18	3,184.17	12.85	25.15	0.54	0.94	60.80
日盛台灣永續成長股息基金	110/04/22	76.10	12.67	21.27	0.63	0.66	10.76
復華高成長基金	87/10/17	1,405.10	20.95	21.28	0.62	0.59	99.80
富邦富邦基金	82/02/09	1,462.50	21.25	22.60	0.59	0.96	20.32
國泰台灣高股息基金-A 不配息（台幣）	109/07/10	189.20	18.62	17.51	0.73	1.01	60.96
國泰台灣高股息基金- B 配息（台幣）	109/07/10	189.21	18.57	17.50	0.73	1.00	38.70
日盛上選基金-N 類型	109/10/05	116.80	9.97	20.54	0.62	0.57	0.04
日盛上選基金-A 類型	86/12/27	880.70	9.96	20.54	0.62	0.57	63.10
安聯台灣大壩基金-G 累積型（台幣）	108/09/20	174.13	12.53	18.52	0.64	0.68	20.18
野村成長基金	88/11/16	1,036.40	9.68	25.40	0.48	0.78	27.91

說明：年化標準差代表報酬率波動的程度。

資料來源：Money DJ.com（2024/05/20）

2
PART

投資商品的認識

（四）投資基金收益來源

通常投資基金的收益來源主要有四：

1. **資本利得(Capital Gain)**：當基金持有的可變賣資產（如股票、債券其他有價證券），在脫手時，其賣價高於原先購進成本，即產生利潤，此利潤為已實現的資本利得。反之，當賣價低於買價時，則產生資本損失。

2. **資產增值(Capital Appreciation)**：開放型基金在每一個基金的交易日，皆須有一個公正客觀價值作為基金買賣價格的基準，除了已實現的資本利得外，基本資產須在每個交易日的市價，則為資產增值，反之則為資產貶值。

3. **孳息收入**：指利息收入(Interest)及股利收入(Dividend)，前者指基金通常會保留部分比率的現款，以備投資人基金贖回的需求。這些現款為存在銀行或其他金融機構的戶頭裡，每隔一段時間即會有利息收入的產生。後者則指上市／櫃公司每年會視營運狀況定期發放現金股利（即除息）或股票股利（即除權）給股東，假若投資的基金於除息／權日之前握有這些上市／櫃公司的股票，即有權參加股利的分配，股利收入亦即產生。

4. **匯兌收入**：基金投資海外市場時，通常外幣或新臺幣計價，當海外投資標的之幣別匯率產生升貶變化時，會影響投資人匯兌利損。

（五）基金報酬率的計算

在計算基金報酬率前，首先要了解基金的「淨資產價值」(Net Asset Value, NAV)與「單位資產淨值」（簡稱「淨值」）差異。基金淨資產價值，是指基金本身的資產減去負債後的金額；基金單位資產淨值（又簡稱基金淨值），則是指基金總資產淨值（總資產市值減總負債及

以日計算的各項費用）後，除以該基金的基金單位數所得出的數字，此數字不僅作為買賣基金的價格，也是計算報酬率的依據。

1. 基金淨值＝基金總資產淨值／基金發行在外的單位總數

　　一般計算基金報酬率，是以期末淨值減期初淨值加配息，除以期初淨值，乘以100％所得的數字。

2. 基金報酬率＝〔（期末淨值－期初淨值）／期初淨值〕×100％

投資共同基金的步驟

2 PART 投資商品的認識

　　一般人的投資目標就是「累積財富」，許多人開始藉由投資共同基金的獲利來實踐個人理想。不過在決定投資基金前，投資者要清楚了解自己的投資預算及投資屬性，才能找到最適合自己的投資策略與基金，所以投資基金的步驟如下：

（一）投資預算

　　在決定投資預算金額前，最好身邊至少保留3~6個月的資金作為生活費用預備金，以備生活或工作上出現突發性支出，因為投資預算的資金來源若屬於中長期閒置資金，投資者較能針對投資市場情況調整投資組合，較有機會獲得較好的報酬；若資金來源為短期流動資金，則應該選擇風險低波動性小的基金，以免到了需要這筆錢時逢行情不佳，必須認賠贖回。

（二）投資屬性

　　由於每個人的投資屬性不同，也就是對風險承受度大小不一，根據投資人不同的理財習性、投資目標、年齡、資金狀況及家庭負擔等因素考量，每個人所適合投資的產業、區域或類型各有不同。綜合考量各項

因素後，投資人的投資屬性有積極型、穩健型、保守型之分。因此在基金購買前應先了解本身的投資屬性，選擇出最適合自己的投資商品。不過，一般投資人，特別是新手，通常對自己的投資屬性不是很了解，所以目前各基金或投顧等公司，在投資前會對投資人作簡單的投資屬性測驗，雖然內容各有差異，但主要目的在於以較短的時間測驗出投資人的投資屬性及風險承受度。如果沒有根據個人的投資屬性來做資產配置，除了可能無法達到自己想要的投資目標外，若出現虧損時，在沒有足夠的心理準備下更可能產生較大的負面情緒。

（三）設定投資組合(Portfolio)

設定投資組合除依據自己的投資屬性外，更要把市場景氣趨勢列入考慮，雖投資屬性屬於積極型，但大環境不佳時，仍不宜積極投資，所以投資組合應參考景氣循環(Business Cycle)調整。在市場景氣處於成長期，投資組合中適合加碼股票型基金；景氣高峰期時應減少股票型基金，加碼債券型基金，或增加平衡型基金；景氣呈現衰退時，則投資組合應增加債券型或貨幣型基金。

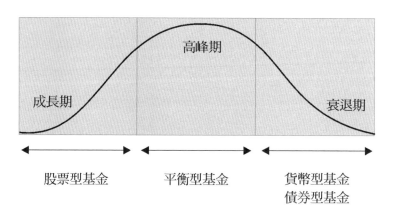

景氣循環與適合加碼的基金類型

圖 6-3　景氣循環對基金的調整

（四）如何篩選基金標的

　　決定了適合自己的投資組合後，接著投資人面對的是如何在成百、成千的國內外基金中，篩選出最適合自己的基金。另外即使同類型的基金中，淨值表現的波動幅度可能也有顯著的差異，所以如何篩選基金標的也是投資的重要環節。

1. 基金公司(Management Company)

　　雖然基金公司只負責投資，並不直接保管基金的資產，唯有良好經營風格與管理方法的基金公司才能帶給投資人較大的獲利，因此基金公司的信譽、經營與投資方針、股東背景、基金規模、服務品質及品碑等，都是投資挑選基金公司的要點。

2. 經理人及其基金的績效(Performance)

　　好的經理人(Fund Manager)除了要具備足夠的證券分析能力、經歷外，道德操守是否有問題也很重要。此外，雖然基金的過去績效不一定代表未來績效，但是有經歷過多頭與空頭市場的基金經理人，比較可以避免採取不適當的過度樂觀或悲觀的策略，而白白地錯失大好的投資機會。因此投資者可以藉由評量過去一段比較長的時間，基金的表現是優於股價指數，或優於同類型基金；以及在多頭或空頭市場，基金的漲幅或抗跌性，來評估基金績效。不過投資方向主要在看投資標的後勢可能的表現。許多投資人常犯的錯誤是一味地選擇前一年或前幾年表現最好的基金，除非投資標的的市場持續看好，否則寧可選擇投資市場後勢看好的基金。

　　由於基金經理人負責基金主要投資決策，主宰了基金的績效，因此基金經理人的背景、經驗、過去的管理績效等都是重要的參考指標。在臺灣，投資人較不重視基金管理人，但在國外，基金經理人的口碑，與基金募集金額的多寡有相當直接的關係。

2
PART

投資商品的認識

3. 基金資產的配置(Asset Allocation)

即使投資同市場同類型的基金,也會因持股種類或比重的不同而有不同的績效。投資人應選擇與自己的投資屬性相似,或可以符合自己對投資產業景氣的預期需求。另外,投資組合若不夠分散,風險比較大。而投資組合中的現金比重,也是另一個考量的因素,現金比重高,表示經理人不看好後勢,如果比例為負數表示此基金有融資操作,在市場上揚時將會積極成長。

投資組合亦可顯現經理人的操作靈活程度。如果發現其持股長期不變或並未跟隨所投資股市的狀況做適度的調整,就表示該基金經理人的操作不夠靈活,應考慮另做選擇。

4. 基金規模(Fund Size)

基金資產規模的大小,也會影響投資績效。資產太小的基金,不能達到分散風險的效果,而且每一單位必須分擔的成本費用也會較高,無法達到經濟規模效益。但是資產太大,在操作上比較沒機動性、彈性和流動性。在空頭市場時,面臨贖回壓力或調節持股時,容易助跌。當然,在多頭場時,因其規模對股市的影響力大,也會有助漲的作用。不過,如是投資在一些股市總值太小、流動性較差的股票基金,其規模不宜太大,否則所承受的風險會太大。

5. 銷售人員(Sales Representative)

選基金與基金公司固然重要,選擇具有理財顧問性質的銷售人員,可以讓您更了解自己的投資屬性,會建議較適合的投資組合,更可以提供正確的買賣資訊。如何選擇真正為投資人著想的銷售人員,下列幾個觀察狀況是比較不妥當的。

(1) 會一有出現新基金，就鼓勵你馬上申購。

(2) 會老推薦自家基金或某一家基金，並批評其他基金公司的基金。

(3) 對整體金融市場變化瞭若指掌，可隨時提供你投資建議，但是購買後，卻又不常聯絡告知訊息。

(4) 只會建議買進，而不會通知何時要出場，或如何因應市場變化調整現有的基金投資組合。

（五）投資基金的方法

選擇了適合的投資組合及投資基金標的，並非意味著要在同一個時點完成投資組合的建立，可以分散進場時點，逐步地建構完成投資組合，可以減少所有資金全買在市場高點的風險。投資基金的方法可分單筆投資、定時定額投資、定時不定額三種。

1. 單筆投資

通常最低新臺幣 5 萬元，即可一次投資一種基金，投資人自行研判市場行情走勢，自行決定購買基金的時點及金額。單筆投資的方式，可視行情的走勢隨時決定買進或賣出時點，具有彈性的優勢，不過這種方式的缺點，是要自行研判行情來選擇介入時點，無法避免高買低賣的風險，所以設定獲利點與停損點是必要的。另外投資人也可以運用分批單筆買進，分散進場時點的風險。

2. 定時定額投資

投資人以固定金額（目前最低為 3,000 元，且以千元為單位），在每隔一固定時期（一個月、一個季或半年）投資於某個基金，銀行會採自動扣除費用於指定帳戶中，採用這種投資方式，投資人不必為進場時機煩惱，也不必在意短期內基金淨值的波動，因為分

批、分時進場買進，每期購買的基金單位數也是不一樣，在行情走高時，購買單位數會較少，但在行情走低時，所購買的單位數會較多，具有降低價格變動風險之效果。

3. 定時不定額投資

一般而言，大部分投資基金的方法為以上兩種（單筆投資、定時定額），第三種投資方法，只有少數金融機構有承作。操作方法為大盤指數上漲時，購買單位數降低，大盤指數下跌時，購買單位數增加，則可增加操作績效。

表 6-4　單筆投資與定時定額投資的比較

項目	單筆投資	定時定額投資
投資最低限額	國內基金 10,000 元 國外基金 50,000 元	國內基金 3,000 元 國外基金 5,000 元
優點	可視行情的走勢隨時決定買進或賣出時點	投資人不必為進場時機煩惱
風險	自行研判行情來選擇介入時點，無法避免高買低賣的風險	買進或賣出時點雖不具彈性，但其風險可進一步降低
投資手續	每次申購時，都要向銀行或基金公司辦理	只需在第一次申購時，向銀行或基金公司辦理手續

簡易投資計畫：以三十萬單筆投資共同基金，所得之累計總資產

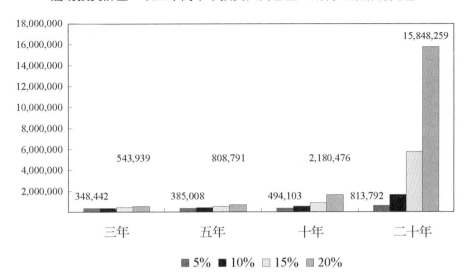

三年　　　　五年　　　　十年　　　　二十年

■ 5%　■ 10%　□ 15%　■ 20%

簡易投資計畫：以每月五千元定期定額投資共同基金，所得之累計總資產

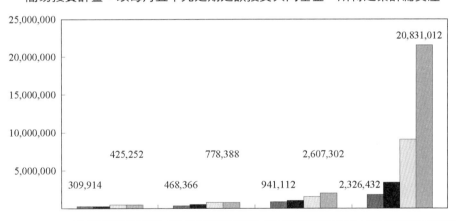

三年（累計投資金額 180,000）　五年（累計投資金額 300,000）　中年（累計投資金額 600,000）　二十年（累計投資金 1,200,000）

■ 5%　■ 10%　□ 15%　■ 20%

（六）投資基金後的檢視

很多投資人把投資基金列為長期投資，買了就放著不管，但歷經全球經濟不景氣，投資人即使把錢交給專業投資機構，仍面對了資產嚴重

縮水的問題。根據彭博資訊的報導，受到經濟不景氣的影響，2001 年美國股票型共同基金出現三十年以來最嚴重的衰退，超過 80%的基金賠錢。投資基金就像投資股票一樣，買賣時點決定投資成敗，所以務必要定期檢視，專家建議投資人每半年做一次檢視，如果沒有辦法每半年做一次，至少每年要做一次檢視，不過有時因應市場快速變動，必要時要增加檢視次數。投資後定期檢視之所需要，是因為個人需求及外在環境可能隨著時間的增長而改變，來機動調整整個基金投資組合的最佳化。

1. 個人需求的改變

指「投資屬性」是否改變，亦是對風險承受度的改變，包括會受到理財習性、投資目標、年齡、資金狀況及家庭負擔的改變影響，如投資人財務狀況產生變化，特別是收入與支出發生明顯改變，不論收支的差額是增加或減少，投資人都要進行重新規劃與調整的動作。

2. 外在環境的改變

市場景氣是投資人基金最重要的判斷指標，判斷景氣的指標相當繁雜，但只要你掌握經濟成長、利率水準及通貨膨脹等三大指標，大概就有七八成的機率不會看錯市場趨勢。當投資的市場景氣明顯不如預期，如股市在高檔向下反轉，利率水準亦處於高檔，而經濟成長率停滯，此時投資人要居安思危，因為景氣指標顯示景氣正從高峰期邁入衰退期的階段，投資人應調整投資金額比例或將資金轉進貨幣型基金或債券型基金。若利率和通貨膨脹同時處於低檔，股市從谷底開始醞釀往上攻堅，此時投資可資金陸續轉進股票型基金。因此投資人要定期審視，才能做較適當的投資組合調整。

四 ▶ **基金之申購、贖回與轉換**

（一）申購基金的流程及手續

國內基金大多為開放型基金，投資人可透過投信公司或代銷機構辦理申購手續，但辦理單筆與定期定額的申購流程仍有不同。

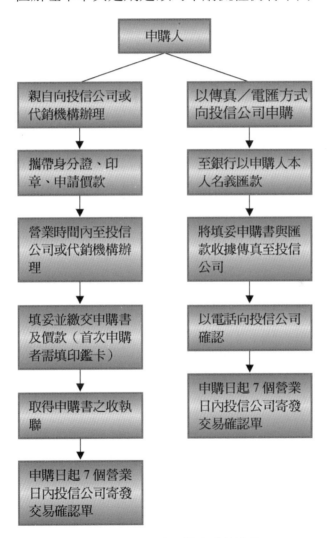

圖 6-4 國內基金單筆申購的流程

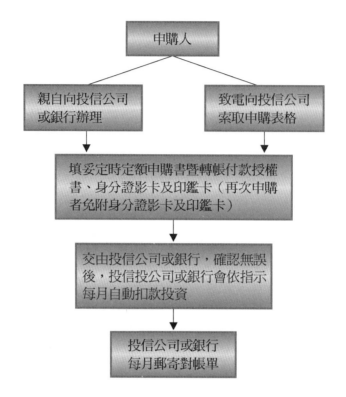

圖 6-5　國內基金定期定額申購的流程

表 6-5　申購國內基金的管道比較

投資管道 項目	透過銀行指定用途 信託資金方式申購	向國內基金公司 直接申購	向基金公司簽約代 銷、代收機構申購
申購費用	0.8%~1.5%	0.8%~1.5%	0.8%~1.5%
贖回費用	0	50 元	50 元
轉換費用	0~1%	0~1%	0~1%
申購/轉換標的	只能在銀行有簽約的基金中申購／轉換	只能在基金公司旗下的所有基金中申購／轉換	只能在基金公司旗下的所有基金中申購／轉換
定期定額	有	有	證券公司無；銀行有

表 6-5 申購國內基金的管道比較（續）

投資管道 \ 項目	透過銀行指定用途信託資金方式申購	向國內基金公司直接申購	向基金公司簽約代銷、代收機構申購
提供資訊	少	多	少
憑證種類	信託憑證	受益憑證／保管單	受益憑證保管單
辦理地點	與基金公司簽約的銀行	基金公司	與基金公司簽約的證券公司或銀行
贖回天數	4~7 個營業日	4~5 個營業日	4~7 個營業日

至於海外基金，目前我國政府不允許外國的基金公司或代表，直接向國內投資人銷售海外基金，但投資人可透過合格的投顧公司向海外基金公司直接購買基金，也可以透過銀行以「指定用途信託資金」的方式進行投資。所以申購海外基金可以分為二種管道：

1. 透過銀行的「指定用途信託資金」投資

投資人向國內金融機構買進海外基金時必須在信託部開戶，簽訂信託契約，指定購買某種海外基金，銀行則給投資人該海外基金的信託憑證。以此一方式購買海外基金是屬於間接投資，在此過程中，投資人只是銀行的客戶，對海外基金公司而言，買者是銀行而不是投資人，因此投資人所取得的信託憑證只能向購買銀行主張權利，無法對海外基金公司做任何要求。以這個方式買進海外基金的優點是手續簡便，幾乎每家銀行都可以買海外基金，如果對基金公司有任何疑問，都可以由銀行代為出面解決，所以相當方便，此外不受一年五百萬美元匯出的限制，並且可作為借款擔保；但缺點就是銀行只是代售的角色，自己並不是直接操盤的經理人，所以銀行無法提供無專業的售後服務，而在憑證方面，在基金公司的名單上投資人是銀行而非真實的投資者，換言之，若是發生了不可抗力的

狀況,如:經濟危機導致銀行財務困難了,那就算真正的投資人到國外時,也無法要求國外基金公司贖回,投資人的權益並沒有受到充分的保障。

2. **直接向投顧公司或海外基金公司申購**

　　直接向海外基金公司申購,就如同投資人向國內基金公司買國內開放型基金樣,投資人取得的是基金公司所發行的「受益憑證」或「契約書」。但是必須依照中央銀行規定,個人一年有五百萬美元的匯出額度限制。用此方式買賣海外基金的優點是,透過代銷海外基金投資顧問公司買進海外基金,雖然所花的手續費較透過銀行的「指定用途信託基金」為高,但大多數投資顧問公司會定期或不定期寄上研究報告,或有專人為投資人解答各種投資問題,資訊取得較為容易。缺點是投資人購買海外基金後若想贖回,只憑投資人簽章,註明匯入某一個戶頭即可;投資人決定賣出時,寫好申請書請投資顧問公司協助將資料寄到海外,由於向海外基金公司申請贖回至投資人拿到錢可能需要十天至半個月,作業時間較長,若不肖銷售人員將戶頭加以更改,等到投資人發現資金未進銀行帳戶時,銷售人員早已遠走高飛。防止資金中途被盜領的方法就是,買進時就將贖回的帳戶填上,或者找一個值得信賴的銷售人員,千萬不能大意。未來證管會允許海外基金可以直接銷售後,當有更完整的法令保護投資人的權益,但目前投資人仍須負擔一些投資風險。

(二)贖回基金的手續

1. **贖回淨值計算日**:國內基金以贖回日次日之淨值計算,海外基金以贖回日當日之淨值計算,所以可以用贖回前幾日的淨值當作參考價。

2.**贖回款項的計算**：原則上贖回款項的計算贖回淨值×單位數，不過有部分銀行和基金公司會收額外的費用，其中包括贖回費用和經理費。

贖回款項＝贖回淨值×單位數－贖回費用－經理費

表6-6　贖回基金的須知

項目	透過銀行指定用途信託基金方式申購	直接向投顧公司買賣	直接向國外基金公司買賣
付款	新臺幣或外幣	外幣	外幣
可選擇基金數目	依銀行代理情形而有不同，可以選擇國內、外不同公司的基金商品。	依投顧公司代理情形而有不同，可以選擇國內、外不同公司的基金商品。	只能選擇基金公司旗下的基金。
投資資訊	較少	較多	較多
憑證種類	銀行的信託憑證。	基金公司發的受益憑證。	基金公司發的受益憑證。
稅賦	個人免稅	個人免稅	個人免稅
費用	手續費 1~3%信託管理費 0%~0.2%（通常持有越久，費率越低）每筆轉換費 500元。	手續費 0~5%保管費、轉換費、贖回費，各基金彈性大，視投資金額大小而異。	手續費 0~5%保管費、轉換費、贖回費，各基金彈性大，視投資金額大小而異。
定期定額信託	可	無	無
繳款方式	直接以新臺幣或外幣繳款給銀行。	自行結匯外幣，隨同申購表寄至國外。	自行結匯外幣，隨同申購表寄至國外。
投資金額限制	依各銀行規定新臺幣1~5 萬元起不等，不受每人 500 萬元匯出款限制。	最少 1,000 美金，受每人 500 萬美元匯出款限制。	最少 1,000 美金，受每人 500 萬美元匯出款限制。
贖回地點	必須至原申購銀行贖回。	可在任何地方以書面通知海外基金公司。	可在任何地方以書面通知海外基金公司。

2
PART
投資商品的認識

3.**贖回款項入帳時間**：原則國內基金在辦妥贖回申請後的 5~7 個營業日內取得，海外基金則要 7~10 個營業日，不過也有些例外，如國內債券型基金只要一個營業日，貨幣型基金 2~3 個營業日。

4. **贖回基金的手續流程**：

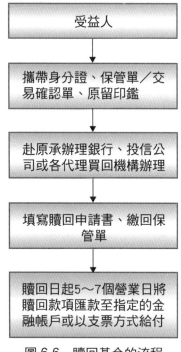

圖 6-6　贖回基金的流程

（三）取得基金資訊的來源管道

在投資基決策前及投資後的檢視，必須有相關的資訊，投資人才能做出正確的判斷。因此如何取得共同基金的相關資料，對投資基金的決策占了相當重要的地位。目前國內投資人可以收集到的基金資訊管道，包括以下幾種：

1. **報章雜誌**：國內經濟日報、工商時報、錢雜誌(Money Magazine)、Smart Money Magazine、Fund Winner 共同基金……等。

2. **銀行、基金公司或投顧公司**：各基金公司或代銷機構都會免費提供所銷售基金的資訊，包括基金淨值、該市場行情的展望等。

3. **網站**：隨著電腦網路的普及，許多國內外基金公司或銀行的網站上，甚至專業財經網站公司（如 www.moneyDj.com、www.gogofund.com……等）大多有提供所銷售基金的基本資訊，供投資人直接查詢。

　　以上這些報導的資訊以國內基金和在臺銷售較普遍的海外基金為主，較適合國內投資人。

（四）選擇優質的基金

1. 挑選長期表現優異的基金

　　基金評比中，晨星 Morning Star 及標準普爾 Standard & Poor 的 Micropal 星號評等，最普遍為各基金公司及投資人參考利用。

　　晨星(Morning Star)依該基金 36 個月平均報酬率，分別計算 3 年、5 年和 10 年的星等評級，然後再以這三個不同年期的評級結果，加權算出該基金的綜合評級。

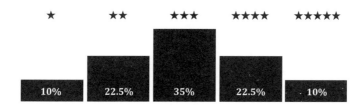

標準普爾(Micropal)評比的計算，乃根據過去 36 個月，各基金每個月相對於所屬類別平均值的績效所計算出的相對績效值，再將各基金過去 36 個月的平均相對績效值，除以該基金相對績效過去 36 個月的波動幅度，得出來兼具報酬（相對績效值）及風險（波動幅度）的分數，最後依照得分高低分為 5 級。

標準普爾(Micropal)星號評級標準一覽表

評級	區分標準
★	得分結果在前 76~100%
★★	得分結果在前 51~75%
★★★	得分結果在前 31~50%
★★★★	得分結果在前 11~30%
★★★★★	得分結果在前 10%

Micropal 星號評等：星號多寡乃按基金過去績效，經過風險調整後作排名，在同類型基金中排名前 10%的即給予五顆星的最高榮譽，排名位於前 11~30%的基金則獲四顆星評級，以此類推。且必須符合下面 2 項基本條件：(1)成立時間須在 3 年以上；(2)該基金所屬分類組別必須包括至少 5 檔基金，顯然的，並非每支基金都能獲得 Micropal 的評等。

2. 波動性小的基金

天下沒有白吃的午餐，任何投資均存有投資風險，且通常預期報酬越高，所伴隨而來的風險也就越大。

利用 Beta 值(β)及標準差(σ, Standard Deviation)來衡量基金風險的指標，Beta 值指的是個別基金與大盤間的連動性，主要用來衡量基金之系統性風險；標準差是用來衡量一段期間內股票或基金的波

動幅度(Volatility)。若一檔股票在一段期間內波動幅度相當大，它的標準差（風險）將隨之提升，反之亦然。

以海外基金為例，全球型股票基金由於涵蓋範圍較廣，因此波動幅度較區域型基金小，故其風險也較區域型基金小許多，同樣的區域型基金的波動幅度（風險）又較單一國家型基金來得小。

除了可利用 Beta 值(β)及標準差(Sharpe Deviation)來衡量基金的投資風險外，投資人更可利用「夏普指數」(Sharpe Ratio)，進一步地來檢視基金所代表之報酬與風險間的關係。

所謂「夏普指數」(Sharpe Ratio)係用以衡量每單位風險所得之超額報酬，而所謂超額報酬乃為基金過去一定期間的平均報酬率超過同等期間內的無風險利率(Risk-Free Interest Rate)，公式如下：

2
PART

投資商品的認識

$$\text{夏普指數 Sharpe Ratio} = \frac{R_p - R_f}{\sigma_p}$$

R_p：平均報酬率

R_f：無風險利率

σ_p：標準差

例：

基金名稱／股票型	Micropal 評等	Sharpe Ratio	Volatility	YTD	1 Year	3 Year	5 Year	10 Year
北美								
寶源美國小型公司	★★★	0.73	5.26	-4.19	9.47	74.16	121.84	511.93
景順美國股票	★★	-0.32	10.13	-19.19	-47.67	-58.12	-33.78	38.19
花旗北美	★★	0.07	5.13	-5.55	-7.12	0.44	29.42	116.35
駿利國際二十 A	★★	N/A	N/A	-7.73	-19.31	-21.70	N/A	N/A
駿利國際各型股增長 A	★★	N/A	N/A	-5.56	-24.62	-15.01	N/A	N/A
大聯美國成長 A	★	0.14	7.11	-10.63	-21.37	-25.62	43.47	N/A
富達美國成長		N/A	N/A	-6.73	-9.05	35.82	N/A	N/A
全盛美國新興成長 A2		N/A	N/A	-6.07	-12.03	21.12	N/A	N/A
水星北美特別時機		0.17	10.05	-7.12	-7.72	38.49	59.36	225.76

基金名稱／股票型	Micropal 評等	Sharpe Ratio	Volatility	YTD	1 Year	3 Year	5 Year	10 Year
歐洲								
富達歐洲	★★★★★	0.43	5.36	-0.19	-11.21	27.03	76.30	290.43
富達歐洲小型公司	★★★★	0.03	7.79	-3.55	-31.27	4.92	27.22	N/A
水星歐洲特別時機	★★★	0.06	5.66	-4.28	-24.71	-2.77	28.51	213.48
寶源英國企業	★★★	-0.29	5.10	-4.61	-15.62	-17.67	-5.90	125.32
景順泛歐洲	★★	-0.08	7.08	-7.83	-27.22	-27.93	10.73	114.98
水星歐洲（美元）	★★	-0.06	5.04	-5.37	-20.20	-19.76	15.72	N/A
景順全歐洲企業	★	-0.22	8.52	-3.89	-34.47	-39.09	-12.39	83.03
花旗歐洲		0.06	5.69	-4.82	-18.06	-11.99	28.81	128.37
景順歐洲大陸		-0.06	6.83	-6.20	-24.35	-15.27	14.27	166.22
亞太								
花旗香港	★★★★	-0.01	9.53	-5.15	-16.10	68.26	19.63	N/A
寶源亞洲新興市場	★★	-0.35	9.87	7.88	-0.68	20.20	-34.24	N/A
景順韓國	★★	0.03	16.23	18.05	48.67	49.46	30.76	N/A
寶源南韓	★★	-0.03	16.81	27.15	52.28	66.91	12.62	N/A
水星亞洲新興市場	★	-0.52	9.34	7.37	-4.20	2.24	-49.55	N/A
花旗泛亞	★	-0.51	8.94	4.06	-2.47	11.04	-47.22	N/A
富達東南亞	★	-0.41	9.38	5.32	-6.92	9.33	-39.12	40.71
日本								
景順日本第三市場	★★★★★	0.06	11.70	-11.76	-22.46	33.33	35.58	17.51
富達日本	★★★★	-0.21	7.37	-3.47	-29.29	-2.96	-6.07	-9.07
水星日本特別時機	★★★	0.13	9.60	-13.93	-32.03	30.41	46.87	91.31
寶源日本	★★★	-0.33	6.14	-3.63	-22.04	-7.93	-13.90	10.90
景順日本	★★	-0.44	6.90	-3.68	-26.21	-28.57	-28.23	-39.47
新興市場								
大聯開發區域市場 A	★★★★	-0.31	9.28	4.45	-9.23	32.61	-28.45	N/A
富達新興市場基金	★★★	-0.37	8.49	5.58	-3.10	15.78	-31.27	N/A
花旗新興市場	★★★	-0.36	8.56	5.52	1.22	14.61	-32.38	N/A
水星新興歐洲	★★★	-0.34	9.91	2.21	17.57	10.30	-35.49	N/A
國際								
大聯全球成長趨勢 A	★★★★	0.24	6.06	-4.74	-13.41	17.03	55.33	N/A
全盛全球股票 B2	★★★	0.10	4.61	-2.63	-9.21	-1.47	31.18	136.64
富達國際	★★	0.03	6.01	-4.39	-18.20	-16.78	25.67	130.60
大聯國際民營化 A	★★	-0.18	6.18	-1.21	-18.05	-6.39	0.00	N/A
水星環球股票	★	-0.07	4.75	-3.57	-15.27	-13.96	14.92	85.24
富達世界		0.07	5.43	-3.50	-17.06	-11.20	30.08	N/A
水星環球特別時機		0.18	8.03	-7.03	-18.72	37.73	52.94	N/A

基金名稱／股票型	Micropal 評等	Sharpe Ratio	Volatility	YTD	1 Year	3 Year	5 Year	10 Year
其他								
國際電子	★★★★	N/A	N/A	13.97	23.55	65.71	N/A	N/A
水星 MST 世界黃金金礦	★★★★	-0.08	11.68	36.27	74.96	90.45	3.69	N/A
景順科技	★★★	-0.01	11.57	-17.72	-41.67	-31.03	18.97	129.27
元大卓越	★★★	N/A	N/A	8.59	9.8	16.82	5.79	N/A
景順電訊	★	-0.29	10.74	-21.96	-57.94	-50.21	-31.27	N/A
大聯國際醫療 A		0.14	4.77	-3.78	-10.41	3.26	36.49	N/A
大聯全球科技 A		0.17	10.86	-14.2	-26.96	-9.82	63.76	N/A
景順健康護理		0.05	5.92	-7.6	-8.34	4.83	28.11	246.42
寶源能源		-0.14	5.78	0.74	-10.64	31.55	6.24	106.8
債券型								
大聯美國收益 A	★★★★★	0.13	2.35	2.71	5.42	25.74	28.18	N/A
富達美元價券基金	★★★★	0.51	0.97	-0.48	4.58	16.65	31.97	75.03
花旗北美債券基金	★★★	0.65	0.82	1.15	6.05	18.43	32.85	76.05
全盛有限償還期 B2	★★	0.07	0.47	0.32	4.15	14.48	22.36	N/A
花旗歐洲債券基金	★	-0.56	2.83	-2.33	-2.26	-15.97	-6.87	28.44
水星 MST 美元環球債券	★	0.60	0.99	0.54	2.62	12.28	34.23	88.56
基金				1.55	4.93	14.69	27.74	63.57
全盛美國政府公債基金 B2	★	0.32	0.93	-2.60	-1.99	-15.34	-6.03	32.15
				0.36	-3.26	10.26	N/A	N/A
富達歐洲債券基金		-0.55	2.78	0.68	4.69	18.30	N/A	N/A
駿利世界高息債券 A2		N/A	N/A					
駿利世界美國短期債券 A2		N/A	N/A					
貨幣型								
花旗美元基金	★★★★	2.57	0.10	0.20	3.63	15.21	26.95	55.09
景順美元儲備基金	★★★	1.41	0.14	0.26	2.98	14.71	25.62	43.95
大聯短期債券 A2	★★	-0.50	0.14	0.42	3.02	11.81	20.13	N/A
花旗歐元基金		-0.74	2.69	-2.44	-2.51	-13.42	-13.58	7.82

Lumpsum,%Change Bid-Bid , USD Gross Income
資料截至 02/28/2002

*** Sharpe Ratio 5 years annualised Risk Free Rate=4%
*** Volatility 5 years

資料來源：Micropal

2
PART

投資商品的認識

3. 選擇信譽好的公司

　　基金公司成立越久，旗下的基金種類也越多，給投資提供更多轉換或申購的選擇。雖然同一旗下的基金數種，但不一定每一支基金都享有同樣的報酬美名，首先要考慮此基金規模的大小，經理人的背景及前經歷及成就，公開說明書是否詳盡告知投資標的、保管銀行、註冊地、經營策略，最重要的是必須經證期會及中央銀行核准發行的產品，才可以安心購買，千萬不要選擇來路不明，又稱說已在海外註冊的基金。

4. 投資基金之選擇及分配

　　不論是透過銀行、投信或保險公司進行投資，投資帳戶所得的利益取決於所選擇基金的表現，因此，投資前必須充分了解各種基金的特點，這是十分重要的。有些金融機構或保險公司，提供的基金選擇多達百種以上，由於績效會受市場波動所影響，而且涉及不同程度的風險，因此必須仔細研究基金的公開說明書，並比較各種基金的投資標的限制、費用制度和經理人團隊。

投資基金的名稱反映投資政策：

(1) 貨幣基金：這些基金主要包括短期貨幣市場證券，例如國庫券、匯票、商業票據和存款證。

(2) 債券基金：這些基金專門投資於固定收入類別，而這投資類中亦有多種不同的專門投資，舉例來說，有些基金集中投資於政府債券，也有些集中其投資在公司債券、多元貨幣債券或高收益債券。

(3) 股票基金：股票基金主要投資於股票市場。不過，基金經理亦會持有一些貨幣市場證券，以便備有所需的流動資金，應付可能出現的提款情況。股票基金可進一步根據其目標分類，例如：

- 最高資本增益
- 增長
- 增長及收益
- 收益
- 收益及保證

(4) 平衡或收益基金：收益基金通常以「保本」為主並賺取穩定收益；平衡基金則會在長期增長及經常收益目標之間求取平衡。這兩種基金均持有股票及債券。

(5) 指數基金：指數基金與某市場的指數，例如美國，那斯達克指數的表現掛鉤。這些基金所持有的證券，與某項指數成份股的比例相同。某些指數基金與非證券指數掛鉤，例如與債券指數或地產指數掛鉤。

(6) 特定事業基金：這些基金專門投資於某類行業或業務，例如科技、公用事業、健康護理等。

　　投資基金亦可按地區劃分，例如東南亞、歐洲、拉丁美洲、中國等。如果保險公司或基金經理有高的知名度，一些基金也會以其名字來命名。

　　投資人可按本身的投資策略，揀選適合的投資基金，分配比重投資。舉例來說，可從投資標的項目中挑選基金 A、B 及 C，然後把 50% 的投資分配在基金 A，30%分配在基金 B ，20%分配在基金 C。對於定期定額自動扣款投資的帳戶，便會根據這個組合，每月撥款投資。定期審視，依市場變化做基金轉換或更改投資組合，及變動投資金額的分配比例，非常重要，決定前可多徵詢專業意見。

問題與討論

1. 共同基金依投資標的物不同，可區分為哪五類？

2. 共同基金可依發行方式區分為封閉式及開放式，試列表說明其差異。

3. 共同基金依投資風險區分，可約略分為哪四項？

4. 試簡述投資共同基金的優點。

5. 共同基金的投資風險有哪些？

6. 何謂夏普指數(Sharpe Ratio)？

7. 選擇優質基金，可以從哪些觀察點來進行評量？

07

CHAPTER ── 證券投資

證券一般交易

（一）普通股

1. 普通股的定義

依據《公司法》第 156 條之規定「股份有限公司之資本，應分為股份，每股金額應歸一律，一部分得為特別股，其種類由章程定之」，因此公司若僅發行一種股份，則必為普通股，也就是說普通股是任何股份有限公司最早發行的證券，但普通股也是公司最後收回的證券，因為普通股只能代表股東對公司之最終的所有權，也就是說，公司若有發行其他證券，其特有者較普通股股東具有優先求償權，所以一日公司清算時，待一切債務償清後，普通股股東方始能分配剩餘資產。而股票乃股份有限公司依照公司法的規定，為籌集資本所發行的一定股份或面額的證書，作為對該公司投資的憑證，而股票的持有人就是公司的投資人，也就是一般所稱的股東。

2. 普通股之權益

普通股的權益甚多，擇其重要者列舉如下：

(1) 盈餘的分配權

　　也就是公司經營成果的分享權，公司營運所得的利潤，扣除所得稅、公司債債息或特別股的股息後，其剩下餘額即為股東所分享，而股東則依持股比例來分配，通常公司並不會將所有淨盈餘全數分配給股東，而會保留部分，作為改善公司財務結構或當維持未來股息的穩定性，此乃小額股東最主要的投資目的。

(2) 公司之管理權

　　股東出席股東或臨時股東會時，有發言權、表決權（對事）、及選舉與被選舉權（對人），以達成其直接或間接的對該公司的控制與管理，此乃引發大股東爭奪公司經營權的主要武器。

(3) 新股認購權

　　發行公司因擴展業務，增添設備或改善財務結構，得以盈餘、資本公積或現金增資來發行新股，新股除保留部分給公司員工認購外，其餘大部分應由原股東按所持股份比例優先認購。

(4) 資產分配權

　　公司資產為股東所共有，公司如經營不善而遭清算，除應當優先清償債權人及特別股股東外，其剩餘資產，按持有比例分配給股東。

(5) 股票轉讓權

　　股份有限公司公開發行之股票可以自由轉讓，隨時變現，無需徵得公司同意，惟應向公司申請辦理過戶手續。

(6) 檢查帳務權

　　根據公司法規定，公司應該編列營業報告書、資產負債表、主要財產的目錄、損益表、股東權益變動表、現金流量表、盈餘分派或虧損撥補之議案這些表冊，在股東會召開前三十天交予監

察人查核。之後這些表冊與監察人的報告書，應該在股東會上提請股東會承認，並日後將承認後的這些表冊分發給各股東。

(7) 須承擔經營的風險

須承擔經營的風險，但股份有限公司股東的責任僅以出資額為限。也就是說，若你擁有 300 張帝鐳公司的股票，則最慘的情況就是變成 300 張價值為零的壁紙，不會要求你再拿其他私人的家當來償還公司債務。

(8) 領取股東會禮物

多數公司會在股東會時期提供禮品給股東，有時候甚至還送照相機耶！

3. 股票上市的好處

政府為促進企業資本形成，以達成「資本證券化，證券大眾化」的目標，積極鼓勵優良公司申請股票上市，將有助於證券市場規模的擴大與健全，不但對公司本身及投資大眾均可蒙受利益，且對經濟發展、產業升級亦有正面的影響。

股票上市對公司的利益，有以下五點：

(1) 便利籌措長期資金，加速企業成長。

(2) 提高公司聲譽，帶動業績成長。

(3) 聲譽提高，易獲國內外各界支持。

(4) 透過市場分散股份，以達利潤分享之均富目的。

(5) 享受所得稅減徵 15% 之上市獎勵優惠。

至於股票上市對股東的利益，則有以下五點：

(1) 投資安全可靠。

(2) 易於流通及變現。

(3) 得為融資融券或金融機構貸款之擔保。

(4) 透過各種公開資料的提供，廣泛了解市場動態。

(5) 股利所得享受 27 萬元免稅額度，及買賣免納印花稅之獎勵優惠。

4. 股票買賣實務

(1) 開戶

　　買賣股票的第一步驟，就是先至證券商開戶。投資人開戶必須攜帶規定文件與印鑑，並留意開戶的限制，一般而言開戶年齡必須年滿 20 歲，若要辦理信用交易（即融資融券），交易額度則隨著投資人財力的差異，分為四種等級限制。

(2) 委託方式

　A. 當面委託：委託人親至證券公司填寫委託書，並簽章。

　B. 電話委託：投資人打電話給營業員，由營業員代填委託書。

　C. 網路委託：前提是投資人要先向區公所申請自然人憑證，或向金融機構申請網銀認證金鑰及會員註冊，才能透過網銀買賣。

　D. 語音委託：投資人利用電話語音系統，自行按電話鍵下單。

(3) 交易方式

　A. 現股交易

　• 當天買賣最高額度為 499 萬元，若欲提高交易額度，需附上財力證明辦理。

　• 當日買進之股票，不可當日賣出（但已有庫存股票除外）。

　B. 信用交易

　• 沖銷必須先融資買進再融券賣出，或是先融券賣出再融資買進。

- 現行集中交易市場融資成數為六成（即投資人必須自備四成現金），融券保證金為九成。
- 櫃台買賣中心融資成數為三成（即投資人必須自備七成現金），而融券保證金成數與集中交易市場相同為九成。
- 交易市場可以當日沖銷（資券相抵），櫃台買賣中心不可作當日沖銷。
- 股票的資券配額與成數因證交所的規定及證金公司內部控管，每天會有不同，投資人在下單應先查詢當日下單買賣的資券餘額。
- 借券費、融資利息、融券利息依不同證金公司而有不同。
- 現行法令股價在平盤之下不得融券放空。
- 信用帳戶連續三年無融券交易記錄者，將被註銷該信用帳戶，且三個月內不得再開立信用交易帳戶。

C. 信用交易的資格

- 20 歲以上具行為能力的中華民國國民。
- 開戶三個月以上。
- 最近一年內委託買賣成交紀錄達十筆以上，且累積成交金額達申請融資額度的 50%。
- 財力證明：年所得與各種財產合計達所申請融資額度的 30%。
- 所提供的財力證明以下列為限：

(I) 委託人或其配偶、父母、子女之不動產所有權狀影印本或繳稅單據。

(II) 最近一個月之金融機構存款證明。

(III) 持有三個月以上之有價證券證明。

(IV) 如果財力證明不是本人的，擁有這個財力證明的人，應為連
帶保證人。

(4) 零股交易

　　零股「盤中交易」在 9:00~13:30 進行買賣，並於 9:10 起進行
第一次撮合，之後每 1 分鐘以集合競價撮合的方式成交。「盤後
交易」則有三種委託方式：網路交易、語音交易或是請營業員下
單，交易時段在 13:40~14:30，以集合競價一次撮合完畢。買賣以
1 股至 999 股為限。

(5) 股票交易費用

委託買入股票時：手續費

委託賣出股票時：手續費＋證交稅

手續費＝股款×1.425/1,000

證交稅＝股款×3/1,000

【範例】買入華碩兩張，成交價 400 元，則必須支付的價金為：

• 股款部分：400×1,000×2＝80,000（一般 400 元，一張為
1,000 股，買兩張）

• 手續費部分：800,000×1.425÷1,000＝1,140

→所以共需要支付 800,000＋1,140＝801,140（元）

若賣出華碩兩張，成交價為 400 元，則可獲得的錢為：

• 股款：400×1,000×2＝800,000（一股 400 元，一張為 1,000
股，賣兩張）

• 手續費：800,000×1.425÷1,000＝1,140

• 交易稅：800,000×0.3%＝2,400

→所以共可獲得 800,000－1,140－2,400＝796,460（元）

(6) 成交

　　證券商便將該委託書的內容以電腦電話傳真等方式，告知在證交所內的經紀人，最後經紀人按投資者委託的價格去進行買賣，透過集中交易系統，利用電腦系統進行撮合，將買賣申報輸入和成交信息反饋，即由電腦終端器撮合成交。

(7) 股票交割

A. 交割時間

• 投資人於委託單成交後之第二營業日 12 點以前匯款辦理交割。

• 未於成交後之第二營業日下午 3 點以前匯入款項，即視為違約交割。

• 遇有國定假日交割順延一天。

B. 交割方式

　　以電匯、電話或金融卡轉帳之方式，將應繳款項匯入您在證券公司開立的款券劃撥帳戶。

5. 國內上市／上櫃股票發行現況

年度	上市公司市值	上市公司家數	上櫃公司市值	上櫃公司家數
2010	23,811.42	758	1,984.64	564
2011	19,216.18	790	1,417.09	607
2012	21,352.16	809	1,737.98	638
2013	24,519.56	838	2,324.82	658
2014	26,891.50	854	2,680.56	685
2015	24,503.63	874	2,730.83	712
2016	27,247.91	892	2,722.62	732
2017	31,831.94	907	3,317.04	744
2018	29,318.45	928	2,826.57	766
2019	36,413.52	942	3,433.53	775
2020	44,903.83	948	4,352.01	782
2021	56,282.02	959	5,782.14	788
2022	44,266.03	971	4,424.07	808
2023	56,842.09	997	5,792.28	816

資料來源：金融監督管理委員會–證券期貨局（數值單位為 10 億元）

（二）特別股

　　特別股又稱為優先股，係除普通股外，發行公司另外發行其他種類的股票，一方面在公司有盈餘的年度，可優先分配固定的股息紅利，其報酬收益固定，類似於債券；另一方面，又因其具有部分公司之所有權，故又與普通股類似，為介於普通股與債券之間的折中性證券，稱之為特別股，我國《公司法》第 157 條規定：「公司發行特別股時，應就

下列各款於章程中訂定之：1.特別股分派股息及紅利之順序、定額或定率；2.特別股分派公司剩餘財產之順序、定額或定率；3.特別股之股東行使表決權之順序、限制或無表決權；4.特別股權利、義務之其他事項。」

　　由於不同種類的特別股，所擁有的權利與義務皆不相同，投資人在決定投資特別股之前，應先參閱公開說明書，認識其相關之權利與限制條款，以下將對不同特性的特別股加以說明：

1. **盈餘「優先」分配權**：特別股通常有優先普通股分配股利的權利。

2. **盈餘「分配比率」權**：依定額或定率載明於公司章程，如永豐餘甲種特別股，每年每股配發 0.8 元的股息，而光男乙種特別股，則每年按發行價格每股 60 元，依年利率 6.5%配發股息。

3. **「可累積」與「非累積」特別股**：當公司營運不佳（發生虧損或獲利不多）時，以致無法支付特別股股息的年度，可以年年累積至有股息可發放的年度來補發積欠的股息者，稱為可累積特別股。

4. **「可參加」與「非參加」特別股**：除了規定之優先分配之定額或定率的股息外，尚可再與普通股同時分享公司盈餘者，稱為可參加特別股。

5. **「可轉換」與「不可轉換」特別股**：特別股在市場上流通一段期間後，如可以轉換成普通股者，稱為可轉換特別股，惟一旦行使轉換權後，即不得再回轉到特別股，至於特別股轉換成普通股的比率，稱為轉換比率，一般國內發行的特別股多採 1：1，即一張特別股（1,000 股）可轉換成一張普通股（1,000 股）。

2
PART

投資商品的認識

6.「可收回」與「不可收回」特別股：發行公司在特別股發行一段期間後，可依章程契約規定，按約定之價格或轉換成普通股收回特別股者，稱為可收回特別股。

7.其他權利：如對於「非參加」之特別股，是否可享有發行公司現金增資認購權及資產。

 ## 除權與除息

　　股票上市公司藉著集中交易市場將資本分散到投資大眾手裡，由於每一個上市公司的股東都是該公司的「老闆」，公司如果賺了錢，自然應該分給每一位「老闆」，這種將利潤分享給股東的方式，基本上可以分為發放現金股利及發放股票股利兩種方式，而這種分發現金與股票的過程，即稱為除息與除權。

　　上市公司如在某一年度營運業績良好，獲利不錯，那在下一年度中，通常會配發現金或股票股利，甚至兩者都有，配發現金（即除息）通常在上半年辦理，配發股票（即除權）通常於下半年舉行。

　　由於上市公司股票隨時都在市場上流通交易，因此若未辦理過戶，則股東不易確定，因此上市公司有盈餘年度依公司法規定分派現金股息或股票股利，或者決定現金增資時，都會設立一段停止過戶期間以停止變更股東名簿的記載，且以停止過戶開始日為權利分配的基準日，而上市公司之股務人員會依基準日股東名簿上所記載的股東名冊，將現金股息或股票股利分配給股東，或者讓這些股東享有現金認購一定比例新股的權利，因此在基準日之前最後一位辦理過戶的股東就可享有這些權利。

而根據交易所之規定，普通交割買賣係於成交日起算起第三個營業日辦理交割，交割後，買進者於當日立即前往上市公司辦理過戶（委託證券商代理辦理亦可），故從停止過戶基準日起算前二個營業日之前，也就是除息（權）基準日之前的交易含息（權）的交易，也就是原股東除了將股票賣給新股東外，亦將應享受的息（權）一起移轉給新股東，而除息（權）基準日之後買進者，因為已來不及過戶，因此無法領取股息或股權，所以從停止過戶基準日起算的前二個營業日之後的交易就稱為除息（權）交易，若是配發現金股息，則稱為除息交易，若是配發股票股利或是現金增資認股，則稱為除權交易。

投資人若想要參加除權除息，任何一支股票最慢在除權除息日的前一交易日需買進（或持有），即可參加該股票的除權除息。

例如：【公告】永信建 7 月 10 日除息交易，配現金 6.42 元因此若要參加永信建除息，需於 7 月 7 日（星期五）當天之前持有即可。

（一）除息參考價

除息交易開始加買賣申報參考價，為前一交易日之收盤價減去股息金額即是其除息參考價，計算公式為：

除息參考價＝前一日收盤價－現金股息
息值＝每股配發之現金股利金額

（二）除權參考價

除權交易開始日買賣申報參考價為前一交易日之收盤價減去股票股利價值（權值）即是，其基本觀念與除息類似，除權參考價的計算公式為：

$$除權參考價 = \frac{前一日收盤價 + 每股繳款額 \times 有償認股率}{1 + 無償配股權 + 有償認股率}$$

$$權值 = 前一日收盤價 - 除權參考價$$

 認購權證

（一）什麼是認購權證

權證，就是一種有價證券，買的是一個買進或賣出股票的「權利」。而權證又可分為「認購權證」和「認售權證」。先以生活上的例子來說明。假設在一週之內可能有個颱風會到臺灣，從經驗上判斷，菜價到時候一定會上漲，所以，我就先到市場上去，跟賣空心菜的婆婆先訂個契約：我付 5 元給妳，在未來兩個星期之中，妳要保證我隨時都可以用 20 元向妳買一把新鮮的空心菜（假設目前的空心菜價就是每把 20 元）。

也許婆婆沒有注意到颱風要來，或是她覺得颱風不會路過臺灣，她就收下了 5 元，同意和我簽下這樣的契約。就我而言，只要在這兩週之中，不論是什麼原因（可能是颱風，可能是其他天災），只要空心菜的價格每把超過 25 元，我就可以獲利（例如：我可以用 20 元向婆婆買下一把空心菜，再以 40 元賣給在颱風天買不到空心菜，卻很想吃的王大媽），且獲利是沒有上限的（空心菜越貴，我賺得越多）。但如果菜價未來兩週都在 20 元以下，我最大的損失就是付給婆婆的 5 元。

在股市中有這樣的例子嗎？以群益 04 為例，每單位的權證價格 18.5 元，標的是 500 股、價格 86.5 的明電和 500 股、56 元的中華開發股票。有效期間（存續期間）是一年。

（二）認購權證的定義

在未來的一定時間內（一年），可以一定的價格（86.5，56 元）購買一定數量（500 股）的標的物（明電、中華開發股票）的權利。

（三）認購權證的獲利

以下所談的都是相當粗略的概念，並以群益 04 為例說明，如果寫得太難，建議您用空心菜的例子代入重新思考。認購權證的計算其實是很複雜的，我們可用較簡單的方式，先粗略的估算：

1. 股票交割

假設在未來的一年當中，明電和開發兩者共漲超過當時買入權證的成本，權證持有人可以向群益證券提出要求換現股。投資者可以 71,250 元，向群益證買 500 股的明電和 500 股的中華開發，再到集中市場上去賣掉，所賺的差價就是投資者的獲利。是不是感覺很麻煩？

2. 現金交割

假設在未來的一年當中，明電和開發的股價合漲超過 37 點（超過當時買入權證的成本），又假設權證的理論價格和市場相同，那投資者可以預測此時的權證應該約 37 元，因此投資者可以在集中市場上直接把權證賣出，直接賺取權證的差價。省去了買股票又賣股票的麻煩。

（四）認購權證的風險

還是回到空心菜婆婆的例子，我最大的損失就是當時給她的那 5 元，也就是簽約金的全部。對權證而言，如果標的股的股價跌得很慘時，權證的價格是會變成 0 元的！

2
PART

投資商品的認識

四　未上市股票

（一）未上市股票的意義

　　廣義來說，臺灣的股票市場共有三個：上市市場、上櫃市場以及不屬於前兩類的未上市、未上櫃市場。

　　所謂的上市市場也稱第一市場是指，股票的買賣交易場所在「臺灣證券交易所」中；而上櫃市場（第二市場）則是指，買賣場所是在「中華民國證券櫃臺買賣中心」，這兩個交易場所是屬於官方設立，因此也較為人所深知；而未上市上櫃部分則沒有統一的交易所，除了私下轉讓之外，就是透過盤商交易，也稱之為第三市場。

（二）未上市股票的利基

1. 未上市公司體質不見得比上市公司差，這是支撐未上市股價之重要因素。

2. 大部分之未上市公司仍是老闆自己的，家族企業因此比較有心經營，且還要面對上市之大關卡，故企業獲利及公司體質都比上市公司佳。

3. 由於籌碼集中，股票全都集中在大股東手中，就算是股市大跌，大股東也不會賣出，股價就不會下跌。

4. 資本額小，股本未經過稀釋，且經過幾年努力經營，獲利、投資購買土地、設廠，其資產都超過資本額相當多，有如原汁雞湯。

表 7-1　未上市櫃與上市櫃股票優缺點比較

	未上市（櫃）股票	上市（櫃）股票
缺點	• 資訊揭露不足。 • 無信用交易。 • 流動性不足。 →基於上述 3 點，故投資風險較高	• 資訊充分揭露，股價隨時反映，沒有隱藏黑馬股的機會，不易獲得超額利潤。但是許多公司常隱藏重大資訊揭露的時機，造成內部人交易的情形。 • 信用交易增加股價的波動性。 • 流動性大增加短線進出的機會，減少長期投資。
優點	• 隱藏有績優的低價股：因資訊揭露不如上市上櫃公司般充分，使得許多營業績效優良的股票，其股價並未被充分反映；或是許多高科技廠商雖前景看好，但面臨研發資金不足的情形而使股價相對低檔。這些有股價有爆發力的股票，只有在未上市（櫃）市場中才存在。 • 股價波動較小：未上市（櫃）市場因無信用易，所以可以減少發生如上市上櫃股票般，股價會有急漲急跌的增幅作用。 • 長期投資：未上市（櫃）市場因較缺少流動性，所以股票的投資者通常是以長期投資為主，不做短線進出。這在選中股票之後長期投資，可不必天天擔心因股價的波動而心慌意亂，更幫助臺灣產業的發展，一舉兩得。 • 投資報酬率較高：雖然未上市（櫃）股票存在高風險，但相對地，因其股價未充分反映，故在長期投資之下，其投資報酬率將會很可觀。	• 資訊充分揭露，投資者可容易獲得公司揭露的資訊。 • 信用交易增加投資機會及避險管道。 • 流動性佳，資金變現容易。 • 可辦理融資融券，或以股票質借，投資人調度靈活。

2
PART

投資商品的認識

（三）誰適合購買未上市股票

1. 長期投資者

對於沒有時間天天看盤的投資者，以及不願跟隨大盤殺進殺出之投資者而言，透過專業財顧之指引，選定績優低價股或是前景亮麗科技股長期持有，守株待兔，是最好的選擇。

2. 高瞻遠矚者

不願在集中交易市場中跟隨主力進出去獲取高風險之微薄利潤。要比別人早一步切入前景看好的市場投資，預先卡位，以低價先行持有股票，輕鬆等待未來上市上櫃，去獲得數以倍計之利潤，這是最聰明之投資方法。

3. 風險規避者

風險規避者通常不願意將所有雞蛋在同一籃子裡。透過投資未上市（櫃）股票，風險規避者可將長期資金投入選定好之股票，在長期獲利之外，更分散股資組合之風險。

（四）未上市股票的交易市場

由於未上市之（櫃）股票沒有集中交易市場，因此投資人要購買時，可至各地信用良好之盤商購買。

因為無電腦撮合價格，所以其交易價格是由盤商根據市場供需以議價方式交易。此一交易方式，是謂真正符合OTC(Over-The-Counter)櫃檯市場交易的精神。不過現在已有盤商公會存在，結合許多盤商會員的報價，加上電腦連線，使連線的每一個會員都可以知道何處有人掛單買賣，因此在詢價撮合上，增加不少效率。但是這種電腦連線畢竟只有報

價沒有自動撮合功能，與臺灣證券交易所和櫃臺買賣中心的電腦撮合仍有一大段距離。

但是盤商在哪裡？除了熟識的朋友介紹外，有兩個地方可以找到，一是報紙的分類廣告，二是網際網路。報紙上的分類小廣告中，以聯合報為例，就有半個版面專門是刊登盤商的聯絡電話，通常這類廣告只留電話號碼並不留下地址，甚至聯絡人也只有「張太太」、「李小姐」或是「中和簡」等簡單的代號而已。這是因為未上市上櫃股票的交易法令尚未通過，只好小心從事以免官司上身。

第二種方法是透過網際網路買賣，首先必須先學會上網，若上網這關過了，只要在搜尋引擎上鍵入「未上市股票」或是「未上市」、「盤商」等字眼，就會列出一堆網站等待挑選。

（五）如何選擇投資標的

考慮投資未上市股票前，最好是選擇公開發行公司，且有上市（櫃）計畫的公司為首重，再則選擇市場流通性較佳的股票。

企業要申請上市、櫃前，須經證券商輔導滿一年後，若符合上市、櫃之相關形式條件且無不宜上市、櫃條款所述之情事，即可提出上市、櫃之申請，並進入主管機關審議階段。透過觀察這些券商輔導定期公布的公司資訊，像這類輔導中，隨時可申請上市（櫃）的股票，只要投資正確，往往可在短期間獲得意想不到的利潤。

（六）買賣程序、費用與漲跌幅

1. 買賣程序

一般未上市股票之交易方式除透過盤商掛價買賣外，也可尋求私下轉讓，若投資人欲買進之標的達一定的數量，盤商會以市場的

供需參考價，與投資人議價，投資人應選擇有組織、較具規模並有誠信的盤商買賣，建議投資人以守株待兔的策略貨比三家為之。

在成交後，盤商會派人向賣方收取股票並交付款項，然後派人向買方收取交割金額並交付股票。這兩項動作也有同時進行，端視各家盤商規定。

與上市上櫃股票的差別是，未上市上櫃市場沒有保障功能，因此盤商幾乎都提供「到府收件」、或是指定地點收付的服務，增加投資人交割的便利性。在未上市上櫃市場中，投資人在買賣股票時，有些不成交的習慣，就是交割方式是一方以現金或臺灣銀行支票或是銀行匯款等方式來支付股票價款，而另一方則是以股票實體交割。透過銀行來支付股款因為需要指定專門匯款帳戶方能完成手續，可以減少傳送的疏失，因此這種方式是三種中最安全的股款交割方式。若投資人是買方，盤商在確認身分無誤後，會留存買方身分證影本、印鑑卡以便辦理過戶程序；買方在繳款之前，先透過代辦股務的券商或是發行公司查證股票無誤之後，再辦理繳款過戶手續，可以避免許多糾紛。

2. 買賣未上市股票之費用

買賣上市上櫃股票需付兩種費用，一是付給券商的交易手續費，一是給國稅局的證券交易稅。不管買的是上市或上櫃股票，在買進股票時你只需付給券商 0.1425%的手續費；而當你賣出股票時，你除了要付給券商 0.1425%的手續費，還需要貢獻證券交易稅給國家。

目前證交稅稅率是 0.3%。換句話說，一種股票買入及賣出共需付 0.585%的費用。未上市上櫃股票買賣也可分為手續費和證券交易稅，但手續費並沒有一個固定的費率，依各家盤商的規矩而定。

一般未上市上櫃股票買大都以五張為單位，通常盤商每交易一筆會收 1,000 到 3,000 元的手續費，如果量很多的話，還可跟盤商議價手續費費率。一般來說，如果該交易標的公司的股價較高的話，亦可買賣 張以上，只是平均一張的手續費會比較高。

未上市上櫃股票在買和賣的過程都需付手續費，而賣方還需付成交價格 0.3%的證券交易稅，未上市股票的手續費會因盤商而異，並沒有一定收費的標準，在競爭壓力下，也有盤商採取不收手續費的方式以招攬客戶。故建議「貨比三家不吃虧」。通常經由盤商交易的股票，盤商會主動代為處理交易稅的問題。但如果是投資人之間，未經過盤商交易（例如直接向發行公司的股東或是員工買進），則賣方就必須至代收稅款的金融機構，填妥「證券交易稅繳款書」繳納稅金才能完成過戶手續。

3. 漲跌幅限制

未上市股票沒有漲跌停板的限制，每日價差可達 10%以上，因此投資人應避免追高殺低的情形。

（七）投資未上市股票之風險

1. 資訊取得不易

由於未上市上櫃股票在財務資訊方面，不受相關法令需定期揭露資訊的約束，故資訊取得較不容易。如果該股票是非公開發行公司，其資訊之取得更是難上加難。

2. 可能有假股票買賣

未上市股票的投資人最擔心的是會不會出錢買到假股票、或是收不到股票，其實這是有可能的。買到假股票的原因不外乎盤商收股票時沒有注意到，亦或是不肖的盤商以假股票來欺騙投資人。無

論是何種原因，在此提供一種判別假股票的方式供大家參考，當投資人買進某未上市公司股票後，盤商會請外務去該公司股務辦理過戶，過完戶後便會依投資人與盤商約定的時間及地點交割。在您拿到股票點收後，不要忘了向外務要求該公司股務的電話，打電話去股務查證，該股東名簿上的戶號是不是已經改成您的名字、張數是否正確等，如果一切都正確無誤，則拿到假股票的機會就大為降低。等確定已過戶完畢，便可放心和外務辦理交割再多做一份確認。

3. 付錢卻收不到股票

「預防重於治療」是人人皆懂的道理。在事情發生前就做好準備，比亡羊補牢要輕鬆的多。通常付錢後收不到股票，有以下幾種情形：

一是業務員捲款潛逃。且不論公司是否知道你有無購買股票，第一個動作當然是找盤商公司負責；前提是你必須留存付款的單據，而且單據上要有盤商公司的聯絡地址、電話，最重要的是要有收款人的簽字證明你的確有付費。當然，事先確認該位收款人確是否為該公司的人員是必備的條件。如此，方有機會拿回你所付的錢。

第二種情形是盤商公司超賣股票或是買賣對方違約不履行交割義務。當超賣時，公司手中股票不足通常會採拖延政策，直到其找到股票為止；而客戶違約交割致使無法正常交付股票，這並非盤商公司出了財務上的問題，故投資人可以不必太擔心，盤商為了其商譽通常會退款了事。不過為了減少不必要的麻煩，事先做功課選則擇一家商譽良好的公司，會是較好的選擇。

（八）盤商報價不一致

報價不同的原因有二：一是因為沒有參考價，所以許多買方和賣方以心目中的價格掛出，因此存在許多不同的報價。例如，同樣的公司股票，A 想用 48 元買進，但卻用 55 元買進，因此產生不同的價格；另一個原因是盤商的「貼水」。「貼水」是因未上市上櫃股票都由人工撮合，在撮合過程中有的盤商就會在報價時，針對買賣雙方提高買價或賣價，賺取其中的價差。舉例來說，A 想以 58 元賣出此公司股票，盤商收到委託後，開始四處詢價，但它是以 65 元在市場報價；倘若成交，在不考慮手續費的前提下，盤商付 A 58 元，並賺取差價 7 元，這種價差情形在電腦連線即時資訊越來越發達下，將會逐漸減少。只要謹守「貨比三家不吃虧」的原則，找一家較有誠信的盤商，和該盤商建立良好的關係，如此即可使自己找到較好的價位。

五　興櫃股票

（一）興櫃股票的意義

就是將先前未上市櫃公司之股票提供一公開、透明的交易場所，以供人買賣交易。它的推出主要有鑑於先前未上市股票交易因不透明，再加上無相關法令規章，使得常有投資人受騙等情事，因此在證券商營業處所買賣有價證券管理辦法修正後，決議將體質佳且具發展性的公司，放寬其在未上市櫃的籌資管道，以及將交易市場更為公開化、透明化，以供投資人可在櫃檯交易買賣。

2
PART

投資商品的認識

　　櫃檯買賣股票區分為上櫃股票與興櫃股票二種。興櫃股票此一制度係為提供未上市未上櫃股票交易管道，進而協助更多新興企業進入資本市場，登錄條件相對一般上櫃股票較為寬鬆，櫃檯中心僅接受登錄，不進行實質審查。

（二）興櫃股票與上市櫃、未上市股票之比較

　　我們列出興櫃股票與目前未上市股、一般上櫃股票在發行市場階段的異同之處：

表 7-2　興櫃股票、未上市、上櫃股票比較表

項目	興櫃股票 （櫃檯中心規劃方案）	未上市	上櫃股票
發行主體	已申報輔導契約之公開發行公司	任何公司皆可	已申報輔導契約滿十二個月之公開發行公司
交易標的	普通股票	普通股票	普通股票、特別股票、發行新股權利證書、股款繳納憑證
推薦證券商家數	二家以上	無	二家以上
股務處理	於券商所在地設有專業股務代理機構	無	證券過戶處所或股務代理機構
其他條件	無規定	無	對於公司規模、獲利能力、設立年限、股權分散、集保另有規定

表 7-2　興櫃股票、未上市、上櫃股票比較表（續）

項目	興櫃股票 （櫃檯中心規劃方案）	未上市	一般上市櫃股票
漲跌幅度	無限制	無限制	±10%
交易時間	09:00~15:00	09:00~17:00	09:00~13:30
成交時間	無固定時間	無固定時間	固定 30 秒撮合一次
經紀商手續費費率	採上限費率制，上限為 5‰；未滿 50 元得按 50 元計收	1,000~3,000 元不等	採上限費率制，上限為 1.425‰
給付結算時間	T+1	無特別規定	T+2
共同責任制給付結算基金	不適用	不適用	適用
款券劃撥	強制	不適用	電腦交易：強制議價方式：自行決定
給付結算方式	集保公司辦理給付結算	未上市盤商親自辦理	櫃檯中心辦理給付結算

註：T 指交易買賣當天

資料來源：群益證券

（三）興櫃股票的交易流程及注意事項

　　至於興櫃股票如何交易？我們由以下的簡單流程圖可知：

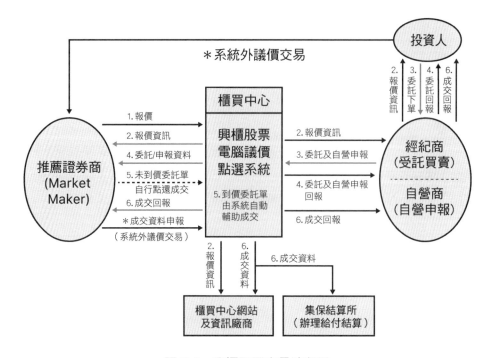

圖 7-1　興櫃股票交易流程圖

資料來源：證券櫃台買賣中心

　　由上圖我們可知，興櫃股票之所以比其他未上市股票較有保障的原因，主要在於經由兩家以上的推薦證券商提供資訊，包括公開且透明的報價、個別公司之評價，以及經由券商經紀部門作買賣成交等回報等後續手續，大大增加了對於未上市股票有興趣的一般投資人之保障。

　　投資興櫃股票應注意事項如下：

1. 興櫃股票之買賣係以自己之判斷為之。

2. 買賣登錄股前，已充分了解：

- 興櫃股票可能具有流通性較差及公司資本額較小、設立時間較短等特性且無獲利能力之限制等條件之限制。

- 興櫃股票交易可直接與各該興櫃股票之推薦證券商議價買賣或授權證券經紀商代理與各該興櫃股票之推薦證券商議價買賣。
- 興櫃股票之議價交易程序、給付結算應盡之義務、錯帳、違約之處理及相關權利義務之規定。

六 臺灣 50 指數之介紹

「臺灣證券交易所臺灣 50 指數」係臺灣證券交易所為提供更多化之市場指標,於 92 年 10 月 20 日與英國富時司(FTSE)合作編製符合國際標準之部分集合股價指數。

臺灣 50 指數編製的方法係以嚴格的篩選程序挑選出上市股票中市值最大且符合篩選條件的五十支股票,作為指數使用 FISE 的公眾流通量(Free Float)調整股份權重,扣除未實際在市場上流通的長期性持股之比例,以正確反應之額度。此外,採樣股票必須通過流動性檢驗,以確保流動性不夠的股票排除在成分股票之外。每年一、四、七月獨立之委員會審查,依照指數編製規則調整指數成分股。

- ETF（Exchange Traded Fund：指數股票型基金）—由寶來投信公司發行在臺灣證券交易所上市之臺灣第一檔 ETF：寶來臺灣卓越 50 基金（代號：0050）。
- 指數期貨—臺灣期貨交易所發行之臺灣 50 指數期貨（代號：T5F）。
- 指數連結結構型商品—在櫃檯買賣中心掛牌之保本型商品及股權連結商品。

未來可能之商品有：指數基金、指數連動投資保單、指數選擇權、指數權證等。另外臺灣 50 指數亦可作為衡量臺灣大型股走勢之指標；或作為基金績效評估之基準，具備多重用途。

交易相關事項	規劃說明
指數標的	臺灣 50 指數
掛牌交易所	臺灣證券交易所
交易時間	週一至週五
買賣方式	同股票交易，可透過任何合法證券商
漲跌幅限制	同現股，為 10%
交易稅	千分之一（較股票千分之三為抵）
基金淨值估計	每 15 秒即時估計淨值
手續費	手續費與股票相同，在千分之 1.425 以內
信用交易	1.可融資、融券 2.平盤以下可放空

資料來源：證交所

（一）何謂 ETF（指數股票型基金）

ETF 是一種將指數證券化，提供投資人參與指數表現的指數基金，可在證券交易所交易，投資人可透過買入指數標的股票受益憑證，進行一籃子股票之投資。ETF 與傳統證券集中市場交易之任何商品有所不同，因為傳統之商品不論是股票或封閉式基金發行後均僅存在次級交易市場，而 ETF 則是同時存在初級發行市場及次級交易市場，次級交易市場流動性供需不平衡之狀況，得經由初級市場之申購買回機制而獲得調節，此二個市場若產生非常密切之關聯性，將使 ETF 在次級市場之交易價格緊貼淨值，讓一般小額投資人雖然不能如傳統開放式基金直接以淨值申購買回，但能以貼近淨值的價格在次級市場交易不致產生大幅折、溢價之情形。如下圖：

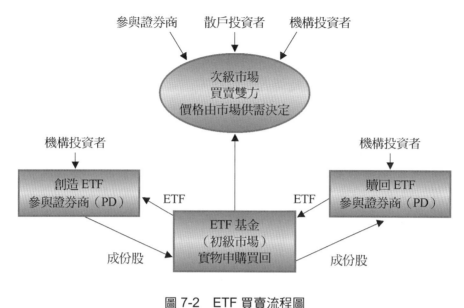

圖 7-2　ETF 買賣流程圖

資料來源：臺灣證券交易所

（二）ETF 之優點

寶來臺灣卓越 50 證券投資信託基金是國內第一檔指數股票型基金（ETF-Exchange Trade Fund）ETF 是以某一特定指數為追蹤標的基金。例如臺灣 50 基金，透過連結臺灣 50 指數臺灣 50 指數係由臺灣證交所編制，從上而下，精選市場值排名前 50 大企業，選股完全透明公開，投資人只需在證券買賣，即可輕鬆投資，分享行情上漲獲利。

1. 選擇容易

(1) 臺灣 50 ETF(0050)在臺灣證券交易所上市，引用連接臺灣 50 指數，指數成分股包括台積電、鴻海、聯發科、台塑、南亞等 50 大上市公司。

(2) 臺灣 50 指數，由獨立、公正的臺灣證交所與英國富時指數公司，每季依個股市值變化股權，掌握市場主流趨勢。

2. 分散投資

投資臺灣 50 基金，等於買進臺灣上市股票中，市值較大，獲利展望佳及最具國際競爭力的 50 檔績優股，避免投資單一公司的風險，避免踩到地雷股。

3. 交易成本低

管理費僅需一般共同基金的四分之一，交易稅也只有股票交易的三分之一。

4. 持股透明

為被動式管理基金，投資組合與臺灣 50 指數成分股相同，持股透明，避免人為判斷造成的錯誤風險。

5. 操作靈活

同一般上市股票可融資，平盤以亦可放空，操作相當靈活。

6. 避險功能

和指數期貨一樣可作為避險工具，除非進行信用交易，否則沒有到期日及保證金追繳的問題。

七 基本技術分析

（一）認識技術指標

談技術分析之前，應該先具備有總體經濟面分析，及個別股票基本面分析的認識，再經由技術指標分析，可相對提高投資的準確性及穩定性。投資人用資金購入有價證券，主要是希望在短期內求得獲利，但是股票市場存在著相當的風險，因此，為使降低投資風險並獲得較高的報酬，均會借由「技術指標分析」，來進出時間選擇的準確性。

所謂技術分析，是用科學的方法，根據歷史循環的軌跡來預測未來的變化，通常分析的基礎來自統計學原理。但是，技術分析並非依據統計圖表就可以研判股市未來的動向，還須將各種不同分析元件及交易紀錄綜合處理，才能使準確性提高。

技術分析的基礎是以「量」與「價」為主。所以，在技術分析的過程中，必須有足夠及正確的資料搜集，因為技術分析的基礎，是由過往的紀錄中找尋變動的趨勢與模型，資料的收集也需分別在股票的「價」與「量」上分析獲得。

技術指標大抵分為，價的技術指標，量的技術指標、市場波幅的技術指標三類。

1. **價的技術指標**：趨勢指標、隨機指標、移動平均線 MA 等。

2. **量的技術指標**：平均成交量、能量潮等。

3. **市場寬幅指標**：RSI 相對強弱的指標、騰落指標、跌落比率等。

在集中交易市場中，短期進出技術分析往往比基本分析更為重要，為股價分析的主流，其原因為：

1. 技術分析適合短線操作。

2. 技術分析的理論部分較少，多半來自統計學及歸納原理，內容簡單明瞭。

3. 有模式可供依循，以簡單而具體的圖形、數據，進行分析。

4. 至於繁雜的路徑圖形過往數據，若能運用得當，對股價走勢的預測分析，會有相當的幫助。

在了解技術分析或使用技術分析軟體之前、讀者先要了解何謂 K（陰陽）線，並能簡略看懂股票價量圖，之後再依據所習技術分析基礎，選擇要分析的指標數據或圖形，就可以輕鬆上手，作研判。

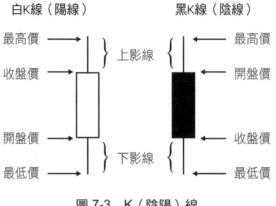

圖 7-3　K（陰陽）線

K 線圖主要是由「陽線」和「陰線」所組成，合稱為 K 線。有時陽線（開盤價>收盤價）以白色或紅色表示，陰線（開盤價<收盤價）有時以黑色或綠色表示，如下圖是某股票每日的 K 線圖。

（二）價的分析

1. 趨勢指標(DMI)

趨向指標的基本原理在尋求商品價格漲跌中，藉創新高價或創新低價的功能，研判多空力道，進而尋求買賣雙方力量的均衡點，及價格在雙方互動下波動的循環過程。

(1) 計算方式

「＋DM」＝本日最高價－昨日最低價

「－DM」＝本日最低價－昨日最低價

DM 能表達出股價波動增減的幅度。"＋DM"及"－DM"計算出來後，再分別求出其 N 日移動平均值（一般以 10 日、12 日、14 日為計算日期）。再接著算出真實的波幅（真實的波動價位值，簡稱 TR）─TR 為本日行情與昨日行情相減後的變動值。該變動值需比較下列三種差價的「絕對值」後，取最大者為本日之 TR。

a. 本日最高價－本日最低價

b. 本日最高價－昨日收盤價

c. 本日最低價－昨日收盤價

TR 求出後，再計算其 N 日之移動平均值。

求出方向線(DI)─為探測股價上漲或下跌方向的指標，以＋DI 表示上升方向指標，為最低 N 日內實際上漲的動量百分比；以－DI 表示下跌方向指標，為最近 N 日內實際下跌的動量百分比。

a. ＋DI＝＋DI－N 日平均／TR-N 日平均

b. －DI＝－DI－N 日平均／TR-N 日平均

最後求出平均方向的移動平均值（ADX）－

a. 方向平均值 DX＝｜(＋DI)－(－DI)｜（絕對值）／(＋DI)＋
   (－DI)

b. 再計算其 N 日移動平均值 ADX

ex.10 日移動平均值＝本日 ADX＝昨日 ADX*9/10＋本日的
ADX*1/10

(2) 研判技巧

　① 當"＋DI"向上穿越(－DI)，便是買入訊號，若 ADX 止跌回
　　　升，則漲勢更強。若 ADX 升到某一水平，掉頭回落，則顯示
　　　往後縱使上升，升勢亦會放緩，且維持的時間不會太久，便會
　　　轉為下跌，直到 ADX 再掉頭轉升為止。

　② 當－DI 向上穿越＋DI，或＋DI 跌破貫穿－DI，便是賣出訊
　　　號，若 ADX 向上攀升，便會出現較急跌勢，直至 ADX 見頂
　　　回落，才確認底部的出現，往後的跌勢亦較緩，並且出現反彈
　　　回升的現象。

　③ 當行情漲至高點時，ADX 會在其前後達到最高點；當行情跌
　　　至低點時，ADX 同樣的亦會在其前後達到最高點。因此在上
　　　漲階段，當 ADX 由上升，轉為下降時，應注意行情可能將會
　　　反轉下跌；而在下跌階段，當 ADX 由上升轉為下降時，亦應
　　　注意行情可能將會反轉上漲。

　④ 當＋DI 和－DD 相交叉，出現了買賣的訊號，隨後 ADX 與
　　　ADXR 相交，便是最後一個買賣的機會。

　⑤ 趨向指標是以研判行情的趨勢，僅適用於波段操作的中長期投
　　　資，較不適用於短線交易。

2. 隨機指標線(KD)

　　KD 是歐美期貨市場常用的技術分析指標，因為期貨的風險較大，需要較敏感的指標分析，因此中短期投資的技術分析也常引用KD，隨機指標綜合了動量觀念、強弱指標與移動平均線的優點。

(1) 計算方式

　　RSV＝（今日收盤價－最近 9 天的最低價）／（最近 9 天最高價－最近 9 天最低價）*100＝未成熟隨機值

　　當日 K 值＝前日 K 值*2/3＋當日 RSV*1/3

　　當日 D 值＝前日 D 值*2/3＋當日 K 值*1/3

　　K 值（快速移動平均值）及 D 值（慢速移動平均值），報紙上已經有提供算好的數據，投資人直接可取用即可，省去繁複的計算過程，又快又方便（一般多以 9 天為基期，故本例公式亦以 9 天為計算基數）。

(2) 研判技巧

　　① 當 K 值大於 D 值，顯示目前是向上漲升的趨勢，因此在圖形上 K 線向上突破 D 線時，即為買進訊號。

　　② 當 D 值大於 K 值，顯示目前是向下跌落，因此在圖形上 K 線向下突破 D 線，即為賣出訊號。

　　③ 唯 K 線與 D 線的交叉，須在 80 以上，20 以下，訊號才正確。

　　④ 如果股價繼續上升，並突破前一波段的高點創新高，但 KD 線未能同步創新高點，此種背離現象代表著追價買盤減弱，後市並不樂觀。

　　⑤ 如果股價繼續下跌，並跌破前一波段的低點創新低，但 KD 線卻未能同步創新低點，此種背離現象代表著追殺買盤減弱，後市轉趨樂觀。

2
PART

投資商品的認識

3. 移動平均線(MA)

　　移動平均線為美國投資專家葛蘭碧(J. Granville)所創立，利用統計學上「移動平均」的原理，將每天股價予以移動平均計算，求出平均值，予以連接起來取得之平均線，目的為觀察股價的變化情形，從而預測股價未來的變動趨勢。

(1) 計算方式

　　　　移動平均數＝採樣天數的股價合計／採樣天數

(2) 移動平均線的種類

　　依時間長短可分為：短期移動平均線，中期移動平均線，及長期移動平均線。

　① 短期移動平均線：一般都以六天或十天為計算期間，代表一週的平均價，可做為短線進出的依據。

　② 中期移動平均線：大多以二十四日或三十日為準，稱為月移動平均線，代表一個月的平均價或成本，亦有扣除四個星期日以二十六天來做月移動平均線。另有七十二日移動平均線，俗稱季線。大致說來月移動平均線有效性極高，尤其在股市尚未十分明朗前，預先顯示股價未來變動方向。

　③ 長期移動平均線：在歐美股市技術分析所採用的長期移動平均線，多以二百天為準。因為經過美國投資專家葛南維，研究與試驗移動平均線系統後，認為二百日移動平均線最具代表性，在國內則是超級大戶，實戶與做手操作股票時參考的重要指標，投資人將未來一年世界與國內經濟景氣動向，各行業的展望，股票發行公司產銷狀況與成長率仔細研究後，再與其他投資環境（例如銀行利率變動，房地產增值比率，以及投資設廠報酬率）做一比較，若投資股票利潤較高，則進行市場操作。

由於進出數量龐大，炒作期間長，必須要了解平均成本變動情形，故以此樣本大小最能代表長期移動平均線。

(3) 基本法則（葛蘭碧八大法則）

以移動平均價位與當日價位之間的關係，作為判斷行情的依據，決定何時加碼、何時減碼的準備，如果能夠應用這八大法則順勢操作，那麼投資可以說是十分輕鬆。

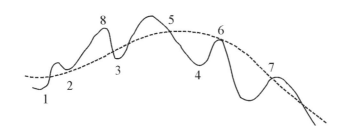

① 移動平均線從下降逐漸走平，而股價也自下方突破平均線時，是買進訊號。

② 平均線持續上揚，雖一度接近平均線或跌破平均線，當股價再度站上平均線時，是買進時機。

③ 股價在平均線上，股價突然下跌，但未破平均線，當股價又再上升時，可以加碼買進。

④ 股價走勢低於平均線，突然暴跌，遠離平均線，乖離過大，股價很可能會再度趨向平均線彈升，也是買進訊號。

⑤ 移動平均線上升後保持平行或下降，而股價由上往下切入時，是賣出訊號。

⑥ 股價上升突破平均線，但馬上回到平均線之下，而且平均線持續下跌時，是賣出訊號。

⑦ 股價比平均線低，當股價上升，未達平均線即回跌的情況下，是賣出訊號。

⑧ 股價直線上升，突然暴漲，正乖離過大，很可能會再下跌趨向平均線，為賣出時機。

(4) 特色

① 平穩：不會像日線大起大落，通常是緩慢的升降。

② 安定：MA 通常在漲勢明顯後才會向上延伸；股價明顯下降後才開始走下坡。但是，安定性越強，相對的，反應也較遲鈍。

③ 趨勢：可以反應股價走向，具有趨勢性質。

④ 助漲助跌：當股票由下向上突破 MA，MA 則變為短期支撐線，當股價回跌至 MA 附近時，為買進時機。此為 MA 助漲的作用。反之，若向下突破，MA 即有助跌的作用。

(5) 移動平均線的應用

① 黃金交叉：短期平均線從下往上穿越長期平均線時，可確定漲升波段的開始。當行情呈現黃金交叉後，移動平均線將以多頭排列，是很好的支撐區，對行情助漲作用；反之，若非多頭走勢，則支撐力量薄弱。

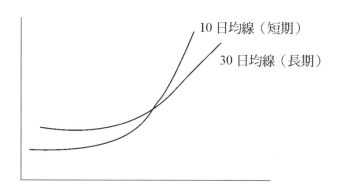

② 死亡交叉：短期平均線從上往下穿越長期平均線時，形成「死亡交叉」，表示跌勢的開始。移動平均線以空頭排列，對行情有助跌作用形成極強的壓力區，就算有反彈，也只是「曇花一現」而已。

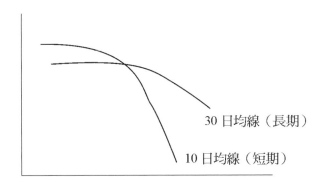

30 日均線（長期）

10 日均線（短期）

（三）量的分析

1. 平均成交量(AVG VOL)

　　股價的變化是因股市供需買賣的結果，當買賣雙方達到平衡點時即為成交量。平均量是指在一段期間內，將成交量除以天數，用以觀察期間成交量變化的趨勢與大盤指數之間的變化關係。N 日平均量＝N 日內的成交量總和／N。

(1) 形態關係

　　量的型態有量增、量平、量減三種；價的型態有價漲、價平、價跌三種，兩者之間形成九種價量關係。

　　價量配合是價漲量增或價跌量縮的現象，是由需求力量（買盤或多頭）所主導的走勢，亦即成交量與股價趨勢同步同向；反之，價量背離是價漲量縮或價跌量增的現象，是由供給力量（賣盤或空頭）所主導的走勢，為股價趨勢反轉的先兆。

① 量增價漲：在低檔或上漲初期，表示股價將繼續上升。在高檔或上漲已久時，表示主力出貨將回檔。下跌中，表示築底完成，大勢將轉多。

② 量增價平：在初升段及主升段中，有主力介入，逢低承接。在末升段中，將盤跌。在初跌段及主跌段中，表有人逢低買入，將醞釀反彈。在末跌段中，則可能在打底。

③ 量增價跌：在初升段中，主力進貨。在末升段中，表高檔賣壓重將盤跌。在初跌段及主跌段中，股價下跌有量，將繼續下跌。在末跌段中，表低檔買盤介入，將止跌走穩。

④ 量平價漲：表主力或大戶未進場，漲勢不會持久。

⑤ 量平價平：行情處於盤局，短期內宜觀望。

⑥ 量平價跌：在上漲中，表散戶賣出。在下跌中，表散戶追殺，股價將續跌。

⑦ 量減價漲：因成交量不足，在初升段中為短暫反彈現象。在末升段中，股價將反轉而下。在主升段中，若是籌碼被鎖住，會造成股價無量飆漲的現象。

⑧ 量減價平：在初升段中，表漲勢尚未確立。在末升段中，表將回檔。在末跌段中，表量見底將反轉。

⑨ 量減價跌：在初跌段及主跌段中，表股價將繼續探底。在末跌段中，表底部已近。

(2) 特色分析

① 成交量是股價的先行指標，成交量持續擴大是股價上漲的必要條件。

② 平均量不像價的移動平均線有助漲助跌的作用，只能從一段時間內的變化，研判股價變動的多空頭走勢。

③ 利用五分鐘盤中分時走趨勢圖，研判價量關係之間的變化，可掌握更短線的買賣時機。

④ 無法單獨提供買賣時機，需配合大盤指數走勢圖，才能確認大盤指數波段多頭漲勢與空頭漲勢與空頭跌勢的形成。

⑤ 成交量常會發生暴增暴減現象，且量沒有連續性，故需觀察一段時間，從成交量移動平均線的變化，才能真正研判股市資金能量的增減變化。

2. 能量潮(OBV)

OBV(On Balance Volume)，又稱為能量潮，係累計每日成交量來預測未來股價變動的一種線路，為移動平均線外，對股市趨勢的另一種研判。其理論基礎在於「成交量是股票市場的基本，股價是不過是它的表徵而已，因此成交量比股價先行」。

(1) 計算方式

① 今日 OBV 值＝最近 12 天股價上漲日成交量總和－最近 12 天股價下跌日成交量總和

② OBV 累積 12 日移動平均值＝（最近 12 天股價上漲日成交量總和－最近 12 天股價下跌日成交量總和）÷12

(2) 研判技巧

① OBV 線下降，而股價會上升時，為賣出信號。

② OBV 線上升，而股價下降時，為買進信號。

③ OBV 線呈緩慢上升時，為買進信號，反之亦然。

④ OBV 線呈急遽上升，表示成交量增加太快，應作賣出的準備。

⑤ OBV 線從正轉為負時，為下跌趨勢，應賣出持股，反之，OBV 線由負轉為正時，為買進信號。

（四）市場寬幅指標

1. 相對強弱指標(RSI)

$$6日\,\text{RSI} = \frac{6日漲幅平均值}{6日漲幅平均值 + 6日跌幅平均值} \times 100$$

(1) RSI 已為市場普遍使用，是主要技術指標之一，其主要特點是計算某一段時間內買賣力道，作為超買、超賣的參考與 K 線圖及其他技術指標合併使用，避免過早賣及買進，造成損失。

(2) 以六日 RSI 值為例，九十以上為超買，十五以下為超賣，在強勢漲升時可在九十附近或 M 頭時賣出，在急跌下降時在十五附近成 W 底時買進。

(3) 在股價創新高點，同時 RSI 也創新高點時，表示後市仍強，若未創新高點為賣出訊號。

(4) 在股價創新低點，RSI 也創新低點，則後市仍弱，若 RSI 未創新低點，則為買進訊號。

(5) 盤整期中，一底比一底高，為多頭勢強，後勢可能再漲一段，是買進時機，反之比一底低是賣出時機。

(6) 當較短天期的 RSI 與較長天期的 RSI 交叉，而較短天期的 RSI 高於較長天期的 RSI 時，為買進信號。

(7) 當較短天期的 RSI 與較長天期的 RSI 交叉，而較短天期的 RSI 低於較長天期的 RSI 時，為賣出信號。

(8) 須注意在大多頭市場，大空頭市場，RSI 指標會在高檔出現鈍化的情形。

2. 騰落指標(ADL)

　　其主要功能在反映股市行情漲跌力道的強弱。係利用每天上漲與下跌家數的差數為計算升降值，再與前一日升降值加起來，將此數值畫成曲線，衡量股市漲跌內在的動量是強勢或弱勢，以此研判大盤指數走勢。一般而言，大盤指數上漲時，個類股票應是漲多跌少；反之，大盤指數下跌時，個類股票應是跌多漲少。

　　ADL 之 N＝累積 N 日內股票上漲家數的總和，累積 N 日內股票下跌家數的總和

(1) ADL 線的走勢幾乎與大盤指數走勢一致，一般可用趨勢線研判方式，與以了解其支撐所在，但須與大盤走趨圖互相對照，加以分析，才能研判未來走勢。

(2) 高檔時累積 ADL 線與 M 頭之形成，與低檔時累積 ADL 線 W 底之形成，可為賣出與買進之參考訊息。

(3) ADL 是以股票漲跌家數為計算基礎，不受大盤指數或股權大小的影響，故在大盤指數持平或下跌，而 ADL 線上揚時，有表現對大盤反轉之先行性，在空頭市場轉為多頭市場時亦同。即 ADL 線是多頭市場的領先指標，空頭市場的同步或落後指標。

(4) 彌補發行量加權股價指數，因受權值大的個股所影響，出現大多數股票下跌，少數大型股上漲，而大盤指數就上漲的局面。故 ADL 可以準確地反映股市強弱趨向。

(5) ADL 線可以確認大盤指數多頭，空頭行情的回檔或反轉，亦即大盤指數創新高，可由 ADL 線也創新高加以確認。

(6) ADL 雖可從個別股票漲跌家數的變化洞悉大盤，但卻無明顯的買賣點訊號。

(7) 無法對個股強弱做有效的研判，尚需其他技術指標加以輔助。

2
PART

投資商品的認識

3. 跌落比率(ADR)

　　以股票漲跌家數與股價指數的漲跌變化情形，做為大盤技術分析的方法。應用 ADR 最重要之處在研判股市是否處於超買超賣的情況。又稱回歸式騰落指標。

　　10 日 ADR 漲跌比率＝10 日內上漲股票累計家數／10 日內下跌股票累計家數

(1) 在正常的股市，ADR 的漲跌比率以在 0.5 至 1.5 之間為最多。當 ADR 漲跌比率超過 1.5 以上時為超買現象，表示股市過度熱絡，行情有可能止漲回跌，持股者應考慮賣出股票。ADR 漲跌比率低於 0.5 以下時為超賣現象，意味行情有可能止跌回升，應考慮買進股票。

(2) 多頭市場之漲跌比率值，大多數都維持在 0.6~1.3 之間，超過 1.3 時應準備賣出，而低於 0.6 時，又可逢低買進。

(3) 空頭市場初期，如果降至 0.75 以下，通常暗示中級反彈即將出現；而在空頭市場末期，漲跌比率降至 0.5 以下時，則為買進時機。

(4) 如果 ADR 漲跌比率下跌，但股價卻是上升，兩者出現背離現象時，股價可能將會止漲回跌，應該考慮賣出股票。

(5) 如果 ADR 漲跌比率上升，但股票卻是下跌，兩者出現背離現象時，股價可能會止跌反彈，應該考慮買進股票。

（資料來源：http://www.tnb.com.tw/）

八 認識術語與主要指數

（一）股市常用術語

1. **發行量加權股價指數**：發行量加權股價指數為臺灣證券交易所所編製，係將每種選樣股票的每天收盤價格乘以上市股數，計算出選樣股票的市價額，然後合計為選樣的市價總額，除以基期的市價總額再乘以一百予以指數化，以反映整體選樣股票價格水準的走勢。所以這種指數又叫做「市價總值指數」。證券交易所股票指數的基期是民國 55 年，即以 55 年股價平均「年平均」乘以上市股數計算出基期市價總額。但是如果因調換選樣股票及發生增資除權等情況，則當日的市價總額就會因市場狀況以外的因素而發生變化，因此為了保持指數的連續性起見，必須修正基期市價總額來因應。其公式如下：加權指數＝（本日市價總值／基準市價總值）*100

2. **開盤價**：交易時間內第一筆成交的價格。

3. **收盤價**：交易時間內最後一筆成交的價格。

4. **最高價**：交易時間內最高的成交價格。

5. **最低價**：交易時間內最低的成交價格。

6. **成交量**：交易日的總成交張數（仟股）。

7. **成交值**：交易日的總成交金額。

8. **含息（權）**：凡是已公告將配發現金股息而尚未除息者，即為含息。
   凡是已公告將配發股票股利或現金增資，但尚未除權者，即為含權。

9. **貼息（權）**：除息（權）後，股票不漲反跌。就是貼息（權）。

10. **溢價**：以高於 10 元面額的價格來辦理新股公開承銷，或是辦理現金增資即是。

11. **面值**：上市公司發行股票的每股格即為面值，規定一律以每股 10 元為面值，以資統一。

12. **市價（股價）**：即市場價格，隨時會因供需而改變。

13. **每股淨值**：股東權益除以資本額，為上市公司潛在的真正價值。

14. **業內**：證券業界的從業人員，上自董事長，下至辦事員，統稱業內。

15. **散戶**：無能力炒作股票，且買賣數量不大，無法產生單獨影響能力的投資人。

16. **多頭**：看好後市，買進股票者。

17. **空頭**：看壞後市，賣出股票者。

18. **短多**：做短線的多頭，持股時間較短。

19. **長多**：做長線的多頭，持股時間較短。

20. **放空**：看壞後市，借股票來賣，待股價下跌後再回補，賺取差價。

21. **軋空**：空頭放空股票後，股價不僅沒跌，反而上漲，同時漲勢強勁，空頭害性，被迫強行補回股票，使空頭成為股價的推動力。

22. **內線交易**：利用特殊管道，取得尚未公開的重大訊息，常炒作股票。

23. **當日沖銷**：又稱當日軋平，投資人手上若無股票亦無現金，當日一早買進，收盤前賣出，若有賺，則在第二天向證券公司索取差額，目前此種行為是不合法的，俗稱「搶帽子」。

24. **丙種**：係提供資金或是股票給投資人買賣股票的人，而向丙種借款者，稱為墊款戶。

25. **斷頭**：通常墊款戶必須交三成的保證金給丙種，當股價下跌，保證金不足時，丙種即會要求墊款戶補繳保證金，若墊款戶不願意補繳，則丙種便將墊款戶的股票賣出，即俗稱斷頭。

26.**全額交割**：指的是在買賣股票時，投資者必須在交易結算日之前準備足夠的資金或者股票，並且在結算日當天完成資金和股票的交割。這意味著買方必須在結算日之前將足夠的資金存入其交易帳戶，而賣方則必須在結算日之前將股票轉入其交易帳戶，以便交易所能夠完成即時交割。

27.**融資融券**：投資人看好未來股市，向券商借錢（借 6 成）買進股票，稱為融資買入，但若看空未來走勢，向券商借券（需自付保證金 9 成）賣出股票，稱為融券賣出。對於融資融券，證管會核定有融資餘額比率及融券保證金制度，當融資餘額達到一定比率以上時，就不能再繼續融資交易（即暫停融資），當融券累積的差額超過保證金成數時，就必須補足規定款項。

2
PART

投資商品的認識

28.**本益比 P/E Ratio (Earning Per Share)**：所謂本益比，是指股票買進價格與該股當期稅後純益的比率。例如：某股票買進價格是每股 20 元，預估該股當期稅後純益每股 2 元，則該股的本益比是 10 倍。通常本益比的數字是越高越好，但是指同一規模產業或同一公司，所以不能一概而論。

29.**填權**：除權交易日前一日該股的收盤價與除權後價位間，留下一個除權價位缺口，如果除權後股價上升將該價位缺口填滿，謂之「填權」。例如該股除權前的市價 108 元，每千股無償配股 200 股，除權後參考價位為 90 元，數日後股價回升 100 元，即為填權完畢、如同填息，股市行情好的時候較易填權成功。

30.**無償配股**：股票發行公司，利用股息的一部分轉增資發行股票，依比例配發給公司持股的股東，股東獲取新股無需另繳股款，稱為「無償配股」，此外公司以資產重估或出售資產的增值部分，轉入資本公積，然後每年以若干比例配發給公司的持股者，亦屬無償配股。

31.**零股**：未滿 1,000 股的股票。

32.**買超**：買入股票金額>賣出股票金額

33.**賣超**：買入股票金額<賣出股票金額

34.**政府四大基金**：公教人員退撫基金、郵政儲金、勞保基金、勞退基金。

35.**牛市**：經濟景氣向上。

36.**熊市**：經濟景氣向下。

（二）以下是列舉世界主要股市代碼及名稱

1. 美洲

中文名稱	英文名稱	代碼
紐約證券交易所	New York Stock Exchange	NYSE
那斯達克證券交易所	NASDAQ	NASDAQ
多倫多證券交易所	Toronto Stock Exchange	TSX
巴西證券期貨交易所	B3 - Brazil Stock Exchange	B3
墨西哥證券交易所	Mexican Stock Exchange	BMV

2. 亞洲

中文名稱	英文名稱	代碼
東京證券交易所	Tokyo Stock Exchange	TSE
上海證券交易所	Shanghai Stock Exchange	SSE
深圳證券交易所	Shenzhen Stock Exchange	SZSE
香港聯合交易所	Hong Kong Stock Exchange	HKEX
韓國交易所	Korea Exchange	KRX
臺灣證券交易所	Taiwan Stock Exchange	TWSE

中文名稱	英文名稱	代碼
新加坡交易所	Singapore Exchange	SGX
馬來西亞證券交易所	Bursa Malaysia	MYX
印度孟買證券交易所	Bombay Stock Exchange	BSE
印度國家證券交易所	National Stock Exchange	NSE

3. 歐洲

中文名稱	英文名稱	代碼
倫敦證券交易所	London Stock Exchange	LSE
德國證券交易所	Deutsche Börse	DB
巴黎泛歐交易所	Euronext Paris	ENX
阿姆斯特丹泛歐交易所	Euronext Amsterdam	ENX
米蘭泛歐交易所	Euronext Milan	ENX
馬德里證券交易所	BME Spanish Exchanges	BME
瑞士證券交易所	SIX Swiss Exchange	SIX
莫斯科交易所	Moscow Exchange	MOEX
斯德哥爾摩證券交易所	Stockholm Stock Exchange	OMX

4. 其他地區

中文名稱	英文名稱	代碼
澳洲證券交易所	Australian Securities Exchange	ASX
南非約翰尼斯堡證交易所	Johannesburg Stock Exchange	JSE

2
PART

投資商品的認識

問題與討論

1. 買賣上市上櫃股票與未上市上櫃股票的差異及風險有哪些？

2. 股票的技術分析中，在「價」的方面，有哪些研判基礎，試舉 2 例說明。

3. 股票的技術分析中，在「量」的方面，有哪些研判基礎，試舉 2 例說明。

4. 何謂「黃金交叉」？何謂「死亡交叉」？

5. 何謂融資買進融券賣出？時機點為何？

6. 試列舉出美洲及亞洲，重要三大股市交易所為何？

08
CHAPTER ── **不動產投資**

　　民國六十年代，由於經濟快速的成長，國民所得大幅提高，國民在食、衣方面多已獲得改善，進而逐漸重視居住問題，除了追求住宅空間及設備之擴增，亦重視生活品質之提升，且由於中國人「有土斯有財」的觀念，使得不動產的投資一直深受社會大眾所喜愛，國內之房地產市場從民國 76 年進入狂飆期，及至 79 年漸漸顯露出疲憊，這期間由於景氣變化起伏頗大，不論就地區特色、產品屬性、規劃設計、政經情勢、政策壓力等種種因素都直接影響到房地產市場之盛衰。而在變化多端的經濟環境下，許多投資者因為不了解不動產市場與其投資之應注意事項，而遭受損失。故本章提供不動產投資者，於進行不動產投資時，選擇適合自己的投資策略，並配合各種應注意事項，以掌握投資理財的關鍵。

 不動產投資特性

（一）需求穩定

　　不動產商品提供人類許多基本財貨，如住宅、農礦產物……等，而人類對這些基本財貨的需求彈性非常低，因此長期而言社會對不動產的需求相對於其他非基本財貨穩定。即使在經濟衰退時，對不動產的基本需求也不會減少太多。但讀者必須注意的是，不動產的市場價格是由供

給與需求所共同決定的，當供給過剩時，不動產價格還是有可能大幅下挫的。最明顯的例子為 1980 年代中期，美國房地產市場狂飆，供給大幅增加；而到了 1980 年代末，市場產生供給過剩的情形，不動產市場行情遂大幅下滑。

（二）不動產是良好的擔保品

由於不動產具有高價格，再加上又具有固定區位和無法搬移的特性，因此金融單位樂於接受不動產為貸款的擔保品。由於這個特性，使得不動產很容易獲得資金融通，不動產投資大量使用財務槓桿，已成為不動產投資的重要特徵之一。

（三）不動產為良好對抗通貨膨脹之資產

不論從經驗或從學者的研究皆顯示，在過去通貨膨脹期間，不動產價格具有與物價水準同步上揚的特性，亦即不動產有對抗通貨膨脹之能力，或者說具有「保值」的能力。不過值得一提的是，上述的結論是根據過去經驗而得，對於未來通貨膨脹期間是否有相同表現則並非絕對肯定。不過由於不動產為實質性資產(Real Asset)而非名目性資產(Nominal Asset)（如債券）受通貨膨脹之負面影響較小。另外必須提醒讀者的是，通貨膨脹並非影響不動產價格的唯一因素。影響不動產價格的因素很多，他們對不動產價格的影響，在大多數的情況下遠勝於通貨膨脹，例如總體經濟政策、區域經濟或運輸系統的發展等。

（四）與人口及經濟成長關係密切

據以往的經驗，在經濟活動旺盛且經濟成長快速的地區，對不動產的需求往往大幅上升，造成房價巨幅上漲。在一般大都會區，經濟成長會帶來尋求較佳的就業機會與生活品質的人潮。

（五）節稅效果

不動產的投資經常會運用大量的財務槓桿，就一般而言，不論企業或個人，每年償付的貸款利息可以當作所得稅扣減額，因此可節省稅賦。另外，不動產建築部分可以提到折舊費用，因此也可節約可觀的稅賦。

（六）資產流動性較低

流動性是指將資產轉換為現金的速度，速度越快則流動性越大，反之越小。不動產的買賣通常耗時甚久，屋齡、屋況、價格都會牽涉到房子出售的速度。投資者必須充分了解這點特性，以免因流動性不足而發生資金週轉不靈的憾事。

（七）開發與轉換使用的成本高

將土地開發為不動產商品時，開發的成本通常是相當龐大的，其中需考量土地的地目種類、公告地價之總額、現價收購成本、開發計畫期間之資本投入，與總時程之需求，一般而言，約需 1~2 年的時間，未完成中、小規模的戶數建造。

不動產的投資方式

首先，我們探討各種導引資金進入不動產市場的方法，然後探究可作為不動產投資的各種不同類型之不動產，根據不同的投資策略與投資目的，來選擇不同投資方式，亦即不同的資產類型。

由於不動產投資中，不動產具有低流動性以及高開發成本的特性，因此近數十年，美國發展出數種導引資金進入不動產投資的方式，這些方式的出現皆降低不動產投資不利的部分，以吸引一般投資大眾。目前

國內投入不動產市場的方法可包括直接投資購買不動產，或透過不動產投資證券化(Real Estate Investment Trusts, REITs)，就是將一個或數個龐大而不具流動性之不動產，轉換成較小單位的有價證券並發行予投資人，以達到促進不動產市場及資本市場相互發展之目標。換言之，不動產資產信託(REAT)，亦即委託人以信託方式移轉不動產或不動產相關權利予受託機構（受託人），受託機構以之為基礎資產，經主管機關核准向投資人（受益人）募集或私募受益證券，以表彰其持有不動產的權利而成立的信託。

（一）自行購買不動產

1. 自行投資購置不動產之投資人，必須完全負擔投資盈虧的風險。萬一該項投資的不動產，無法產生足夠的現金收入，來抵償其本息的支出，則該不動產投資人必須以本物件或其他資產來償付。
2. 直接投資購買不動產，比其他的投資方法承擔更多的流動性風險。
3. 由於不動產投資金額極大，個人投資不動產，往往將其大多數之財富集中於少數幾項資產，無法達到分散風險的目的。

（二）不動產投資信託

　　不動產投資信託基金發行之股票或受益憑證，皆在公開市場或店頭市場上市，因此投資人可隨時出售其持股，以實現投資利得。投資不動產信託之優點，可綜合如下：

1. 由於不動產投資信託以公司形式募集資金，可以吸引小額的資金（與股票相似）進入不動產市場，而且這些信託基金受到政府（如證券管理委員會）的嚴格監督，安全性更高。此外，由於基金係採用公司制，投資人之投資損失清償責任，僅及於其投入之金額，不會波及投資人之其他資產。

2. 不動產投資信託受益憑證在證券市場上自由交易買賣，大量降低了不動產投資的流動性風險，可吸引社會上的游資進入不動產投資，增加不動產之供給。

3. 不動產投資信託受益憑證在證券市場上市，可擴大證券市場規模，使得資本市場更健全。

4. 不動產投資易於產生暴利，如果不動產之所有權以發行股份的方式分散於社會大眾，則可使不動產所創造之巨大財富較平均地分配於大多數人，防止財團或少數人藉不動產投資獲取暴利而導致社會所得分配不均。

5. 由於不動產投資信託基金將不動產投資證券化。使不動產的資產可分割性增加。因此，各投資人可視其資產的搭配情形酌量購買信託基金股份，輕易達到分散風險的效果。

　　雖然不動產投資信託可以避免投資一般股票所產生之雙重課稅問題，但是卻無法擁有直接購買不動產所享有之節稅優惠。此外，投資不動產投資信託基金，乃是將資金交由基金經理代為投資與管理，投資人因此不具管理控制不動產投資的機會。最後，由於不動產投資信託憑證係於證券市場上市，因此其價格可能會隨股票市場波動而起伏，部分投資人可能不喜歡此種價格波動的特性。

三　不動產之類型

　　不動產投資的方式除了要考慮資金投入的方法，亦要注意所要投資的不動產類型。一般而言，可供考慮作為投資對象的不動產類型包括：

未開發之土地、出租性住宅不動產、辦公用不動產、購物中心等商業不動產、旅館不動產、工業用不動產等。

（一）未開發之土地

投資未開發之土地具有相當高之風險。通常投資購買未開發之土地，乃是預期未來的經濟發展會導致未開發土地所在區域對不動產商品之需求增加，例如住宅需求、商業中心需求等等。由於大多數未開發之土地皆不能產生固定收入，其投資報酬完全依賴未來土地的增值，因此若對都市成長或區域經濟預測不夠準確的話，將導致極大的失敗風險。

持有未開發土地，除了購買價格外，仍然有定期的支出費用，例如在臺灣的土地稅及美國的財產稅，如果借款購地還有利息支出。由於土地不能提列折舊，而且大多數政府不鼓勵私人持有土地而不予開發，因此通常不會在賦稅上予以優惠。在臺灣、日本及韓國，持有都市土地而不予開發利用，在一段時間後，甚至會被課徵懲罰性的空地稅。

未開發土地投資之成敗，端視未開發土地所在區位是否位於未來都市發展的必經地區以及其他配合之條件，例如是否接近主要道路、是否接近公共服務區、是否容易取得水電與瓦斯等公共服務以及地形是否平坦容易開發等。

（二）出租性之住宅不動產

出租性住宅不動產是一種相當好的不動產投資目標。其理由有三：首先，由於經濟發展，人們有能力去負擔較好的住宅品質，因此，住宅的需求會持續增加，亦即住宅性不動產賺取租金以及資產增值的機會很大。而且如第一節所述，住宅的需求相當穩定，較不易因為短期的經濟不景氣而受到重大的影響。其次，由於出租之住宅不動產通常都是按年

重新簽訂租約，因此出租人可以因應物價水準的狀況按年調查租金。此外，讓小額投資人有能力，去購買一個或數個單位之出租性住宅來進行投資。

（三）辦公用不動產

服務業需要大量的辦公空間，辦公用不動產在這些國家或地區中成長快速。辦公不動產的優點可分二方面來說。第一，長期租約中，租金可以設定一定指數調整，例如通貨膨脹指數或財產稅費用；短期租約則可按年調整租金。一般而言，健全的租戶其租約皆為長期性的，則不動產投資的收入相當穩定。其次，在多數有租金管制的地區或國家，辦公用之不動產租金是不在管制之列的。

辦公用不動產之缺點是具有較大風險。其所面臨的風險較出租性住宅不動產還高。其風險來源有三：第一、辦公用不動產易受專業管理之品質所影響，若管理不當將導致辦公大樓之品質下降，使得優良公司租戶卻步；其次，辦公大樓之租戶水準也影響整個辦公大樓的品質；最後，辦公大樓與整體經濟及區域經濟密切相關，不論是總體經濟或區域經濟發生衰退將影響整體之需求，新公司成立驟減，或地方之公司數目下降，都是經濟衰退時的現象。

（四）購物中心或賣場

購物中心或賣場的不動產投資可以說是最複雜的不動產投資項目。購物中心或賣場的變化非常劇烈。就需求面來看，區域或都會的成長以及總體經濟的變化，會很快地改變市場的特徵，諸如家庭所得以及人口密度等。以供給來說，購物中心或賣場的競爭是非常激烈的。一旦一個購物中心的商店組合不能滿足市場需求，購物中心將很快地衰退，而導致投資人損失慘重。在美國常可見許多大型購物中心閒置荒廢，而往往

隔鄰之購物中心卻繁榮茂盛，就可知購物中心之投資是否成功，不僅光靠地點或融資方式的決策，更仰賴日後對該購物中心之持續經營管理，是否能迎合市場需求。

（五）旅館不動產

旅館不動產一般指旅館或汽車旅館。由於旅館業的消費者絕大部分皆無租約，因此其收入的波動幅度可能相當大，而且受一般經濟的情況影響很大。然而，只要住客率能夠突破損益兩平的住客率，則其投資報酬是十分可觀的。此外，由於沒有定期租約，房租可以依照物價水平隨時加以調整。旅館業是服務業的一種，旅館業的經營管理需要特別的經營管理知識。

（六）工業用廠房

工業廠房的投資風險相當高，一則因為工業廠房的需求受到經濟景氣的影響很大，特別是區域經濟的影響更大。在美國，從八十年代開始，整個國家的製造業重心開始由北向南移。因此北部地區的工業廠房需求大幅減少。其次工業廠分為兩大類，一為多重用途的工業廠房，一為單一用途，特別為某種特定製造業設計之廠房，後一種的工業廠房風險非常高。一旦現有租戶搬遷停止租約，不易再找到適合的租戶。就臺灣的情形而言，產業結構正在改變，工業廠區的投資開發不確定性極大，風險很高，恐須依賴政府的介入以降低風險。

（七）休閒性不動產

隨經濟的成長，國民所得會持續增長，由於所得的增加，民眾會逐漸增加對較高需求層次的消費，亦即消費支出的比重由食、衣、住、行，轉向休閒娛樂方面。民間消費支出分配於育樂項目之比重隨國民所

得增加而增大。於 1992 年，其比重已大於分配於飲食支出之比重，而成為臺灣地區民國消費支出最重要的項目。臺灣地區休閒娛樂性不動產，1980 年代中期後蓬勃發展，休閒性不動產除了傳統的戲院等表演性場所外，還包括諸如休閒俱樂部、健身中心、遊樂場、戶外遊樂園或花園、以及供戶外運動之場所如高爾夫球場等。

由於休閒性不動產的種類繁多，其投資特性差異很大。不過仍有些基本的特性可以加以討論。首先，由於休閒娛樂的需求並非人類的基本需求，因此當收入惡化而必須削減支出時，休閒娛樂性支出總是第一個被考慮的。因此休閒娛樂性不動產的需求並不穩定，而且與經濟景氣息息相關。當經濟不景氣時，休閒性不動產之需求就會受到影響而減少，以致休閒性不動產的投資人遭受損失。

其次，休閒性不動產之需求與人口統計變數之關係密切。人口統計變數包括年齡層、所得水準、性別及教育水平等，不同年齡層、不同所得水準，甚至不同性別或教育水準之人口，其對休閒性不動產之需求皆會有極大的差異。

另外，休閒性不動產投資成功與否與經營管理之良窳關係重大。由於休閒性不動產所重視除了硬體設施外，更重要的還是在於它所能提供之服務。因此投資人除了要考慮硬體設施之投資成本外，還要考慮未來經營管理之能力與成本。

最後休閒不動產投資所必須注意的是地區性的因素。既然休閒性不動產是提供民眾休閒娛樂之服務，因此這種服務性的「可及性」就很重要。所以休閒性不動產，還必須依其所提供之服務之種類、考慮地點，以及交通之狀況。

2
PART

投資商品的認識

表 8-1　各種不同投資類型之比較

類型	風險	收入	限制	影響
未開發土地	高	不固定	定期支出土地稅或貸款利息	取決於未來土地的增值
出租性質住宅	低	按年調整租金、固定收入	一般房屋稅等及綜合所得稅	住宅需求量
辦公大樓	低	同上	同上	管理品質、租戶水準、整體與區域經濟
旅館業	高	不固定	同上	受經濟影響,但房租可隨時調整
工業廠房	高	靠租金,但有退租後,找不到租戶的風險	工業用房屋稅、地增值稅	隨經濟情勢及產業結構影響,工業區優惠政策
休閒性不動產	高	不固定	政府稅捐,觀光規費	經營管理、計畫方向、政府政策、經濟興衰

四　不動產的投資程序

在決定不動產投資策略前,必須先就不動產市場做一整體性之分析,而投資不動產,價格是一重要因素,而價格往往受供需影響極大。

價格的影響因素和形成原則,可分以下五點:(一)自然的因素、(二)社會政治的因素、(三)經濟的因素、(四)政府的因素、(五)形成不動產價格的原則。

(一)自然的因素

影響不動產價格之自然因素有很多,諸如不動產所座落的區位,建築物與基地配置型態,物理環境的情況、面積的大小、地形、地勢、地

質等，有些是屬於不動產本身的內在因素，有些則屬於外在的因素，而對於不動產的價格，都有很大的影響，所以應加以檢討分析，作為投資不動產的基本考慮。茲就影響不動產價格的自然因素，分述如後：

1. 不動產的區位

不動產具有不可移動性，所以其座落的區位不同，就會產生不同的價格，更有人直指區位是不動產投資成敗的關鍵因素。尤其是在景氣混沌投資時機不明的情況下，區位的選擇更顯得重要，區位選擇正確，不只是抗跌性高，更能掌握可預期的發展趨勢，深具增值之潛力。

2. 基地及建築物本身的特徵

基地本身所具有的特徵，對於不動產的價格亦會產生影響，其影響又可分為正面和負面的因素。如何發揮正面的因素，並克服負面的影響以提升不動產的價值，則是開發者所必須深思熟慮的課題。茲將影響不動產價格之基地特徵說明如下：

(1) 形狀：基地形狀的完整性是很重要的，尤其是小型的基地，其使用更受到基地形狀的限制。一般而言，矩形基地在使用上較為便利，而又以具有適當深度、沿街面長的矩形基地更具價值。當基地形狀為三角形或境界線曲折不整時，應注意是否須與鄰地調整地形，而當與鄰地有所牽連時，處理起來常是曠日廢時、事倍功半，甚至無功而返。至於房屋的形狀，包括建築的外觀造型、平面型態、各個空間的組合等。建築物的規劃，除了必須符合使用機能，空間經濟而實用外，也必須考慮美觀的因素，另外國人因為普遍重視風水問題，所以如果能兼顧風水的布局，則更加完善。

2 PART

投資商品的認識

(2) 面積：土地面積的大小，依適合程度而產生價格差。例如相同臨街長度，且皆可充分建築使用之兩種基地，面積小者單價要比面積大者高，但如果因適用程度的不同，則有可能產生變化，例如基地面積符合開放空間設置鼓勵容積加成的規定等是。

(3) 地形：宗地所在位置之地形，將影響其開發使用之效益，直接影響到價格的高低。平均之開發費用較低，土地使用率高，緩坡地開發費用稍高，配置上，可利用坡度得到較佳之視野。陡峻坡地，則難以開發使用。

(4) 地勢：臺灣本島位於北半球，由於地球自轉軸向之關係，坡面向北之斜坡難以得到日照，若北向的坡度較陡，可能終年無日照，將產生陰濕不健康之居位環境，所以應以向陽坡為佳。

(5) 地質：宗地所在之地質狀況亦將影響其價格，軟弱地層土地承載量低，開發時必須改良土質或加強基礎結構，將增加開發費用。另如有斷層、滑坡、礦坑等，對於開發行為將有潛在的危機，不得不慎。

(6) 微氣候：不動產所處位置，由周圍環境及本身配置型所造成的微氣候，亦將影響其價格，諸如通風、採光、日照等等。

（二）社會政治的因素

社會的結構、變遷、組成等，以及政治的因素對於不動產會產生全盤性的影響，例如小家庭產生對住宅型態的改變，以及三代同堂的鼓勵又產生不同住宅型態的需求等，又如都市化產生人口集中現象，造成都市一屋難求，這種情況都會影響到不動產的需求改變，亦都會影響不動產之價格。分述如後：

1. 人口狀態

在影響不動產價格的社會因素中,最主要者即是人口狀態,人口增加則不動產需求增大,則該地區之不動產價格亦上揚。通常在人口成長率高的地區,不動產增值的潛力大,反之在人口減少的地區,不動產的價格常會疲軟。

2. 家庭結構

大家庭制的崩潰,代之以夫婦為中心的小家庭,對於居住之需要量亦顯著增加,成為不動產價格上升的一種利因,此種現象在都市地區特別顯著。

3. 教育與社會福利

教育的普及和教育水準的提升,社會福利的健全等,將會促進社會文化水準和生活水準的改善,進而影響不動產的價格。

4. 國人的觀念

目前國人的觀念普遍認為有土斯有財,以及住者有其屋的意願高,這也是不動產價格持續上揚的重要因素,尤其在景氣低迷的時候,自住型的購屋者常是支持房價不下滑的主要客源。

5. 社會的安定

社會的祥和安定,則百業興旺,會促使地方產業的蓬勃發展,反之社會不安定、罷工頻繁,或常發生暴動,則會使房地產業蕭條,價格不振。

6. 政治的因素

政治的因素亦會對不動產產生莫大的影響,例如重大變革,常會造成觀望氣息,迫使房地產停滯。又如重要的邦交國斷交,亦會

對房地產產生衝擊，當年中美斷交，曾使房地產景氣低迷了很長旳一段時間。

7. 風俗習慣

農曆的七月，是中國民間所俗稱的鬼月，諸事不宜，該月房地產業幾乎是停擺。

（三）經濟的因素

投資不動產本身即是一種經濟行為，自然會受經濟因素的影響，經濟的活動，也必然會影響不動產的價格，透過統計資料，可以剖析經濟因素與不動產漲跌的關係，以過去經驗，藉以評估當前不動產市場的情況和預估將來不動產市場之榮枯。關於影響不動產價格的經濟因素是多方面，至於其影響的層面如何，必須將所有因素作綜合的研判分析。茲將影響不動產價格的因素說明如後：

1. 物價的變動

物價的波動會影響到不動產的價格，尤其是油價的變動，在民國 68 年發生石油危機，油價的暴漲，所有物價跟著上漲。

2. 地價的調整

我國的地價大致可分為公告地價、公告現值和市價。公告地價每三年公告一次，作為課徵地價稅的基準，公告現值每年七月調整，是課徵地價稅的基準，政府採取兩價分離的政策，藉由逐年調高公告現值以接近市場。但地價的調高，往往促使市價水漲船高。

3. 利率的調整

利率的漲跌也會影響到不動產的交易市場，尤其是貸款利率的調整，利率高則房地產會走下坡，利率持續調降，則會刺激房地產市場的復甦。

4. 貨幣供給額

貨幣供給額年增率是房地產價的先期指標，當貨幣供給額年增率連續超過 15%以上，則會有通貨膨脹的疑慮，會帶動房地產價格的上揚。

5. 經濟成長率

經濟的景氣與不景氣都會影響不動產的價格，如果經濟情勢持續惡化，金融緊迫，不但對房地產的需要會減退，一方面以資產形態保有的不動產也會釋出。

臺灣地區在經濟發展初期階段，國民所得偏低，1973 年初的通貨膨脹，美元貶值，引發人民購屋保值行為，後來因政府干預，不動產始見冷卻。

之後在 1981~2010 年間，一波波房地產的利多或利空消息，使交易市場活絡上下波動，如 1974 年的石油危機、1981 年的緊縮銀根／房屋法令變動、1989 年降低重貼現率與存款準備率／緊縮貸款、2003 年的SARS、2008 年的金融海嘯。後來，均受世界國內外經濟景氣影響，當時國內市場經濟一片低迷。房地產市場景氣發展情形，可分為五次循環，可參考如圖 8-1。

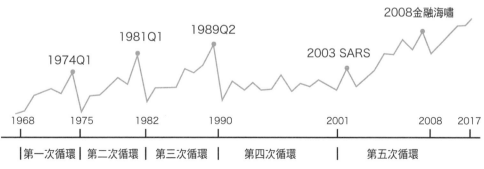

圖 8-1　1968~2010 年間臺灣房地產景氣共有五次循環

6. 國際貿易的榮枯

　　國際貿易的榮枯也反應出經濟景氣的狀況，尤其是以出口為導向的臺灣，當順差大於貿易額的 3%連續三年的話，對於國內的房地產價格有正面的影響。

7. 國民所得

　　國民生產毛額的上升，國民所得逐年提高，可以促進消費和投資，亦會影響不動產的價格。

8. 儲蓄率

　　儲蓄率高，一方面是國人勤儉致富的習性，另一方面則代表投資管道的不足，或經濟風險的不確定性增高。當儲蓄率居高不下，會造成銀行爛頭寸太多，迫使利率更下降（房貸利率低），演變成銀根寬鬆，可促進投資並影響不動產的價格。

（四）政府的因素

　　政府的施政方針、政策宣告、行政措施以及公共工程開展等，對於不動產的影響既深且鉅，因此從事不動產的投資，必須特別加以注意。

1. 國土計畫

　　國土計畫所牽涉的是大區域的土地開發政策，例如產業東移政策，使整個臺灣東部的土地暴漲，全區域的不動產都受其影響。

2. 都市計畫

　　都市計畫的變更或擴大都市計畫範圍，或新擬定都市計畫，例如重劃區，將農地重劃為住宅商業區，對該地區的不動產，將產生重大的影響。

3. 建管法令的變更

建管法令的變更對於未建築開發之土地影響最大，而且其影響經常是立即的反應到不動產業，可見其敏感性高。

4. 不動產稅制的改變

當不動產稅制的改變時，會對不動產的交易產生影響，例如徵收高額空地稅會加速土地的開發建築。

5. 國宅政策

以目前的情況而言，由政府直接興建或鼓勵民間投資興建的國宅數量，相對所有住宅需求數量的比率極少，其主要的原因是土地取得困難，但一旦政府的政策有所突破，例如釋出農地廣建國宅，則國宅的興建數量突增，將會對住宅市場產生衝擊。

6. 金融政策

金融政策的改變，對於不動產的影響相當大，例如融資的限制，對房地產會產生立即的影響，調低重貼現率，則可提供較寬的銀根，有助於不動產業的發展。

7. 政府重大工程

政府實施重大工程於特定地區（如高鐵站），該鄰近地區的不動產，將會立即因計畫曝光，先行產生價格上的變化。

（五）形成不動產價格的原則

不動產價格是由影響不動產之效用，相對稀少性及有效需要等因素互相作用而形成，在形成過程有其基本之原則在，即在不動產價格形成之過程，各種在何種階段如何作用，均有相對的原則存在。如果想對不動產之價格作適當之判斷，則必須了解這些原則及各原則相互間之關係，茲分述如後：

1. 供需原則

　　價格決定於需要與供給之均衡點，如果價格低於均衡點，需要增加，則價格隨之提高，如價格高於均衡點，供給增加，則價格隨之下降。但因不動產所具有的種種特性，遂形成不動產價格所獨特之供需原則：

(1) 具有地理位置之固定性（土地）、不變造性（房舍）與獨一性（門牌）等特徵，需要與供給比較侷限於局部地區，而不能實行完全之競爭市場。

(2) 不動產具有其個別性，因為各個不動產的獨特差異，所以其替代性有限。

(3) 需要者與供給者之資料，無法全然之雙向溝通，因此不動產之價格不能完全依供需均衡法則來決定其價格，但動產仍然受供給與需要的關係所影響。

2. 變動原則

　　變動原則根本上即為一種因果律，不動產之價格亦即在其形成價格諸多因素之交互作用，及互相因果之過程上所形成，在進行不動產估價時，則應注意對各價格形成因素間之因果關係，作動態之把握。

3. 預測原則

　　預測原則是由過去之經驗，推估將來的走向和情勢。對有效益性之不動產投資者，是在預測該不動產將來所能獲得之收益下所進行之投資，此種預測必須憑藉過去之收益，而預測將來之變動，則與變動有密不可分之關係。

4. 替代原則

不動產之價格，受與該不動產同類型，且有替代可能之其他不動產價格所牽連，亦即同類型而有替代可能之不動產間，會相互競爭，使其價格相互牽引，而趨向一致。

5. 最有效使用原則

不動產的用途具有多樣性，而不動產的價格，要以能使該不動產之效用，作最高度發揮為前提，所能把握之價格為標準，而不應被現實的使用方法所侷限。至於最有效之使用，應考慮其持續性，且是合法及合理之最佳使用，其中最顯著的代表即是改為餐廳或商店。

6. 均衡原則

不動產之價格受土地、資本、勞力及經營等四項生產因素之組合所影響，生產因素之供給失衡，產生過剩或不足，皆會引起不利之現象。

7. 收益遞增遞減原則

這是一種經濟法則之引用，當增加諸生產要素之一單位投資量時，收益隨之增加，是為收益遞增法則，但當到達某一限度以後，如再增加投資其收益並不會按增加之投資比例增加，此即收益遞減法則。

8. 收益分配原則

不動產是由勞動、資本、經營及土地等四種生產因素組合而產生之收益，其收益應由各因素來分配，例如利用土地產生之收益，扣除勞動工資、資本利息、經營報酬，所剩下之收益則應歸屬於土地，此即為土地之地租。

9. 貢獻原則

不動產之某部分對該不動產全體收益之貢獻度即為貢獻原則，是部分與全體之間的關係，亦為部分之收益遞增遞減原則之適用。例如某建築物添加獨棟電梯設計，促使銷售收益增加，如果增加之收益，超過增建管理費用與電梯設備資本利息與折舊之合計，則此電梯之貢獻度即大於一。

10.適用原則

不動產與所處區域之間有互為依賴、補充、協力等密切關係，受該地區環境之影響，不動產要與其所處地區保持協調一致之利用，才能發揮其最大效用。

11.競爭原則

有超額利潤之產業，會為追求此利潤而發生競爭，因而促使供給增加，而價格降低，結果利潤減少，又價格低也會引起競爭，即需要增加，結果價格提高，競爭會在需求與供給間發生，使競爭原則與供給原則，有密切之關係。

 五 資訊的搜集

（一）資料搜集

投資房地產，對於資料的取得必須不落人後，而且要有效的運用資料整理成有用的資訊，方可洞燭先機、掌握優勢，然後成功出擊，此乃投資致勝的不二法門。

對於市場的資料搜集，其來源大致有下列幾個方向：

1. **土地掮客**：就是專門介紹土地原料的中間人，透過資訊管道當可得知建商的投資意願與動向，這也正是房地產投資極為敏感之領先指標。

2. **建設公司**：在房地產市場中，多數產品皆為建設公司直接投資興建，因此若能深入了解建設公司的投資動向或先期儲備計畫，便可早一步掌握投資契機。

3. **代銷公司**：代銷公司的主要業務為預售產品，而通常預售屋反應的便是二、三年的價格；因此當市場前景預期看好，預售屋價格便隨即扶搖直上，而「一日三價」之景況亦時有所聞，因此可經由代銷公司之銷售資訊來了解未來之走勢。

4. **仲介公司**：仲介公司的業務係以中古屋市場為主，一旦其銷售量遽增，當會帶動預售屋之市場行情而透露出來的市場動向。

5. **建築師**：建築師的主要業務係為建設公司規劃設計各式各樣的應時產品，因此由建築師業務之多寡，即可預測房地產市場的景氣與否。

6. **營造廠**：營造廠施工數量的多寡亦是房地產景氣與否的指標，當投資業主發包給營造廠的件數逐漸增多，尤其是先建後售之個案陸續出現時，即可據以研判市場景氣之來臨。

7. **代書**：代書的主要業務為處理買賣雙方產權移轉之相關事項，因此，當代書的業務漸趨興隆時，即表示房地產交易熱絡而宜及時進場投資，反之則不可貿然跟進。

8. **法拍屋**：由於法拍屋價格較低，加上國人觀念日益改變之情勢下，景氣好時法拍屋不只可高價標售，並且往往會形成加價搶購的熱

2
PART

投資商品的認識

潮，而當景氣蕭條時便常發生一拍、二拍乃至三拍仍乏人問津的窘況。因此由法拍屋市場之冷熱亦可得知市場景氣之盛衰。

目前法拍屋的拍賣方式為：取得資訊→保證金→現場勘查→出標、開標、得標→取得不動產移轉證明書→過戶→申請貸款→抵押設立。

因不動產原持有人牽涉法律問題，遭法院查封拍賣房子。不動產被拍賣的原因很多，一般而言，可歸納為以下三種：一是「欠債不還」，二是「抵押債務不還」，三是「因欠稅法院執行欠稅人的不動產拍賣，要求立刻變現以清償債務」，為能順利標售，價格都以低於市價的一至二成為底價，如果流標，法院依職權可再次降低 20%進行拍賣不成的話再降 20%，直到拍定為止。

另外尚有銀拍屋及金拍屋兩種；銀拍屋係指過法拍程序、未成交，而由金融業者承受下來「逾放屋」，實際上已經轉為銀行的資產，所以不會有產權、點交方面的問題。銀行為加速處理過多的逾放屋，因此委外舉行「逾放屋拍賣會」，簡稱銀拍屋，底價約為市價的五至六成。銀拍屋是採現場口頭喊價，參與競拍僅需繳交 6 萬元保證金，且所有拍賣物件都已點交清楚，且隨時都可以入內看屋，尾款則在 10 天之內繳交清楚，且由提供房屋標的物件的銀行提供貸款服務，投標人較無須擔心資金問題。（資料來源：各銀行網站）

金拍屋是指臺北地方法院委託臺灣金融資產服務公司（國內 34 家金融機構和票券公司合資成立）拍賣，在拍賣會中其程序與一般法拍屋差異不大，例如金拍屋只有「抵押權」沒有「所有權」，也就是房屋未必點交清楚，因此投標人必須留意標的物是否為空屋還是有人居住，若金拍屋為空屋則提供看屋服務，但若仍有人居住則無法看屋。除此之外，參與金拍屋的投標必須先繳交房屋底價的二成，如底價 300 萬必須

先繳交 60 萬的保證金，且採現場彌封投標、當眾開標的方式，且尾款需在 7 天內繳交清楚，只是臺灣金融資產服務公司與萬通銀行合作，因此投標人也不用擔心籌款問題（資料來源：臺灣金服公司）。

表 8-2　法拍屋、金拍屋、銀拍屋制度比較表

項目	法拍屋	金拍屋	銀拍屋
定義	債權人依強制執行法，聲請法院辦理拍賣之不動產。	法院委託臺灣金融資產服務股份有限公司，辦理拍賣之不動產。	銀行所有之不動產，自行或委託他人拍賣。通常源自銀行承受之法拍屋。
拍賣機構	各地方法院	臺灣金融資產服務股份有限公司（簡稱臺灣金服）	各銀行或代拍公司
法律保障	強制執行法	強制執行法／金融合併法	民法
執行程序	依強制執行法程序辦理	依強制執行法程序辦理	各銀行自行決定。常由各分行自辦。有時委由代拍公司統一拍賣。
拍賣方式	密封投標	密封投標	喊價競價
投標底價	由法官參酌估價師之估價報告書後訂定	由臺灣金服評價處之估價師訂定合理底價。	各銀行自行決定（常為市價之六成）
投標保證金	底價之 20%	底價之 20%	依各銀行之規定（常為一固定金額，如每戶 6 萬元）
標的物所有權人	債務人	債務人	各銀行

表 8-2　法拍屋、金拍屋、銀拍屋制度比較表（續）

項目	法拍屋	金拍屋	銀拍屋
拍賣資訊	法院內之公布欄、網站、日報皆有公告拍賣之訊息，資訊透明。	臺灣金服網站及其公司內之公布欄、日報皆有其公告之訊息，資訊透明。	可由銀行網站獲得部分資訊，部分產權資訊則需進一步洽詢銀行或代標公司。
拍賣時間	週一至週五每日 2 場	每週 2~3 場	不定期
點交	公告資訊即載明點交與否。由法院配合點交。	公告資訊即載明點交與否。由法院配合點交。	通常為空屋，且所有權為各銀行，無點交問題。
購屋資金	通常得標後七日內要補足尾款，資金壓力大。但已有銀行承做相關貸款。	通常得標後七日內要補足尾數，資金壓力大。但已有銀行承做相關貸款。	拍賣銀行通常會提供周邊的貸款服務，拍定人可獲較完整服務。
投標環境	法院自設投標室開標。常需自行處理所有事務。	臺灣金服公司自設投標室開標，並提供部分投標服務。	非固定地點，投標環境之品質不一。但多有專人協助。
看屋服務	無。需自行察訪。	部分有帶看服務，可參觀室內格局、外觀和屋況。	有帶看服務，可參觀室內格局、外觀和屋況。
拍賣風險	屋況不明、權利不確定、點交不確定、及其他因使用糾紛導致之額外負擔。	同法拍屋。但部分可先看屋之物件，風險較低。	產權清楚、可先查看屋況、保證點交，風險較低。

資料來源：財團法人台灣不動產資訊中心

9. **過戶資料**：產權移轉的基本資料從地政事務所的土地及建物登記謄本、地籍圖等資料的查閱，至戶政事務所印鑑證明之申請，都是必經的流程，因此可由以上二個機構申請地政資料之多寡來研判市場景氣與否。

10. **市場公開個案的分類廣告與傳單：**可由公開個案取得目前市場上銷售資料。

11. **廣告媒體（專業刊物）**

    (1) 週報：可直接由其統計資料得知當期之市場情況。

    (2) 報章雜誌：由廣告量之多寡與專業記者之報導，亦可直接了解景氣動向。

    (3) 紅／黃張貼：由社區公布欄及大街小巷的紅紙及黃廣告之多寡，亦可窺知市場之盛衰。

（二）資料分析

　　不論資料的取得為何，如何將其作完整的分析，使其成為有利之資訊，實為一項重要的工作，故提出幾大要項作為解讀資料的參考：

1. **基地面積：**了解個案的位地範圍，評估個案的大小，再與建築總面積作一比較，即可得知空地有多少，也可反映出進住時的密集程度與未來的住家品質。

2. **規劃用途：**藉此可了解建物的規模和戶數，基本上，規模大、戶數多，建物所需完工期限較長、自備款繳納期限也較長、當然日後之居住份子也比較複雜，因此在以住家為考量之情況下，應儘量求其單純，並且規模要適中，工程也較易掌握。如為太小之工地，則往往會因為法規中容積率、或建蔽率所分擔之公共面積要求，而相對的減少了實際可銷售的私用面積。

3. **建物屬性：**所購建物究竟是屬於辦公、店面、商場或住家，應先分辨清楚，避免混在一起，購屋時可依實際需要來作適當選擇，不致在糊里糊塗的情況下，做了不正確的決定，導致時間與金錢上的浪費。

4. **銷售單價**：除了需了解整個大環境的景氣循環，並配合供需狀況之外，亦可參考臨近個案資料逐一加以比較，進而透過已成交資料的分析，取得議價方面的優勢。

5. **每戶總價**：由房屋總價的高低變化便可研判市場景氣之起伏，即在景氣階段，總價會逐漸走揚，而市場若走下坡，總價也必然會逐漸向下滑落。而最重要的是購屋者需考量高總價的產品在財力上是否負擔得起。

6. **坪數大小**：由於區域之不同，坪數規劃亦有別，而最重要的是合理坪數需求規劃，時下不少人購屋時常以價錢為第一考慮因素，直到交屋時，才發現不適合之處後悔不已，這就是缺乏對坪數估計的概念所致。

7. **銷售率高低**：適合市場需求的產品，銷售率必然較好。而透過相同屬性產品的銷售率之比較，就可了解到市場的真實狀況。

8. **貸款額度**：貸款成數太高或太低，都或多或少的隱藏了一些不正常的問題，因此，應衡量實際之需要及銀行之貸款額度，方能正確的掌握購屋的基本要件。

9. **投資興建**：了解建設公司的信譽及施工品質，以作為評鑑之準則。此外，亦可走訪該業者其他售案情形，藉了解其業務實績，及售後服務等種種情況，來做為購置與否之參考。

10. **公開日期**：以公開日期為基準，逐一作個案比價基礎，當較能掌握正確的客觀價位，尤其是在景氣變動期間，其價格差異更大，若不景氣期間延長，則議價空間自然會隨之增大。

（三）掌握最佳投資時機

投資不動產，時機的選擇非常重要。景氣復甦前，房價尚在低檔盤整時是最佳投資時機。能掌握時機，自然能創造出高利潤，若時機選擇不當，必因高額成本而血本無歸。

投資不動產時如能依據過去的記錄，總是有助於對未來的預測。我們都了解不動產投資是非常講究「經驗法則」的，一般而言，房地產的週期有四階段，培育期、成長期、成熟期、衰落期，每階段都有獨特的表徵：

第一階段：空屋率高；新聞界呈負面的報導；新社區的開發計畫幾乎沒有。

第二階段：空屋率逐漸降低，房租漲價，出現一些新社區的開發現象。

第三階段：空屋率極低，新聞界呈正面報導，建築業提高投資金額。

第四階段：新建築物的數目上升，空屋率上升。

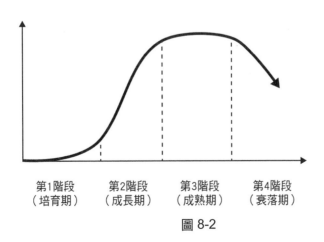

| 第1階段 | 第2階段 | 第3階段 | 第4階段 |
| （培育期） | （成長期） | （成熟期） | （衰落期） |

圖 8-2

PART **2** 投資商品的認識

由此四階段，分析目前市場屬於哪一階段，正確的了解投資時機。以目前的建築市場而言，因政府即將實施容積率管制措施，使未來可建造之房屋坪數降低，故建築業者不斷的搶建，使得各地空屋率提高，空屋率提高有利於買方市場，對於買者有利，不過要考慮自己的資金狀況，以免週轉不靈而降價求售，所以如目前資金充裕，是進入不動產市場的好時機。

六　訂定投資策略

（一）選擇投資種類

　　不動產的買賣，在房屋種類上，基本可分為 3 種：1.預售屋、2.新成屋、3.中古屋。所謂預售屋，就是房屋沒有蓋好或未開工前，購屋者先與建設公司簽訂「預定買賣契約」，並按工程進度分期付款，等到房屋完工交屋，繳清費用，才算是「銀貨兩訖」。

　　預售屋是一種以分期付款的方法，來償還貸款，初期還款的壓力較輕，可以適合手中沒有太多錢的年輕購屋群，但是，有許多購屋者對於買賣房屋的知識及經驗不足，且預售屋建期長，易因投資環境變化及人為因素，增加無謂的損失與糾紛，所以，購屋者在購屋前一定要注意坪數大小、公共設施、建材使用、建商信譽、交屋期限……等各種事項，多充實購屋知識。畢竟預售屋風險較大，無法讓購屋人親眼目睹實際屋況（僅提供樣品屋），常會有與先前規劃不符的爭執，是其缺點。

　　預售屋從下訂簽約、開工到完工交屋前的工程期間，每期約繳交10~15%間，最後交屋則由銀行貸款給付 70~80%之間。至於新成屋及中古屋的繳款方式，一般簽約訂金為總價的 10%，期間再付 30%，最後過

戶交屋時再付 60%；相較於預售屋，在房屋金額支付上的壓力較為龐大。但中古屋或新成屋是可以立刻看見的，購屋人可就屋內狀況勘查，是否有漏水、建材老舊、牆面龜裂等問題，作為議價依據，若對產權不清楚，不知對方是否為真正所有權人，或有一屋兩賣的問題……亦可請專業人士為其勘驗，以減少糾紛。新成屋或中古屋，風險應該比購買預售屋小，因為房屋是現成的，可到現場明確了解其座向、大小、格局，並就本身的經濟能力及需要做一抉擇。

　　不論採取何種方式購買，均必須了解其應注意之事項，方可保障自己的權利，表 8-3 就預售屋、新成屋與中古屋買賣的優缺點加以比較：

表 8-3　預售屋、新成屋與中古屋買賣的優缺點比較

	價格	優點	缺點
預售屋	低於完工時的市價	・建商讓利空間大 ・格局可以調整 ・不用馬上拿出全部頭期款 ・樓層、戶別選擇多	・買到投資型建案沒有鄰居同住 ・格局、景觀未明，需要做較多功課 ・不能現住 ・有裝潢施工期拉長的風險
新成屋	市價	・格局、景觀等屋況清楚 ・建材、公設可清楚檢視 ・可以現住 ・樓層、戶別選擇多	・同一個建案，但有較高的價格 ・格局已固定，如需變更還要再花錢
中古屋	低於市價	・價格較便宜 ・格局、景觀等屋況清楚 ・可以現住	・房屋有修整的風險 ・戶別選擇少

資料來源：蘋果日報

（二）投資因素的考量

1. **地理位置**：理想的房屋座落於很好地段，不僅增值潛力雄厚，在經濟不景氣時其抗跌性也較強。

2. **交通環境**：優雅的居家環境可使居住者擁有一個舒適安靜的生活空間，也可大幅提升居家的品質，且較易脫手售出。交通要便利，最好毗鄰學校、公園綠地、購物中心。

3. **規劃設計**：良好的規劃設計可提升生活品質，出售時亦可取得較佳的價勢。

4. **坪數的確定**：確實調查購買坪數是否有誤。

5. **分析建材用料及設備**：良好的建材除較美觀外，其耐用性亦可節省一筆額外的維修費用。原則上售屋說明書內應詳細列表說明材料及設備之廠牌、規格、等級。

6. **選擇信譽可靠的廠商**：可向已購屋的親朋好友、當地主管建築機關及相關公會洽詢。

7. **查明房屋有無建造執照**：如購買預售屋應注意建築物是否依法請領建造執照，如是違章建築，不可購買，以免權益受損。

8. **價格的合理性**：購屋前應先衡量自己的經濟負擔能力並決定購屋的標準。合理的價格是極重要的，因為價格太高會使成本過鉅，影響償還貸款的能力，而過低的房價又會使人對房屋的品質及工程完成的可能性質疑，故估價是一項極為重要的因素。

9. **付款條件**：銷售廠商往往為了吸引顧客，而提供誘人的陷阱，應仔細計算了解其償還條件及目前銀行之貸款利率為何。

10.**產權是否清楚**：產權糾紛一直是購屋者難忘的夢魘，購買時必須特別注意。

（三）產權審查

在進行各項因素（如個人需求、地理環境、價格）的考量後，如覺得滿意，接著非常重要的是產權的審查，產權問題一向都是購屋者最擔憂的事，許多房屋糾紛都是因為產權不清而生，時常造成購買者金錢和時間的損失，最後只能訴諸訴訟，所以若可預先採取適當措施，實在是非常重要的。

房地產屬實體財產權，其權利可排除及防止他人無權占有、妨害、干涉，對所有物依法實行占有、使用、收益、改良等權利，因此房地產買賣是有體加上權利的買賣，一般稱謂產權買賣。

產地產買賣發生的糾紛分為「有體建築物部分糾紛」和「無體權利部分糾紛」兩種，在今日土地寸土寸金時代的買賣，無論哪部分只要稍有不慎，即可能造成莫大的損失。

《民法》第 758 條「不動產物權，依法律行為而取得、設定、喪失及變更者，非經登記，不生效力。前項行為，應以書面為之。」所以只要根據土地座落的地段，地號及建物、建號，即可至地政事務所申請查閱相關文件。產權調查的目的，在於防止購買時應有的權利受損，並提供知道瑕疵，做好防患，避免事後發生糾紛造成損失。

（四）建造執照

凡建築物之新建、增建、改建及修建，依法應申領建造執照，再依內政部規定，預售屋須申領建造執照之後，才得刊登售屋廣告。因此，訂購預售屋應先審閱有關單位核發的建造執照，並應注意下列事項：

1. **土地權利部分**

   起造人：購買預售屋之契約應以起造人為簽約人，若非同一人則必須查明是否具法定效力的代理權人，否則買賣契約不具效力，並應該核對起造人或代理權人之身分證字號。

   設計人：經考試合格，由國家發給證明之建築師及開業執照者。

   建築地點：是否與買賣契約所載地點（地段、地號、地址）相符，並查閱實際建築位置是否相符。

   建築基地：避免土地產權發生糾紛應查明下列事項(a)土地所有權人與起造人是否為同一人。(b)若土地所有權人與起造人非同一人，應查明是否已買賣尚未過戶、與起造人關係、會建（應查閱土地產權或證明文件）。(c)是否違規建造，如：商業區、住宅區、工業區……等，各區依土地使用規定不同。

2. **建物部分（有體）**

   建造類別：係新建、增建、改建、修建，預售屋歸納為「新建」。

   使用分區：住宅區、工業區、商業區等。

   構造種類：鋼骨造、RC、SRC 造等。

   建物面積：各層面積及總面積、避難面積及公共面積。

   層棟戶數：記載棟數、層數、戶數。

   建造使用：建物各層使用規定、使用道路寬度。

   建造期限：開工與竣工期限。

3. **附註說明**

   (1) 通常開工與竣工日期未必與法定期限一致，但差幅不會太久，若相差太遠時，應查明是否有糾紛所致，如：土地產權、銷售欠佳、債務等。

(2) 施工中隨時注意偷工減料或不按圖施工情形。

(3) 預售屋須建物完工後經主管建築機關查驗完竣，才能取得使用執照。

(4) 取得使用執照後再辦保存登記，經公告程序才能取得所有權狀，然後再辦理交屋及貸款。

4. 使用執照

依《建築法》第 70 條規定，建築工程完竣後，應由起造人及監造人申請使用執照，主管建築機關接受申請日起十日內派員查驗完竣，其主要構造、室內隔間及建物主要設備等與設計圖樣相符者，發給「使用執照」。因此，使用執照與建造執照所載應相符，並注意下列事項：

(1) 建築地點：使用執照所載建築地點已變為門牌號碼，但地號仍應與建造執照相符，且與將領的土地及建築改良物所有權狀所載相符。

(2) 建造執照字號：看與建造執照字號是否相符。

(3) 停車位：配置的停車位置及大小坪數。

(4) 責任歸屬：承諾人姓名、監造人姓名、營造廠廠名。

5. 土地所有權狀

按房地產之交易，雖然房子、土地各有產權、但交易時則一併進行，故為確定產權之歸屬與完整性，在辦理交屋之同時必須連同房屋所持分的土地亦一併辦理過戶手續，亦即必須同時取得土地所有權狀，因此，必須注意的是，一定得同時擁有土地及房屋所有權狀，產權才算完整。

土地總登記或經改良，如：投入資金、勞力而改變其性質和結構後分割，經登記後核發「土地所有權狀」。因此，無論買土地、成屋，首要查閱土地所有權狀，且應注意下列事項：

(1) 所有權人：凡買賣或簽定各項契約皆以所有權人為有效，若為非所有權人，須注意是否有權代理，否則簽約不具法律效力。

(2) 土地標示：注意坐落地段、地號、地目是否與實際相符，以及面積的大小是否有塗改痕跡。

(3) 權利範圍：注意單獨所有或共同所有。

(4) 附註：若欲查閱該筆土地是否有已設定他項權利或變更情形，應以該筆地段、地號向地政事務所申請土地登記謄本查閱。

(5) 變更登記：該筆土地有關變更登記於後面，記載各種變更登記。

6. 土地登記簿謄本

土地相關之權利，均須依法登記使生效力，而歷年登記累積記載於地政事務所土地登記簿謄本，供欲知產權者申請查閱。土地登記簿冊記載內容分三部：標示部、所有權部、他項權利部，分別就土地本身之權利內容作詳盡的記錄，舉凡所有權人、所有權概況、面積大小、使用情況、產權設定情形等都有明確的記載，購屋時應詳細查明，以確保權益。

(1) 標示部

　　a. 該筆土地的地段、地號與所有權狀登記載相符。

　　b. 登證：登記日期與原因，如合併、分割、重測、地目變更等。

　　c. 地目：記載該筆土地使用區分，如：建、旱、田、林等。

　　d. 面積：記載原有面積或經合併、分割後變更面積。

　　e. 其他登記事項：經重測、地目變更、合併、分割之原地號。

　　f. 編定使用種類：記載該筆土地已編定為使用種類，如：甲、乙、丙種建築用地或其他用途。

　　g. 地上建物之建號：該筆土地上建築物之號碼。

　　h. 備考：記載其他土地變動情形。

(2) 所有權部

　　a. 查閱最上方之地段、地號是否相符。

　　b. 登記：日期及登記原因，如：買賣、繼承、贈與、住所變更等。

　　c. 所有權：與土地所有權狀之所有權人相符，有地址與身分證字號。

　　d. 權利範圍：記載全部持有或共有持分比率。

　　e. 義務人姓名及權利剩餘部分、原所有權人剩餘持分比率。

　　f. 其他登記事項：通常記載土地變動情況。

　　g. 備考：通常記載土地變動或所有權人出生日期。

(3) 他項權利部

　　凡以土地供他人設定稱為「他項權利」，指所有權人已將其權利或部分供以他人，因此若原所有權人無法將其產權處理得完整，買方將增加無謂的困擾與損失，購買時須特別留意。

　　a. 登記次序：載明第幾次登記順序。

　　b. 權利種類：記載他項權，如：地上權，永佃權，地役權，典權，抵押權。

　　c. 登記：日期與原因，如：設定或清償。

　　d. 權利人：指設定之權利人，通常是銀行或個人。

　　e. 權利範圍：全部或持分比率。

　　f. 權利價值：指該筆土地最高限額價值。

   g. 存續期間：指該設定權利保存繼續時限。

   h. 清償日期、利息、遲延利息、違約金，均依設定之契約載明承諾而定。

   i. 其他登記事項：通常記載共同設定地號或建物之建號。

7. 建築物改良所有權狀

建築物工程完竣後，申請主管機關查驗，依法保存登記，並經公告期滿後，即可取得建築改良物所有權狀，確定產權。因此，買房屋首要閱建築改良物所有權狀，並注意下列要點：

(1) 權利人：姓名和地址通常與土地所有權人相同，若不相同為分別登記（購買時須土地與房屋之所有權人同意，且在契約上簽章）。

(2) 基地坐落：地段、地號應與土地所有權狀記載相符。

(3) 建物門牌：應與實際房屋的門牌地址編號相同。

(4) 建號：指該棟建物列管的「編號」，申請登記簿謄本和產權，憑建物向地政事物所查閱。

(5) 建物面積：

   a. 主建物面積記載所屬樓層與面積及合計面積。

   b. 附屬建物記載該間房屋單獨使用附屬建物面積。

(6) 權利範圍：記載所有權人是單獨所有或持分所有。

(7) 建築完成日期：買成屋與中古屋須注意完成日期，估計時計算折舊率。

(8) 共同使用部分建號通常記載於左上方發狀日期旁，由該建號可查閱並計算共同使用持分面積。

(9) 變更登記：權狀後面記載該建物之各項變更登記。

8. 建築改良物登記簿謄本

凡有關建築物之權利均依法登記始生效力，而歷年所有登記載於地政事務所簿冊，供欲知產權者申請查閱。建築改良登記簿內容分為三部：建物標示部、建物所有權部、建物他項權利部，並均分別就建物本身之內容作詳盡的記錄，內容如下：

(1) 建物標示部

    a. 建號：在登記簿最上方，與建築改良物所有權狀之建號應相符。

    b. 登記原因：如第一次登記、買賣、查封、拍賣等。

    c. 建物門牌：該建物之位置地址。

    d. 基地坐落：該建物的基地之地段、地號。

    e. 主要用途：記載該建物用途，如住宅、辦公大樓、停車場等。

    f. 構造：該建物之樣、層數、建築材料。

    g. 權利人所有建物面積：主要建物之面積。

    h. 建築完成日期：購買估價時可計算折舊率。

    i. 權利人所有附屬建物用途、材料、面積。

    j. 備考：通常記載使用執照或共同使用建號。

(2) 建物所有權部

    a. 登記標的：所有權移轉登記或第一次登記。

    b. 登記原因：買賣、繼承、贈與、住所變更。

    c. 所有權人：為所有權人姓名。

    d. 住所：可由此欄得知所有權人住所。

    e. 權利範圍：所有權全部或持分之比率。

2
PART

投資商品的認識

f. 權利移轉交付人：是指原所有權人。

g. 備註：轉載或所有權人身分證字號。

(3) 建物他項權利部

　　現代人大部分以貸款方式購屋，以產權提供設定，因此，購買成屋與中古屋須特別留意他項權利，若原所有權人無法將其產權處理得「完整」時，為避免事後增加困擾，可用轉胎方式交易，由買方承受賣方原貸款金額，然後由買賣價金中扣除。其他必須詳閱他項權利部分，內容如下：

a. 登記標的：指所有權人將其權利提供抵押為抵押權。

b. 登記原因：指所有權人將其權利他人設定。

c. 權利人：為債權人，通常是銀行或個人。

d. 住所：為債權人之住址。

e. 權利範圍：為設定之建築物面積。

f. 權利價值：指所有人貸款的金額。

g. 存續期間、清償日期、利息、違約金等，通常以貸款時契約內容記載。

h. 設定人：為權利人或義務人姓名。

i. 債務人：為提供建物供設定的人。

j. 權利移轉交付人：指原抵押權人（因債權依法可移轉）。

k. 其他事項：通常記載共同擔保之土地的地段、地號、建號。

9. 地籍圖謄本

　　查閱地籍圖謄本目的在於了解該筆土地的位置、面積、形狀、界址、以及與鄰地之關連性，此外，亦可據以了解地形地物以及出入道路、實際路況相關事項，略說明如下：

(1) 位置：若已建房屋之土地目標明顯則失誤率較少，若是純土地買賣，尤其山坡地，常會與原想要買的位置有所出入，必須詳細查看清楚。

(2) 面積：以比例尺量地籍圖謄本即可算出實際面積。

(3) 形狀：形狀好壞關係設計價值的高低。

(4) 鄰地：了解鄰地面積大小、形狀、使用區分等。

(5) 界址：若無法確定，可申請測量加以確定。

10. 土地與建物測量

(1) 土地：在查閱有關產權文件及現場，若仍無法確定位置與界址，可以地號向地政事物所申請測量來加以確定。

(2) 房屋：在查閱現場坐落後，若欲更了解建築物位置與配置、附屬部分陽台、露台、平台、樓梯、停車場之位置，可至地政事務所申請主建物及附屬建物測量成果圖。

11. 土地分區使用證明

政府為提高土地及天然資源利用價值、加速經濟發展、改善生活環境、增進公共福利，實施區域計畫、都市計畫、土地使用管制等，將土地區分各種使用規定，如：商業區、住宅區、工業區、農業區、或甲、乙、丙建築用地……等。

購買房地產須查閱該筆土地用途或是否違規使用，憑地籍圖至各市、縣政府或鄉鎮區公所申請土地使用分區證明加以確定，藉由土地使用分區證明可確定土地是否座落於住宅區、商業區或工業區，可先至地政機關申請地籍圖後，再憑之至鄉鎮區公所申請土地使用分區證明，以便作一徹底之了解，如此便可避免有如自用住宅於工業區而無法適用優惠稅率之憾事發生。

12. 地價證明書

地政機關依土地法規定每年辦理地價申報，然後根據最近兩年內土地市價或收益價格，再以相近、相同、相連土地，按市價或收益查證與比較，求平均中數為各區段平均地價，經公告程序確定後實施，用以徵稅計算標準，稱為公告現值。

公告現值通常遠低於市價，因此地價證明書均用於法定地價證明及申報計算稅費之用，也是購買房地產者之參考資料，並非做為市價與估價計算標準。

七　投資策略的評估

房地產買賣時，交易價格往往是成交與否的關鍵點，是故在決策前應就投資方案仔細評估以減低風險。投資乃是放棄目前可獲取的利益以換取將來可能產生更大的利益。不動產投資估價的方法，主要仍是以收益還原法為主，即將未來可能獲得的收益還原成目前的價值，以確實了解投資案的預測報酬。

八　簽約應注意事項

在進行投資策略的評估之後，選擇最有利的投資方案，進行投資，決定投資方案之後，就必須與賣方簽約。

買賣雙方的權利義務均記載在契約書內，當雙方發生任何爭議時，均以契約所載內容為依據，所以在訂定契約時，應注意自己的權利及義務，方可避免日後不必要之糾紛。《民法》第 758 條「不動產物權，依

法律行為而取得、設定、喪失及變更者，非經登記，不生效力。前項行為，應以書面為之。」避免在政府機關假日訂約，因為無從及時查證產權，所以在假日訂約，買賣風險相對提高。

表8-4 簽訂房屋買賣契約注意要點

簽約前審核要項	簽約時應注意項目
1. 審閱權狀	1. 產權查閱
2. 審閱登記簿謄本	2. 建造執造查閱
3. 核對所有權人	3. 總價、付款方式、貸款比例
4. 查閱都市計畫圖	4. 面積及其誤差
5. 查閱土地使用分區管制	5. 完工日期
6. 查閱建物測量成果圖	6. 地下室、屋頂、一樓空地所有權
7. 查明有無設定抵押	7. 建材設備
8. 查明有無查封情事	8. 稅費負擔
9. 核算坪數	9. 保固期限
10. 檢查公共設施	10. 契約鑑證與履約的保證

　　房地買賣需以合約內容為依據，包括：買賣標的、價款議定、貸款處理、所有權轉移、擔保責任、違約處罰、其他約定（如：行政院內政部示範契約書）。所以有任何要求，口說無憑，均可要求加註於附約中，做為日後可能爭議的依據，其中流程如下：

1. **議價**：房仲業代多會要求買方先支付斡旋金後進行。其實依民法規定「雙方意思表示合意，不必作成書面，契約即為成立」。換句話說，不論口頭同意或書面承諾，承諾人都應該負責，但為取信雙方議價過程，所以有此制度。

2. **簽約**：雙方表示合意後，付訂金並簽約。

3. **用印**：雙方須向戶政機關申請印鑑證明，當事人面對書面意思負責的表徵，所以在契約書上或申請書上蓋章需慎重，必須完全了解並同意契約內容才蓋章。

4. **完稅**：支付增值稅及契稅款項（須無任何欠繳地價稅、房屋稅、工程受益費）

5. **交屋**：交付鑰匙及現場點交。

參考法條：《民法》第 152 條、第 169 條。

九　市面之銷售制度

1. 成屋履約保證

　　「成屋履約保證制度」為買賣雙方間房屋的交易安全，提供了周全的保障，因此，成屋履約保證制度於買方的保留可歸納如下：

(1) 價金專戶控管，更有保障

　　買賣房屋簽約得，保證銀行出具保證書給予買賣雙方，買方將各應付款項（含銀行貸款）依約分次存入履行保證專戶中予以保管，同時賣方應支付的稅費將由專戶中代為支付。

(2) 違約價金處理公平、公正

　　a. 過戶前賣方違約，經合法程序催告解約確定後，保證銀行會將專戶中買方已付價款加計利息反還買方。

　　b. 過戶前買方違約，經合法程序催告解約確定後，保證銀行會將專戶中買方已付價款加計利息交付給賣方。

　　c. 過戶後買方違約（即不能給付尾款），經合法程序催告完成後，保證銀行會將專戶中控管之價金款項加計利息連同尾款一併給付賣方，保障尾款之安全。

(3) 相同的仲介費用，更多的安全

　　透過成屋履約保證制度，不僅為買賣的交易安全把關，更重要的是執行此一安全保障的「成屋履約保證」所有費用全數由仲介公司支付，買賣雙方不須再支付一分錢，卻能馬上享受超值安全的仲介保障。

(4) 一手交錢、一手交屋

　　產權過戶無誤後，買賣已經成交，買方款項應已如期分次繳付於履保專戶中，在最後交屋日，建經公司將結清專戶款項加計利息，於雙方核對所有稅款、代書費、買賣手續費及代付金額（水電及大樓管理費）後，代書把過戶權狀及鑰匙交予買方，建經公司同時將該結餘款項一次匯給賣方，透過此安全交易保障，經過第三公正單位執行價金給付與產權轉移。流程如下圖：

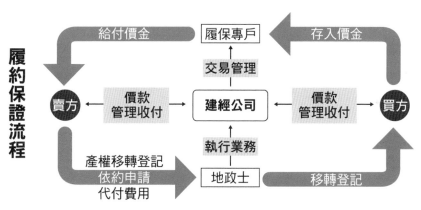

圖 8-3　履約保證流程

資料來源：蘋果日報

2
PART

投資商品的認識

2. 內政部時價登錄服務

　　為讓民眾可更快速掌握最新實價登錄資訊，內政部不動產交易實價查詢服務網自 106 年 12 月起，由原每月發布 2 次，調整為每月 3 次，於每月 1 日、11 日及 21 日都會發布最新的實價登錄資料，讓民眾可以更即時查詢房地產交易價格，有效掌握不動產交易市場情勢。其中內容包括不動產買賣、租賃、及預售屋價格的登錄，資料內容呈現以街道名稱及區段號碼，顯示過去的成交價格，讓民眾在價格比較上，具有一定的了解。

（資料來源：內政部不動產交易實價查詢服務網）

問題與討論

1. 不動產投資的特性有哪些？

2. 影響不動產的價格因素和形成條件，可分為哪五大要項？

3. 土地及房屋所有權狀中，載明的項目有哪些？

4. 買賣土地及房屋，簽約時應注意的項目有哪些？

2 PART

投資商品的認識

Personal Financial Management
with Wonderful Life

09
CHAPTER

數位金融與虛擬貨幣投資

數位金融的發展

在推展數位金融所可能面臨到的問題，首先是產業鏈結構及相關法令適法的問題。日前各家銀行或金融投資機構，向客戶積極推廣數位存款帳戶及數位支付，在網路的虛擬世界中，進行存提款、投資、匯兌、轉帳及跨境支付等功能，是屬於銀行受理開立的第三類帳戶，乃採用連結本人已開立之金融支付工具，以利透過連結他行存款帳戶。就適法性及身分識別而言，仍是依照金管會核准的「銀行受理客戶以網路方式開立數位存款帳戶作業範本」來施行，並建立於「先前已於實體環境完成KYC」的基礎上，其不論是開立「儲值支付帳戶」或「電子支付帳戶」，均需符合以「既有存款帳戶」，進行客戶身分驗證之檢核規範，所以當一位新的網路使用客戶，若從未在其他金融機構開立存款帳戶，仍將無法透過網路提出申請來開立數位帳戶。

網路身分識別機制中，除需連結實體分行帳戶，在使用數位金融憑證資料下，也可利用內政部自然人憑證或金融聯合徵信中心的憑證，但在執行實務上仍有困難與限制，主要是數位金融法規和實際需求上的緩不濟急。符合網路實名制及手機認證機制，是否能真實達成使用者的身分識別，來解決匿名的可能法律問題，都是目前財政部及金融從業尚須急迫解決的問題。近年來歐美各國銀行執行縮減實體分行家數及臨櫃的

人力，積極開發和推動數位金融與行動服務帳戶，這些除有賴互聯網與電子商務的成熟，對客戶的教育及廣告促銷，以使其普及化，讓客戶只要透過手機，完成身分識別認證，就可以執行金融支付交易，不論是跨境商業買賣，或市集的小額支付，未來只要透過手機，就可以完成所有的投資或買賣行為，逐漸改變人們必須攜帶現鈔或親自到銀行排隊辦理的不方便。

 ## 二 互聯網的串聯

（一）互聯網（Internet）

　　截至 2020 年 6 月底，本國銀行數位帳戶已來到 492 萬戶，不僅較當年第一季成長 18.6％，也較 2019 年底 338 萬戶增加 45.5％。同時，2020 年 1 至 7 月行動支付的金額已達 1,209 億元，為 2019 年同期 532 億元的兩倍多（金管會，2020）。觀察民眾對數位金融科技帶來的快速便捷，可逐漸接受並參與利用，這些都是端賴網際網路的線上服務，所以從 4G 到 5G 的頻寬需求，每月上線流量逐步增加，到改成「吃到飽」的電信服務方案，都可以看到現代人們對互聯網的依賴，已是生活不可或缺的項目。

　　透過各種線上服務 App，除了本章所討論的金融服務項目外，其中也包括各種網路遊戲（多人參與）、大眾交通（縣市等公車／悠遊卡）、機構學習（數位學習網／MOOC）、醫療服務（預約疫苗／醫院掛號）、買賣平台（蝦皮／PChome）、通訊社群(Facebook/Line)、節目影音(YouTube/Netflix)等，每日透過手機或電腦來完成工作，幾乎已經是目不離螢幕，到了三餐仍不離手，無法自拔的局面。

（二）電子商務與數位金融發展

透過網路商品資料搜尋、比較想購買的商品型號，能夠查到許多好康訊息。網路和實體店面不同的價格，前者確實是薄利多銷，除了讓顧客享有較低支出成本，在商家特惠時間內訂購或組團，還有贈品和積點，也同樣享有原廠保固，還有 7 天的免費退貨鑑賞期，這樣的致命吸引力下，聰明的買家幾乎改變過往的消費模式，會先爬文看商家獲得的評價和過去買家的留言，來決定是否符合下單需求，這讓電子商務平台如雨後春筍般紛紛成立，並網羅各式各樣的商家，使商品多樣化。例如國外知名電商有：阿里巴巴(Alibaba)旗下的淘寶、天貓、亞馬遜(Amazon)；國內龍頭則有：PChome、蝦皮、露天等，經常不斷提供促銷，以折扣優惠或免運給買家，來搶食這塊網路世界的競爭市場。

既然有強勢的電商市場，當然就須搭配迅速的金流管道；如何從消費者手中安全地支付給平台，平台在貨品到達消費者手中後，將貨款扣除手續費用再轉帳給商家，這中間的資金轉移，必須透過轉帳支付工具及金服機構的搭配來完成，這種數位支付，包括知名的支付寶、Apple Pay、Line Pay、Pay Pal 等。在 AI 智能科技引領銷售的過程中，消費者的網頁瀏覽歷程、消費紀錄、平均購買次數、品牌喜好及上網時間，都被智能機器學習所記錄(Big Data)，並根據該顧客專有的獨特性，產生符合購買慾望的商品廣告(Data Mining)。銀行早已看準這塊大餅，積極發展數位金融，以符合市場需求。

2
PART

投資商品的認識

 ## 認識區塊鏈

（一）區塊鏈的特性

　　什麼是區塊鏈？大部分的人應該只聽過比特幣，這種虛擬貨幣近幾年在全球投資項目中竄紅，其撰寫的應用程式及保密機制才被廣為採用探究，目前臺灣許多政府及民間單位正在研究區塊鏈，包括中央銀行、財金資訊公司、證交所等，並實作驗證一些小規模的項目，只是現階段還未對外公開或商轉。十年後的生活一定是高度數位化，要使資訊系統更安全，需從最核心的設計技術開始，不只針對設計後的資安加強管理，嘗試以區塊鏈結構，來確保資料安全性，在未來可能成為許多數位應用領域的核心技術。雖然全世界聚焦在虛擬貨幣比特幣上，但區塊鏈技術絕對不只使用在虛擬貨幣而已，它更可拓展到其他商業、傳統產業、與服務業的資訊傳遞、授權等。其實區塊鏈應用的範圍，可涵蓋多項產業，如：存證保證、居家照護、資產管理、電子代幣、金融科技、保險醫療、信用稽核及環境保護等(Swan, 2015)。

　　區塊鏈技術有三大最重要的特性：交易識別確認、資料無法竄改及節點資料同步。以比特幣為例，其使用公開金鑰驗證機制，具有令使用者之不可否認性(Non-Repudiation)，並達成可驗證的假名制(Pseudonymity)，且透過進行「條件雜湊」(Conditional Hash)的演算，串結區塊成鏈，並以節點資料同步的方式來保護資料，極難以被竄改(Nakamoto, 2008)。區塊鏈在國外金融業應用的案例，如日本交易所(JPX)與 IBM 合作，想以其做為證券交易的基礎，就必須要考慮身分認證的環節，而不能匿名。儘管因會員有限，節點較少，結算速度相對比比特幣快速許多，但仍然還是有限，畢竟分散式帳本必須達到同步，交易才算真正成立。

區塊鏈技術並非萬能，許多作業必須要線下處理，並遵循防制洗錢機制。像在證券交易中，就算登錄到區塊鏈，還是要雙方承認才會有效，所以像 Pre-Trade 需要競價的過程就還是比較適合線下作業，甚至如沖銷動作其實也違背了記錄不可更改的區塊鏈本質(Khan et al., 2017)。事實上，單純使用區塊鏈來建立證券市場的基礎結構，可以節省的成本有限，參與業者越多，規模越大，才具有成本效益。更重要的是，為了增加資料同步的效率，金融區塊鏈參與者往往會有不同分工，如部分節點負責製作區塊，其他節點只處理交易。但這樣少數節點就會具有特殊性，所以如何弱化這些特殊節點的功能會是很重要的議題，如應用在基金交易上的區塊鏈 Fundchain (PricewaterhouseCoopers, 2017)，其個人身分認證資料必須存放在第三方公信單位，再發布到區塊鏈上，執行如徵信中心的功能，但這樣就未必非區塊鏈技術來處理不可。所以使用區塊鏈技術來開發執行企業應用與服務系統時，仍應尋找出適合的解決方式，而不需一味認為新的才是好的。

（二）區塊鏈的架構

區塊鏈的資訊架構是以各節點的分散式連續簿記，達到其去中心化（非集中式資訊）的架構，其中隱含多數決的機制，因資料是分散且重複驗證貯存，其共識驗證方式可歸納以下六項：1.工作量證明機制：Proof of Work(POW)，是指獲得多少代幣，取決於主體挖礦貢獻的工作量；2.權益證明：Proof of Stake(POS)，根據持有代幣的量和時間，來分配發言權，所以 POS 就是根據持幣比例來授予發言權；3.授權權益證明：Delegated Proof of Stake(DPoS)，由此產生一定數量的代表節點 EOS；4.實用拜占庭容錯演算法：Practical Byzantine Fault Tolerance(PBFT)，是一種狀態機副本複製演算法，在分散式系統的不同

節點進行副本複製；5. PoET 英特爾硬體使用；6.指令層級平行計算 Instruction-level parallelism(ILP)：在一個程式運行中，許多指令操作，能在同時間進行。如此可防止資料在一處被竄改，資料包密並以亂數字串顯示，前後必須連貫，操作需支付極小金額作為資料上傳價金，擁有時間戳記，這些特性除了被虛擬貨幣－比特幣，打響名聲，卻也已被廣泛利用在金融及其他各處(Swan, 2015)。

儘管目前金融上的對帳動作已有自動化技術，但還是需大量人力，並仍有許多重複的作業。區塊鏈在對帳動作亦是最有效率的，因為區塊鏈技術可令各機構過帳更為容易，一個完全可靠的流水帳可透過程式迅速轉換有效的帳務表，從此角度來看，區塊鏈技術甚至可能會改變未來會計思想的走向。尤其如黃金存摺之類並不頻繁的交易項目，就很適合利用區塊鏈技術發行，不必贖回黃金就能進行交易，有效降低交易成本。甚至可以應用在不同金融商品之間的轉換，只要有共同的計價方式即可，且未必是使用現有貨幣。其實現行金融業問題終究還在管理機制上，區塊鏈技術無法真的解決太多問題。例如應用於債券盤後交割 Netting 區塊鏈架構下(Kaminska, 2016)，還是必須透過中間保證機構單位，將債券與現金分別交付與買賣雙方，只是原本需透過多重單位處理，這使資訊在通過每個步驟時，往往會產生錯漏及延遲的風險，而利用區塊鏈技術的透明性及智慧合約的自動化，就能夠提升效率及降低錯誤風險及人力(Buterin, 2014, 2015; Swan, 2015)。這樣的技術還可以應用於物流業及供應鏈流程上設計與管理等類似環境(Chang, Lu, & Chen, 2017)。

（三）區塊鏈的應用

區塊鏈在金融業上的應用，去中心化不完全是重點，如何究責、制定標準及維持信賴才是問題，當然若節點分散各地時，如何遵守不同的

法律規範也很重要。就如同 Notarized eDocuments 系統完全是利用區塊鏈做為一種文件公證、驗證及存證作業。像 Blocksign 平台就可免費提供文件加密及儲存於區塊鏈上，當然其法律效用還是端賴於各國的規定。這樣的技術在其他領域仍有相當廣泛的應用空間，例如公益捐款、食安產銷履歷、珠寶資料登錄及病歷資料等等。

另一個市場實例，食品電商平臺「奧丁丁市集」也推出了全球第一個食品區塊鏈溯源系統 OwlChain，可供商家將食品履歷寫入以太坊 (Ethereum)的私有鏈中(Wood, 2014)，而且已經有臺灣在地企業如祥圃集團與湧升海洋開始採用。祥圃集團自家「究好豬」產品外包裝上，貼了 OwlChain 的 QR Code，用手機掃描後，就會看到這塊豬肉的詳細來歷。而湧升海洋則是將自創的「責任漁業指標 RFI」的 5 個指標都已寫入區塊鏈履歷中，包括捕撈與養殖的海鮮追溯，以及環境衝擊的評估機制。而在 2017 年 11 月下旬，奧丁丁還發表了全球第一套區塊鏈旅宿管理系統 OwlNest，這是一個支援智能合約的飯店管理 PMS 系統，也可串接大型訂房服務。臺中港酒店、小南天生活輕旅等臺灣飯店業者也開始採用。

還有處理抵押貸款的 Syndicated Loans 系統也同樣需要中保單位，並採用智慧合約來進行交易，其是以區塊鏈技術取代支票的功能，並減少紙本文件保管的需要。簡而言之，在這種機制下是否去中心化其實並不重要，區塊鏈是用來辨別電子資料是否值得信賴的手段，而非促進效率的主要方法，若有公認可靠的第三方可發揮相同功能，就未必要用區塊鏈，反而是智能合約的機制才是自動化的關鍵。不過也衍生了其他問題，因為智能合約是 24 小時執行，反而部分後續線下手續可能就顯得必須要更有效率，人力分配若不當，仍然會拖累交易效能。在這項業務中，並非區塊鏈不可的業務，而是應考量如何電子化才更有效率。同樣

2
PART

投資商品的認識

若應用在金融貿易，對區塊鏈技術本身的需求也只是少部分，主要還是利用資訊透明性，反而是資料進入區塊鏈之前，如何管理才是最大問題，智能合約及物聯網技術，才是促進效率的關鍵，更容易去核對及追蹤交易實況，所以倘若資訊能外掛於其他的資料庫，也並非必要導入區塊鏈(Peck, 2017)。

目前臺灣有許多不同區塊鏈的 PoS 驗證計畫，在 2017 區塊鏈愛好者大會中，臺灣第一家加入金融區塊鏈聯盟 R3 的中國信託，參與了聯盟內的貿易融資專案。這個專案想要建立一個可以涵蓋金融需求、通關申報需求和物流需求的國際貿易融資區塊鏈，利用 Corda 作為底層的帳本架構，和 12 國 16 家跨國銀行進行合作開發（區塊鏈愛好者大會，2017）。中信區塊鏈實驗室負責人李約，在 2017 年的區塊鏈愛好者大會上，也首度公開其階段性實作的成果。過去得花上 2~5 天才能完成傳輸

圖 9-1　區塊鏈在金融產業的可行性應用（資料來源：楊英伸，2016）

的貿易文件，「現在確實降到數小時內就可以完成」（黃靖哲，2017）。另外臺灣證券交易所為因應區塊鏈技術之發展，也已成立專案小組，觀察各國交易所對於區塊鏈技術之應用及評估，於適當時機推廣此項技術應用，期以金融創新與世界接軌。

　　除了貨幣基本功能之外，區塊鏈也應用於電子公證、契約執行，以後公證文件不用到法院，申請專利不用送專利局，當資料寫到區塊鏈公開認證後，就算完成公證，資料會永久成為歷史的一部分，再也無法竄改。未來，國際匯款、證券清算、銀行信託、土地產權登記等，都將為可能應用的項目。

表 9-1　國內政府機構金融機構及新創企業現狀（資料來源：台經院，2017）

執行單位	2017 臺灣區塊鏈事件簿
銀行及金融機構	中國信託加入 R3，成跨區塊鏈實驗 富邦銀投入 AMIS（帳聯網），建立運動賽事及選手紀錄 富邦銀、國泰人壽、玉山銀成立「帳聯平台」 財金公司：集結 45 家銀行組成「金融區塊鏈基數研究與應用委員會」 「臺灣金融科技協會」成立
政府及學術研究單位	衛福部：區塊鏈食安追蹤追朔源系統 工研院：發起臺灣區塊鏈產業聯盟／與微軟合作開發運動區塊鏈實作 "BraveLog" 臺灣大學成立「金融科技及區塊鏈中心」，資工系開發創立 Gcoin 臺北醫學大學與數金(DTCO)推出 PhrOS(個人健康紀錄)
新創企業	加密貨幣交易所成立：MaiCoin、BitAsset、ACE、BitoPro、MAX DTCO（數位金融）：應用於生技新藥、健康醫療、社區貨幣 BitMark（比特記號）：應用於醫療保健、音樂、藝術等領域 推出萊特幣礦機

 四 加密貨幣的投資

（一）比特幣的投資

　　現今虛擬貨幣流通在網際網路中，已超過千餘種，但僅有稍具規模者，才具有較高流通性和投資價值，虛擬貨幣已經不是只有比特幣，這些虛擬貨幣不屬法定貨幣，也不是由某國的中央銀行發行，皆來自企業或個人創建，只能在網路中進行交易、轉移，沒有實體。目前比特幣在眾多虛擬貨幣之中，仍排名居首，不可動搖，比特幣(Bitcoin)和一般傳統法定貨幣（國家法幣）有何不同，竟可以在全世界通用？因透過 P2P 的使用者直接連結，買賣轉移不需要國際匯兌，也沒有價差和高額的手續費，不須透過銀行，就能在全世界進行轉帳，是一種高度自由轉換資產，可規避國家機器查核的貨幣，唯獨其價值波動風險很高，且有些國家立法拒絕流通，是屬於時間機會中，一種高風險的套利投資。

　　比特幣從過去開始發行的無人問津，到現代人們以企業級的挖礦設備，汲取礦工報酬，並透過成立的交易所，進行買賣及轉移，不外乎人為的炒作，造就奇蹟般的價格暴漲。下圖是 2020/07~2024/05 期間，比特幣的價格波動變化，可謂劇烈震盪，尤其是自 2020 年開始竄起，於 2024 年 3 月更是達到$73,777 的歷史高點，讓投資者樂翻天。從圖 9-2 歷史價格變化圖中，不難看出其價格風險特性，投資者更需慎入。

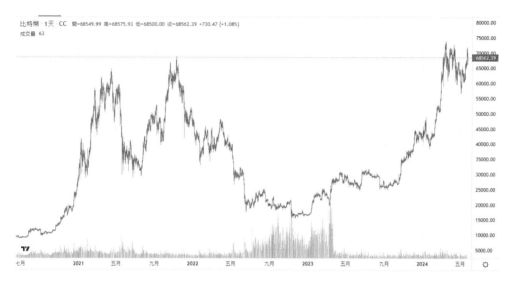

圖 9-2　比特幣歷史價格變化（資料來源：鉅亨網）

（二）虛擬貨幣買賣實務

　　虛擬貨幣的交易當中，必須透過安全金鑰（密碼）保護，故又稱加密貨幣交易。基本上，交易開啟需要兩把鑰匙，分別為公鑰匙和私鑰匙，而公私鑰匙會成對出現，也就是一把公鑰一定會搭配一把私鑰。公鑰是可以公開的收款地址，私鑰則是可以開啟錢包使用權的密碼。透過加密後的公私鑰匙，用來進行網路虛擬交易，包括收付款、加載訊息、及紀錄貨幣金額等。

　　在網路建立個人的加密錢包專屬序號時，並不需包含使用者的真實身分或輸入個人的相關資料，因此具有匿名的特性，交易者彼此間，也僅能以一長串的交易訊息密碼相互傳輸，而且每一次銜接上一訊息所產生的亂碼訊息，又非人工可以推算，這種的區塊鏈技術，方能造就加密貨幣的隱蔽及安全性，並在完成交易同時，將交易訊息發布共享，使區塊形成串接可追溯的共同紀錄，然而這些交易訊息只是一連串的 Hash

紀錄，除了被授權者可以使用金鑰開啟閱讀訊息之外，其餘的大眾只是成為訊息的接收與存證者。

　　初始虛擬貨幣的玩家，必須先到網路加載相關的虛擬貨幣軟件，建立加密錢包後，至兌換所（臺灣可到便利超商或 BitoEX、MaiCoin）買入，或由其他的錢包轉入資金，單位可以是 0.0001（不一定是整數），來開始你的虛擬貨幣投資第一步。

表 9-2　世界前五大加密貨幣—依總市值排行(StockQ，2024-05-24)

排名	名稱	價格(USD)	一日變化%	七日變化%	總市值
	虛擬貨幣指數(CCI30)	11677.9	0.60%		
1	比特幣(BTC)	44834.3	4.00%	6.15%	878.58B
2	以太幣(ETH)	2424.76	2.36%	6.88%	291.28B
3	泰達幣(USDT)	0.9996	-0.01%	0.05%	96.15B
4	幣安幣(BNB)	317.19	4.02%	5.52%	47.27B
5	Solana(SOL)	101.64	6.88%	5.70%	44.46B

問題與討論

1. 投資虛擬貨幣,除波動率和匯率,尚需考慮哪些風險因子?

2. 如果虛擬錢包的公私鑰(密碼)遺失,可以有方法找回或恢復金額嗎?

3. 區塊鏈技術應用在數位金融的優缺點有哪些?

2
PART

投資商品的認識

MEMO

Personal Financial Management
with Wonderful Life

保險規劃與稅法須知

PART 1

PART 2

3 PART

Personal Financial Management
with Wonderful Life

10 CHAPTER — 保險商品的規劃

 保險的種類

　　保險的種類非常多，因此需要將它分開來談。按照保險的一般分類，可分為財產保險及人身保險，依照我國《保險法》第 13 條之規定：保險分為「財產保險」及「人身保險」，人身保險包括人壽保險、健康保險、傷害保險及年金保險等四種。財產保險以「物品」作為保險標的，而人身保險以「人」作為保險標的，包括人類生命或身體為內容。若以投保人數，則可區分成「個人保險」及「團體保險」，投保人數合計超過五人以上則屬於團體保險。此外尚有社會保險，及涵蓋投資外幣或利率變動的投資型保險，將在本章中有基本的介紹。

（一）人身保險

1. 終身壽險或定期壽險（主約）

　　(1) 死亡保險

　　　　屬純保障之特性，即是在約定期間內，被保險人遭遇身故或完全失能，即可領取一筆「身故或完全失能保險金」。

　　(2) 生存保險

　　　　生存險之特性，即是在約定期間，被保險人仍生存，即可領取一筆「滿期保險金」或「生存保險金」。若是在保險期間內不幸身

故或完全失能呢？一般保險公司會以退還保費的方式處理，有的保險公司還會再加上單複利計算，並扣除營業費用後退還。

(3) 生死合險

一般也通稱為儲蓄險或養老險，如為終身型生死合險，通常是以終身的死亡險與生存險合成單一商品，所以一個人在年輕時購買了生死合險，在退休時仍生存則可以持續定期領回「生存保險金」，好好運用這筆錢，享受充裕的退休生活，同時又還有終身保障。生死合險，就是生存險與死亡險的結合體：在約定期間內，被保險人不幸遭遇身故或完全失能，可領取一筆「身故或完全失能保險金」；若約定期間滿期時，被保險人仍生存，可領取一筆「滿期保險金」或數筆「生存保險金」。買生死合險幾乎等於同時買了生存險與死亡險，因此通常其保費要較同保額之生存保險費高許多。

2. **健康（住院）、傷害、手術險、重大疾病（疾病失能）醫療保險、長期看護險（附約，亦可為主約）**

(1) 健康保險

一般俗稱的醫療險，就字面上來說，是因為生病或意外事故所導致的醫療行為，保險公司就醫療費用（實支實付）或定額給付給予補償，一般健康險給付項目包含有住院前後門診費用，急診費、手術費、病房費、醫師診療費、護理費、雜費、X 光、心電圖、醫生所開之醫療費、物理治療、輸血……等；癌症險也是屬於健康險的範圍。主要係彌補健保保障的不足、提高醫療的品質。

3
PART

保險規劃與稅法須知

(2) 傷害保險

俗稱意外險，保單條款中對於意外傷害事故的定義，是指「非由疾病所引起之外來突發事故」。 指非疾病造成、外來、突發，才能獲得保險給付。其中的不確定性，且須在可預期發生之外，事發突然而不可防，因為意外故導致身體遭受傷害，而補償因損失所導致之醫療行為，失能，身故或完全失能。例如：搭飛機之空難，車禍。但是酒後駕車是屬於「自致行為」（自己導致），車禍雖屬意外，但因犯罪或血液測試所含酒精超過法令規定之駕車者，將無法獲得理賠，又例如因主動脈剝離身故，或因糖尿病必須截肢，所引發的身體傷害，就不適用本條款的給付範圍。

(3) 手術醫療保險

醫療保障的規劃，除了門診及住院、手術時的醫療費用外，也有針對對於動刀侵入性手術的保險，從最小的門診皮膚縫合手術，到需住院多時的器官移植，都可以從合約條款的項目給付表中，找出給付的保額比例，來做為健康醫療險的搭配。

(4) 重大疾病（殘疾）保險

除了醫療險中門診、住院、手術、出院療養等項目給付保險金以外，也有客戶對未來可能罹患重大疾病或認定疾病失能後的生活而擔憂，所以針對國內重大死亡病因，保險公司推出有重大疾病險，項目包括：①急性心肌梗塞②冠狀動脈繞道手術③腦中風後障礙④癌症⑤末期腎病變⑥癱瘓⑦重大器官移植或造血幹細胞移植……等，這類的保險付保險金，但由於各保單之間的內容大同小異，有些公司為了價格競爭，會在給付項目上變化，因此保單之間很難從保費或保障內容直接做比較。

(5) 長期看護險

　　不僅疾病可能造成工作中斷，意外災害所造成的失能或收入中斷，或因人口高齡化，老年疾病造成失智，需人長期看護，也越來越受國人重視，目前雖有國家社福長照看護服務，但長期的額外費用，也可以透過此長看險的規劃，降低日後財務的風險。

表 10-1　保險商品的分類

人身保險			財產保險	社會保險
傳統型（壽險主約）	投資型	醫療險 （主／附約）	貨物保險 海上保險	全民健康保險 國民年金保險
死亡保險	終身保險 定期保險	變額保險 萬能保險 變額年金保險	傷害保險 住院保險	汽（機）車險	勞工保險
生存保險 （年金保險）	定額型保險 變額型保險		健康保險 手術醫療險 癌症保險	公教人員保險 農（漁）民保險
生死合險	養老保險 混合保險		長期看護險 疾病失能險 重大疾病險	退休人員保險 軍人保險

（中間財產保險欄內容：汽（機）車險　住宅火險　地震、水災險　旅遊平安險　責任保險　信用保證保險　航空保險　工程保險）

（二）財產保險

　　多是以財產物件為保險的標的物，且與日常生活息息相關，例如每天使用的汽機車，所投保的強制汽（機）車責任險，就是屬政府透過法律要求所有車主必須付費購買才准上路的財產保險（產險公司承保），但保障內容僅限於因使用或管理汽車致乘客或車外第三人傷害或死亡之事故。受害人遭受傷害或死亡時不論車禍過失責任是在那一方，受害人或其遺屬都可以向承保發證的保險公司申請保險給付，或向特別補償基金申請補償金。（但強制汽車責任保險法另有規定不得請求或請求時另有限制的情形，依該規定辦理）。

　　強制汽車責任保險法規定的給付項目有傷害醫療費用給付、殘廢給付及死亡給付三種；其中傷害醫療費用給付最高 20 萬元、殘廢給付最高 200 萬元、死亡定額給付 200 萬元。

　　此處僅列舉傷害醫療給付，讓學生機車族了解自身的權益，如下表 10-2。

表 10-2

理賠項目	汽機車強制險傷害醫療給付
理賠金額	每人最高 20 萬／每人
理賠細目	1. 自行負擔之病房費差額：指受害人於合格醫療院所接受住院治療期間支付之病房費用，每日以新臺幣 1,500 元為限。 2. 膳食費：指前款在醫療院所住院期間之膳食費用，每日以新臺幣 180 元為限。 3. 自行負擔之義肢器材及裝置費：每一上肢或下肢以新臺幣 5 萬元為限。 4. 義齒器材及裝置費：每缺損一齒以新臺幣 1 萬元為限。但缺損五齒以上者，合計以新臺幣 5 萬元為限。 5. 義眼器材及裝置費：每顆以新臺幣 1 萬元為限。 6. 其他非全民健康保險法所規定給付範圍之醫療材料（含輔助器材費用）及非具積極治療性之裝具：以新臺幣 2 萬元為限。 7. 其他，如接送費用，以新臺幣 2 萬元為限。 看護費用，每日以新臺幣 1,200 元為限，但不得逾 30 日。

　　該屬汽（機）車任意險中車損的部分，另外有其他的產險項目林林總總，有汽（機）車第三人責任險、住宅火災（地震）險、海上貨物保險、信用保險、工程履約險、旅遊平安險、航空（兵）險、貨物險、海

上保險、住宅火險、地震（水災）險等。其補償方式則多是以實際損害賠償部分為主，亦即所謂實支實付，也可能有自負額的比例，且與被保險人過去經驗值（發生機率）及出險紀錄發生機率及地域不同，收費率也可能不盡相同。

（三）社會保險

就臺灣社會的保險福利制度，強制規定每一位國民皆需投保的有全民健康保險與國民年金保險，以及針對勞工階層及組織團體的勞工保險、公教人員保險、農（漁）民保險、退休人員保險、軍人保險等，都是屬於政府經營或制度補貼營運的社會政策保險之一。

（四）投資型保險

隨著金融環境的快速變遷，投資的工具不再侷限於外幣存款、股票、基金及相關衍生性金融商品，為滿足顧客全方位需求，使通貨膨脹對貨幣價值的影響降低，各保險業者皆陸續推出投資型保險商品，以分離帳戶的方式，替保戶投資已規劃好的基金商品與壽險合併搭配之產品。投資型保險金在過去是相當受歡迎的投資工具之一，投資型保險嚴格區分的話，包含變額壽險、變額萬能壽險及變額年金三種，因為投資型產品最主要的功能是分離帳戶，而且無法保證收益，所以保險名稱中具有「變額」字眼，就可判定為投資型保險。

投資型保單最大的特色是，均設有純保費帳戶及投資分離帳戶，此點亦是與傳統型產品最大區別之處。顧客繳交一筆保費之後，一部分購買純危險保障，並置於一般帳戶，有些保單可允許此帳戶為零，另一部分在扣除相關費用後即投入分離帳戶，藉由投資標的累積其現金價值。

投資型產品分離帳戶中的投資連結標的，包含經主管機關核准的證券投資信託基金、海外共同基金、政府債券、銀行定期存單或其他經主

管機關核定之投資標的。此保險商品是一種結合保險與投資，並兼具有保障與獲利兩項功能。

1. 主要特性

(1) 保單價值隨投資獲利變動

保單價值是根據投資標的投資績效而定，而投資標的績效每日變動，因此保單價值也隨之變動，不受保險安定基金之保障。投資標的主要為各類型的股票或債券型基金，但也可能是指數或其他投資工具的組合。

(2) 保戶自行承擔投資損益風險

保險公司不再提供保證利率與最低的現金價值，保戶具有機會取得較高的投資收益，同時也需承擔相對的風險。

(3) 帳戶分離

保險公司資產與投資型商品保戶投資的資產分離，並設專門帳戶由保管銀行管理，使資產不受保險公司因經營不當所形成債務或虧損之影響。

(4) 自然保費設計及相關費用

保險費部分基本是採自然保費設計，且由保險帳戶價值直接扣除，並會有保險費用、帳戶管理費、解約費用等各項費用須扣除。

2. 常見的種類

(1) 變額壽險(Variable Life Insurance)

變額壽險是一種固定繳費的產品，可以採用躉繳或分期繳。與傳統終身壽險相同之處，在於兩者皆為終身保單，簽發時亦載明了保單面額；而兩者最明顯的差別，在於變額壽險的投資報酬率無最低保證，因此現金價值並不固定，另一項最大的差別是傳統終

身壽險的身故保險金固定,而變額壽險身故保險金之給付會受投資績效的好壞而變動。

(2) 變額萬能壽險(Variable Universal Life Insurance)

變額萬能壽險乃結合變額壽險及萬能壽險,不僅有變額壽險分離帳戶之性質,更包含萬能壽險保費繳交彈性之特性,因此市場上幾乎以變額萬能壽險為主流,其特點包括:

a. 在某限度內可自行決定繳費時間及支付金額。

b. 任意選擇調高或降低保額。

c. 保單持有人自行承擔投資風險。

d. 其現金價值與變額壽險一樣會高低起伏,也可能降低至零,此時若未再繳付保費,該保單會因而停效。

e. 分離帳戶的資金與保險公司的資產是分開的,故當保險公司遇到財務困難時,帳戶的分開可以對保單持有人提供另外的保障。

(3) 變額年金(Variable Annuity)

與變額年金相對應之傳統型產品是定額年金,定額年金分為即期年金及遞延年金,而變額年金多以遞延年金形式存在。變額年金的現金價值與年金給付額,隨投資狀況波動,在繳費期間內,其進入分離帳戶的保費,按當時的基金價值購買一定數量的基金單位,稱為「累積基金單位」,每期年金給付額等於保單所有人的年金單位數量乘以給付當期的基金價格,因此年金給付額隨著年金基金單位的資產價值而波動。

3. **投資型保險的相關費用說明**

投資型保險的費用相當透明,消費者於簽訂要保書時應仔細閱讀相關費用說明,核保之後,保單上之保單條款亦清楚載明各種費用條

款，明瞭所有費用之後才不至於使本身權益受損，以下列出為最常見之費用：

(1) 基本保費

指保險公司再簽發保單時，向保戶收取公司營運相關行政費用，通稱前置費用。

(2) 超額投資費用

指保戶將額外一筆錢投入分離帳戶時，保險公司收取的投資行政費用。

(3) 管理費

指保單運作所產生的行政管理費用，自保單現金價值中每月扣取，每月約新臺幣 100 元整。

(4) 轉換費

指投資標的轉換時所產生之費用，一般而言，保險公司允許保戶在固定時間固定次數內，轉換投資標的不需收取任何費用，若超過則依次數收取轉換費用。

(5) 贖回費

即後置費用，通稱解約費用，有關解約費用之計算及扣除方式，依各保險公司之契約規定辦理。

表 10-3　投資型保險與傳統型保險費用項目

費用項目	投資型保險		傳統型保險
一、前置費用	1.基本（或目標）保費費用		附加費用率區間（有限度揭露）
	初年度：	續年度：	
	2.增額（或超額）保費費用		
	初年度：	續年度：	
二、保險相關費用	1.保單管理費		無揭露
	2.保險成本（保險費用、保障成本）		無揭露
三、投資相關費用（以基金為例）	1.申購基金手續費		無揭露
	2.基金經理費		
	3.基金保管費		
	4.基金贖回費用		
	5.基金轉換費用		
	6.其他費用		
四、後置費用	1.解約費用		1.解約費用
	2.部分提領費用		2.部分解約費用
五、其他費用	（詳列費用項目）		無揭露

資料來源：財團法人保險事業發展中心

表 10-4　投資型與傳統型保險的比較

差異項目	投資型保險	傳統型保險
儲蓄壽險	除了死亡給付金額不變之外，無法保證領回多少，須由投資效益而定	期滿後領回之金額，保證固定
資金管理	分離（獨立）帳戶	一般帳戶
投資風險	保戶自行承擔	保險公司承擔
保單價值	由投資績效共同決定	按固定利率計算
透明度	定期獲取詳盡的財務表，資金管理透明化	無
靈活度	保費繳納極富彈性，保險及基金額度可自由調整，並有加保的選擇權	保費繳納為定期定額，且依保險公司契約而定
保單貸款	可以，但是保單現金價值小於貸款本息，保險公司可要求清償貸款	可以，但是保單現金價值須大於保單貸款
保險保障	保戶可自行決定保額	提供確定壽險保障
投資效益	1. 多樣的投資標的選擇，滿足個人的投資選擇。 2. 較高之投資潛力商品，客戶亦承受相對之投資風險。	1. 累積保單紅利及固定現金價值。 2. 易於計算保單回報，以配合個人理財目標，風險低。
投資權利	客戶可自由選擇投資標的，享有投資效益	由保險公司決定投資策略，保戶享有固定收益

保險理財如何做

　　首先須了解自己在家庭經濟中扮演的角色，若是屬經濟支柱，則需以終身壽險（死亡保險）來規劃一筆錢給生存者，若自己不是家中主要經濟來源，則可規劃年金保險作為儲蓄之用，並搭配醫療疾病等附約險種，作為人生第一張保單規劃，主約一般是繳費 20 年後，終身有效，附約則可達 75 歲或 84 歲（依各家保險公司商品規定而不同），然而附約保費相對於主約，即便是附約每 5 年調整保費一次，並付費到年齡上限，預估費用仍是較為低廉，所以等有錢時，可以再規劃人生的二張保單，作為終身醫療保障。

　　接著來介紹年金保險，它是屬於終身型生存的一種，僅在被保險人持續生存達到某一特定時點，保險公司定期給付保險金，若死亡則停止給付。一般購買人壽保險的主要目的，主要在防範自身死亡過早所致之家庭收入損失；而購買年金則在準備活的太久時生存期間，所導致的恐因未來個人經濟匱乏時，意指預防發生「經濟死亡」(Economic Death) 而預作的打算。

1. 依年金開始給付日來分類

(1) 即期年金：被保險人於一開始繳交保險費，通常為躉繳保費、之後不用再繳費、通常於約定期間內或一定年齡內可固定領取保險金，之後領取之條件則為被保險人持續生存。

(2) 遞延年金：保險契約成立後，須經過一定期間後，若被保險人持續生存期間，保險公司才開始給付保險金。

2. 依支付條件來分類

(1) 生存年金：以被保險人的生存作為年金按期支付的條件，一旦被保險人死亡後即停止給付，由於年金支付期間無法事先確定，每一被保險人的給付期間其壽命長短而異，亦稱為終身年金。

(2) 確定年金：所謂確定年金係指保險人符合一定給付要件時，依約定年金支付期間支付。例如支付 5 年或 10 年，與人的生存與否無關聯，即約定在一特定期間內支付年金給付金額，若年金受領人死亡時，則可由指定受益人繼續領取其餘額到確定屆滿期間為止。

3. 依支付期限來分類

(1) 定期年金：若僅在一定期間內支付年金者，即在約定期間或年金受領人死亡後，停止支付年金的一種。

(2) 終身年金：若無期間限制而永久支付年金者稱之。在生存年金中，沒有期限規定，而以被保險人的生存為支付條件的年金。

4. 依繳費方法來分類

(1) 躉繳年金：即將應繳年金費用一次全部繳清的年金。

(2) 分期繳費年金：即在年金受領人開始受領年金之前，分期繳交保險費。

 選擇保險公司與商品

　　國內進入微利率時代，保本型商品包括銀行的保本型外匯存款、保險公司的投資型保單均以此宣稱，甚至投信公司發行的保本型基金，也能讓投資人以為此商品沒有風險，只要長期擺著。保本型商品看似保

本，卻僅保障當初實際投資在分離帳戶的本金，若購買後想立刻解約贖回，扣除費用率後，可能連一半的總投資金額都沒有，這是一般社會大眾不了解的重點。投資人在承作保本型商品時，須支付以投資本金為計算基礎的手續費，即使到期可領回本金，但是投資人相對的已損失利息收入機會，及額外支付手續費。再從保險公司推出的投資型保單、或是銀行推出的各式連動債券型商品來看，在保本的口號與訴求下，卻也引發資訊揭露不足、造成投資損失，因而有投資人一狀告到主管機關的情況。目前市面上的保本產品普遍有相對高的手續費、低流通性、低價格透明度、相對高買賣差的缺點。另外，發行機構在提供商品與市場相關資料的售後服務略顯不足，相較於一般基金可隨時交易，並且每日提供價格及市場情報諮詢服務，保本型商品的流通性與價格透明度欠佳，相形之下顯得更不具吸引力。

魚與熊掌不可兼得，保本型商品的報酬率雖可望高於銀行定存利息，且相較股票型基金波動程度偏低，但收益卻多數低於高收益基金商品。而且保本型商品通常在發行時已預設存續期間，且存續期間不短，例如投資型保單需投資十五至二十年，若未來有更好的投資機會，此時將資金鎖住在保本型商品是否恰當，尚有待商榷。有鑑於此，建議投資人最好還是依風險承擔能力、可運用資金和預期收益，將資金依不同比重分散投資於不同種類的投資工具，以平衡風險並增加獲利。

對於退休無收入來源、需要老年生活保障或是基本保額不足者，並不適合投資型保單，因為投資型保單的波動性大，雖然有投資的收益，卻不能保證只賺不賠，而且簽訂的契約都長達十幾二十年，因此被保險人必須自行負擔風險。至於保額不足的被保險人，因為連基本的保障都不足夠，更遑論必須要承擔投資型保單的風險，應該先為自己規劃一份足夠保額的定期險才是最重要的。

　　如果你有保險需求，並且想要購買投資型保單，不妨問問自己以下幾個問題，以確定自己是否適合購買。

1. 我了解投資型商品與傳統壽險的差異。

2. 我了解自己風險承受能力與投資個性。

3. 我能長期投資，並知投資帳戶價值，非穩賺不賠。

4. 我了解保單內容及費用率。

　　是否該把傳統保單轉成投資型保單？至於手上有傳統保單的人，若解約取回資金，轉買時髦的投資型保單，划算嗎？答案不僅是「不划算」，而且還是很不划算。既然是保險的一種，不論哪一種投資型保單，都不適合短期進出，宜長期持有。就如同購買一般壽險保單，如果投保三、五年就解約贖回，保單解約金遠低於已繳的保費。所以消費者在投保前應有長期性的打算，若跟股票投資一樣，經常短線進出，就很不划算了。

　　提醒手中有傳統保單的消費者，「先自我檢視，能否承擔風險」，因為投資型保單所有虧蝕風險，全都在保戶身上，與壽險公司完全無關。而且還要考量轉換到投資型保單，是否讓整體保障組合出現缺口？

　　舉例來說，目前假如你手中有一張保額 100 萬元，預定利率 6%的終身壽險，壽險人員告訴你，轉換後保額一樣是 100 萬元，但是保費卻能夠降低。表面上看起來好像挺划算，但是一旦終止主約性質的終身壽險後，其他依附在主約的長年期醫療險、癌症險等附約，可能全部隨之失效。

　　而且目前市面上絕大多數的投資型保單的附約大多是一年期的意外險、醫療險，若保戶解約後再投保，不僅有等待期不賠的風險，保費負擔也會加重。如果你手上有前幾年投保的高預定利率保單，除非是保障

需求不再，或是資金調度急迫，否則對於投資型保單，應抱持購買全新保單的心態評估，不一定非得把傳統型保單解掉，換為投資型保單不可。

尤其投資型保單並沒有保證長期固定利率的機制，雖然有「投資」之實，但別忘了，它終究還是保險，買保險的動機應強過於投資的動機才對。

每一種金融工具都有其特定的功能，想要讓小錢變大，不一定非要依靠投資型保單。與其把錢放在保險公司「儲蓄」、「投資」，不如買一張純保障的定期險保單，然後將用作投資的保費，自行申購中意的共同基金或投資績優股，不但資金調度掌握在自己手中，甚至能獲得比買投資型保單更有利的投資報酬。茲列表臺灣數家知名壽險公司財務業務指標，供投資者參考。

表 10-5　國內保險公司 2023 年財務／業務指標

112 年度	財務業務指標項目	南山人壽	凱基人壽	國泰人壽	台銀人壽
財務結構指標	負債占資產比率	93.6	93.84	92.63	94.3
	各種保險負債對資產比率	85.93	86.43	81.13	90.58
	各種保險負債變動率	0.91	-0.59	1.5	-0.31
	各種保險負債淨增額對保費收入比率	16.37	-8.27	27	-10.89
	淨值比率	6.66	6.47	8.38	5.85
償債能力指標	關係企業投資額對權益比率	2.53	9.43	19.21	28.78
	初年度保費比率	88.13	74.66	99.58	64.51
	續年度保費比率	93.66	98.14	94.73	88.72
經營能力指標	新契約費用率	21.6	20.93	28.05	29.24
	保費收入變動率	-7.62	-6.1	-4.69	-15.14
	權益變動率	22.13	39.07	35.38	71.28
	淨利變動率	-29.93	-22.66	-51.46	91.59
	資金運用比率	102.54	98.42	98.84	99.27

表 10-5　國內保險公司 2023 年財務／業務指標（續）

112 年度	財務業務指標項目	南山人壽	凱基人壽	國泰人壽	台銀人壽
經營能力指標（續）	繼續率（十三個月）	97.39	96.89	97.3	90.45
	繼續率（二十五個月）	96.15	94.13	95.41	86.76
獲利能力指標	資產報酬率	0.44	0.44	0.24	-0.02
	權益報酬率	7.07	7.98	3.04	-0.45
	資金運用淨收益率	3.72	3.25	3.42	2.84
	投資報酬率	3.45	3.03	3.07	2.74
	營業利益對營業收入比率	5.25	4.59	2.24	-3.64
	稅前純益對總收入比率	5.26	4.6	2.62	-3.87
	純益率	4.79	4.37	2.38	-0.39
	每股盈餘（元）	1.6	2.07	2.57	-0.02
	投資性不動產與不動產抵押放款對資產比率	4.33	2.94	9.02	2.6

資料來源：保險業公開資訊觀測站

 四　保險節稅

（一）善用綜合所得稅扣除額

　　財政部國稅局表示，按所得稅法規定，納稅義務人本人、配偶及直系親屬的人身保險、勞工保險及軍、公、教保險的保險費，得申報列舉扣除。但其中直系親屬部分，僅限於受納稅義務人扶養者而言。國稅局強調，因我國綜合所得稅制度家庭為申報制度，也就是夫妻、受扶養親屬的所得均應合併申報，在計算所得時，為適度減輕合併申報的所得稅負擔，設有免稅額、扣除額等項目，以發揮量能課稅功能。因此，受納稅義務人扶養的直系親屬，所得部分應由納稅義務人合併申報。同理，其保險費支出，應由申報扶養的納

稅義務人准予扣除。所以，被保險人與要保人應在同一申報戶內，而要保人與納稅義務人是否須為同一人，則無限制。

綜合所得稅納稅義務人採取列舉扣除方式申報時，保險費支出除本人、配偶外，其申報受扶養直系親屬，每人每年的扣除額為 24,000 元（含健保費及二代補充保費支出），若實際發生的保險費未達實際支出額者核實認列，僅就實際發生金額全數扣除，過去申報時須檢附收據正本或保險費繳納證明書，現在則已由國稅局彙整費用總額，於翌年 5 月申報個人綜合所得稅時，提供民眾申請；企業為員工投保團體保險（由公司負擔者），員工每人每月有 2,000 元之扣除額，可為公司費用銷項減免。補助款 2,000 元以內，免視為被保險員工之薪資所得，超過部分視為對員工之補助費，應轉列各該被保險員工之薪資所得。

人身保險包括人壽保險、健康保險、傷害保險及年金保險，例如勞保、公保、農保、學生平安保險、全民健康保險所繳的保險費均可列舉扣除，值得注意的是，被保險人與要保人應在同一申報戶內且為本配偶或受扶養的直系親屬的人身保險費。

（二）遺產稅扣除額的應用

過去我國個人所得稅制，採屬地主義，只對個人境內所得課稅，使得國內外的金融商品競爭，處於不公平的情勢，雖經制定最低稅負制，修正個人海外所得，每人每年 100 萬元內免課所得稅，但個人海外所得在 100 萬元以上者，應再加計其他應計入基本所得額之項目，包括：受益人與要保人不同之人壽保險及年金保險給付、私募基金之受益憑證之交易所得、非現金捐贈金額及綜合所得稅淨額後，計算基本所得額。基本所得額未達 670 萬元者，沒有繳納基本稅額之問題。身故保險金超過 3,330 萬元，會被課徵遺產稅。

在保險商品課稅問題部分，目前人身保險給付免課稅所得稅，而保險死亡給付免課遺產稅，導致部分高所得者透過保險商品進行租稅規避的現象，金管會目前也接獲賦稅署行文，指稱市場有保險業者針對高齡高所得者，以投保方式，將應課稅遺產轉為免稅的保險給付，金管會與財政部並將聯手採取措施，加以防堵。

至於金融商品課稅問題，將修改所得稅法，允許證券商發行認購權證時，相關避險操作部位的損益，也可與發行權證的損益併計，以真正反映業者的盈虧；此外，未來資產證券化商品的課稅，將改採通案的模式，避免逐案申請解釋的方式，使我國對金融商品的課稅規定，能夠與國際接軌，增強金融業的競爭力。

五　常見問題回答

1. 什麼是人壽保險？

一份人壽保險計畫保單基本上是一份合約，規定保險公司承諾受保者在他的受保死亡時付給他的受益人一筆金錢。這種保險合約年限稱為「被保險期間」。一般人壽保險有個人長期儲蓄性質的投資成分，保險有多種目的，但最為普遍是(1)在你死亡時能保障到你的家屬成員；(2)提供貸款保障（一般是按保單現值）；(3)為你生命後期提供結構性的資助或為達成一個特定的目標（子女教育）。由於人壽保險計畫的種類和性質差異變得越來越大，可供選擇的種類亦越來越多了。

2. 我為什麼需要人壽保險？

購買需求目的：被保險人死亡或傷病（家庭經濟中斷）時，可依約給付金錢，或提供貸款（約為保單現值）。保險規劃首重意外與醫療。在醫療險部分，可用小額終身（定期）壽險為主約，搭醫療險附約，如「實支實付型醫療險」、「住院日額」、「手術險」等。今時今日，人壽保險已能在你喪失工作能力時保障你的收入，而當要入院時，亦能為你繳付所有醫藥費。

3. 我究竟需要購買多少人壽保險？

這不是一個容易回答的問題，完全視乎你的個人財務經濟情況而定。在購買人壽保險前，你需要詳細研究和分析你自己個人（家庭）的財務狀況及個人未來的期望值，然後才擬定計畫如何去達成這些期望。選擇保額多寡或繳付的保險費用，建議以年薪的 10 倍為保障基本額度，保費支出則不超過年收入的 1/10 為基準。

4. 人壽保險有多少種？

第一種人壽保險是「法定期限」，是四百年前人們用來保障生意投資的保險方法。從那時開始，保險計畫種類和性質就演變得更複雜了。現在，主要種類有：(1)定期壽險(Term Life)；(2)終身壽險(Whole Life)；(3)萬能壽險(Universal Life)；(4)簡易壽險(Simplified Issue Life)。近年來，「外幣利率變動型終身壽險」在國內變得很受歡迎，因為這種保險計畫，讓保單持有人「參與」外匯投資（如美元、澳幣）。其他受歡迎的保單種類尚有：重大疾病險、長期看護險和防癌保險等。

5. 我怎樣繳付保費？

保費可用每月、每季、每半年和每年的方式繳付。如果你選擇每月繳付方式，你的年總費用較年繳保費，約多一成左右，所以建議年繳最好，且多 30 天繳費寬限期。通常保費是直接用聯名信用卡扣款，或由透過金融機構帳戶自動轉帳，皆可享有 1%的保費折扣。

6. 在臺灣哪種人壽保險最為普遍？

最普遍的人壽保險是「終身人壽儲蓄保險」。這種保險方式是保障你的整個人生。一般來說，參與這種保險計畫都含有儲蓄成分，即是幾年後，累積的保單價值，可供要保人借貸使用。或在繳清期限後，領回一次滿期金或約定每期間的固定金額。

7. 購買人壽保險有沒有減稅優惠？

有某些國家，人壽保險可用作一種有減稅優惠的投資（收入、資產增值及承受遺產）。在臺灣，這種優惠雖不是很可觀，當要保人（亦為被保險人）死亡，受益人所獲得的賠償，在 3,300 萬元內，一般情況是免徵遺產稅的。

8. 我應該怎樣挑選一間保險公司？

中華民國金管會保險局監督管理在臺灣所有保險公司，以確保所有保險公司都符合最低的財務和程序標準去保障消費者。話雖如此，仍需慎選 1~2 間具有良好財務品質及卓越的服務行政能力，並具理賠快速、法院紀錄上具有較少爭議的人壽保險公司。

9. 我是否應該挑選一個保險經紀或保險代理？

若透過保險經紀或保險代理人來購買保險，最重要的因素仍是這位業務員，保險經紀或代理銷售的保險公司商品，沒有太多的差別。保險是一門複雜的學問，所以要找一個誠實可靠，又能熟知保險計

畫的經紀或代理人至為重要，更重要的是，你能完全掌握保險計畫的內容和含意，因為在整個過程中，你的財務承擔是相當大，而承擔的年期亦相當長的。

10. 我是否需要做體檢？

端視保單內容及保額大小與保戶的年齡，由投保的保險公司來決定（並非都一致）。當保險公司的核保單位回覆，即使是要體檢，檢查的內容都屬生理的基本要項，過程亦十分簡單且免付費，而且保戶可以依檢查通知單所列醫院，自己選擇適當時間及較近的醫院來進行的。

11. 什麼是保單「審閱期」及「撤銷期」？

這是保險法規中對要保人的保護措施，於購買前可保留所有廣告單及試算表單，並於保單「審閱期」3 天內，仔細研讀保單內容及條款，當簽訂合約，保險契約成立發單後，保險單送達要保人翌日起算 10 天內，假如保單要保人改變主意，他有「契約撤回請求權」取消保單，須以書面向保險公司撤銷保險契約，並可獲全數退還保費，是所謂的「契約撤銷期」。不過，如屬投資相連長期保單，退還的保費或須受市場價值予以調整，亦即是扣除取消保單而贖回基金時所引致的損失。保戶也可透過電子郵件或 0800 免付費服務，直接向保險公司詢問保單內容。

12. 我怎樣才能在購買人壽保險時節省金錢？

人壽保險在臺灣市場以變成競爭激烈的行業了（定期人壽保險保費在數年間已跌了 30%），所以要省錢，就要在保險公司中作出比較了，擁有最多保險客戶的保險公司，不一定能提供你最適合的保險商品。在這方面，可以多比較幾間不同保險公司的商品，看看哪間保費最低而提供的益處是最多的。

13. 我為什麼要指定一個受益人？

人壽保險通常提供「死亡利益」。意思是被保險人死亡時，受益人可以收到死亡理賠，保險身故理賠金給付時，若無填寫受益人，則視為遺產，當受益人欄位填寫「法定繼承人」，等同於有填寫受益人（將依民法之順序及比例分配）。

14. 請問購買投資相連保險時，有什麼事項要特別注意？

現時市面上有很多種類的投資相連產品，各有不同程度投資風險。因此，身為一個精明的保單持有人及投資者，必須清楚了解基金說明書上每種相連基金資料。單位價值時有升降，視乎有關基金的投資表現。此外，說明書亦列明保險公司的收費，保單持有人可作出比較，然後選擇。若有疑問，應尋求專業指導。

15. 哪些監管機構負責註冊投資相連保險產品和監察人壽保險公司的財政狀況？

根據《消費者保護條例》，所有投資產品，包括投資相連的保險產品，均須得到中華民國證券及期貨委員會（證期會）的批准。民眾可查證有意購買的投資相連保險產品，是否已獲核准文號。此外，保險事業監督辦法中，「金融監督管理委員會」保險局，為臺灣保險業的主管機關，而且保險公司的核准，亦需依公司法及保險業管理辦法設立登記。

16. 如不滿意所購買投資相連保險的回報，我可以怎樣做？要如何申請轉換投資組合呢？

過去的投資表現，不一定代表未來的績效指標。有些保險公司會容許投資型保單持有人，在任何時候都可以轉換其投資組合，但在轉換基金標的時，可能會收取轉換費用。大部分保險公司，每年都會

提供若干次免費轉換基金的服務，而業務員多半會熟記保戶登錄密碼，直接協助上網變更投資組合。

17. **在投資型保險商品中，何謂「產品風險揭露」？**

本旨在為準保單持有人提供足夠資料，以幫助他們在選購投資相連產品時，能作出明智抉擇。該標準規定銷售文件須符合最低披露要求，以確保準保單持有人，清楚了解保單的長期性質，以及提早終止保單時，可領回的剩餘現金價值。準保單持有人，須簽署說明文件，以確認明白所獲提供的資料。例如投資型保險商品說明書風險揭露，應揭露下列事項：(1)封面。(2)封裡內頁。(3)保險公司基本資料。(4)保險計畫詳細說明。(5)投資風險警語揭露。(6)費用揭露。(7)投資標的揭露。(8)保單價值通知。(9)要保人行使契約撤銷權期限。(10)重要保單條款摘要及其附件、附表。(11)本公司及負責人簽章及其簽章之年月日。

問題與討論

1. 人身保險可區分為哪幾種？

2. 依保險商品的分類，大致上可分為哪幾種保險？

3. 目前國內的社會保險種類有哪些？

4. 何謂投資型保險？購買時應注意的要項有哪些？

5. 利用保險商品來做財務規劃時，在所得稅法及遺贈稅法中，相關的條文有哪些？

11
CHAPTER — 節稅的應用

　　近年來，社會大眾對於各種投資行為的參與和關心的程度，已逐漸大幅增加之中。然而，一般人總是會在不自覺中，對於「投資」、「理財」等等的名詞有所誤解。何謂「投資」？一般說來，投資是指：當長期或多次的參與後，投資人所獲得之期望報酬率大於或等於無風險報酬率時，即為投資。有的人並不具備理財應有的知識，卻以「投資」作為維生的工具，而荒廢了自己的本業。其實，「理財」應該是一個長遠的計畫，除了能夠讓人致富之外，它最主要的功能，還是在於對未來生活的保障。當社會大眾發現到自己口袋裡的薪資，越來越不能滿足自己生活品質的改善時，那麼，好好的規劃自己手上的資源，來執行投資理財的行為，儼然成為一種不可避免的趨勢。主掌家庭理財大計的一方，更應該善用節稅工具，因為投資理財已不再是一個選項，或是只屬於有錢人的活動，而應該是所有希望資產不要縮水的人，都必須要從事的全民活動。微利時代的出現，使得理財態度也不得不跟著改變，如此一來，才不會因為一直汲汲營營、只顧著工作而疏於理財，結果發現到頭來，辛勤勞動的所得資產，卻被通膨所侵蝕，或對相關稅法條文不了解，到最後還是落得什麼都沒有的下場。

　　租稅是國家基於公權力的行使，為了要執行公共職務、配合經濟需要，舉辦教育文化及社會福利事業，以滿足社會共同慾望並且謀取社會最大利益，而採取向人民取得之貨幣收入節稅，這在現代人的經濟行為中，是非常重要的一環，尤其對富有的人而言更是如此。就個人家庭節

稅而言，凡有所得、移轉、變更即須申報納稅，如何善用合法節稅之相關規定，在個人投資理財多元化的社會裡，妥善的規劃現有的資產，即能達到開源節流，獲得最大的財富。

個人綜合所得稅

　　個人綜合所得稅之課稅規定相當周嚴細密，課稅項目眾多，但若能慎選節稅方式，並事先做好規劃，還是能獲得節稅之利益，以下就個人綜合所得稅申報及規劃，值得注意之問題及節稅方法，概略說明。

　　首先了解綜合所得稅結算申報方式有網路申報、二維條碼及人工申報 3 種。財政部國稅局對過往結算申報內容單純的案件，會主動提供稅額試算服務，納稅義務人僅需於規定期限繳納稅款或回復確認，即完成綜合所得稅結算申報。納稅義務人可以用自然人憑證、金融憑證、已申辦健保卡網路服務註冊之健保卡及密碼、利用國稅局核發之查詢碼或以稅額試算通知書上印製之查詢碼為通行碼，透過綜合所得稅電子結算申報軟體於網路向財政部財政資訊中心查詢所得及扣除額資料。

（一）標準扣除額中免稅額節稅

　　凡一個申報戶全年綜合所得總額（包括納稅義務人、配偶及受扶養親屬之所得）不超過免稅額及標準扣除額之合計數者（如下表），得免辦結算申報。以 112 年度為例，18 歲即認定為成年，所得總額中有薪資所得者，表列免辦申報之金額，每人尚可再加計薪資所得特別扣除額 207,000 元（未達 207,000 元者，以實際薪資所得金額為準）。配偶及受扶養直系尊親屬，每人可再減除免稅額 92,000 元，年滿 70 歲的納稅義

務人加計 50%為 138,000 元。但如有扣繳稅款或可扣抵稅額依法可申請退稅者，務必要申報才能獲得退稅。

以 111 年度及 112 年度綜合所得稅申報為例：

項目		111 年度	112 年度
免稅額	一般	92,000	92,000
	年滿 70 之納稅義務人、配偶及受納稅義務人扶養之直系尊親屬免稅額增加 50%	138,000	138,000
標準扣除額	單身	124,000	124,000
	有配偶者	248,000	248,000
薪資所得特別扣除額		200,000	200,000
身心障礙特別扣除額		200,000	200,000
幼兒學前特別扣除額		120,000	120,000
教育學費特別扣除額		25,000	25,000
儲蓄投資特別扣除額		270,000	270,000
長期照顧特別扣除額		120,000	120,000
課稅級距	5%	0~540,000	0~560,000
	12%	540,001~1,210,000	560,001~1,260,000
	20%	1,210,001~2,420,000	1,260,001~2,520,000
	30%	2,420,001~4,530,000	2,520,001~4,720,000
	40%	4,530,001~以上	4,720,001 以上

資料來源：財政部國稅局

　　112 年申報的標準扣除額單身者 124,000 元，夫妻合併申報者 248,000 元，每多一個扶養親屬可以增加 88,000 元的免稅額，扶養親屬越多，就越能降低所得。若滿 18 歲的子女無薪資所得，與父母合併申報較有利。若子女有薪資所得，收入在 128,000 元以下者，而父母的適用稅率為 20%，與父母合併申報，就可為父母省下 43,200 元的稅金。不論選擇單獨或與父母合併申報，均須注意累加金額，不要超過下一順位的課稅級距。

　　自 112 年起，民法成年年齡從 20 歲下修為 18 歲，對於地價稅、房屋稅及土地增值稅等地方稅租稅權益，同時產生影響，在稅法上，可以進行獨立申報，除非因在校就學、身心殘障，或無謀生能力，得由納稅義務人扶養。所以當子女可獨立申報時，如果適用的綜所稅率比納稅義務人低，就應該規劃讓子女分擔父母的部分所得，例如由子女申報利息所得，就能多出一個 27 萬元的免稅額。

　　又如扶養七十歲以上直系尊親屬，免稅額比一般親屬多出 50%，達 138,000 元。例如適用稅率 20%的申報戶，若扶養一位無收入的直系尊親屬，就能省下 27,200 元的稅負；若申報戶適用的稅率達 30%，省下的稅款更達 41,400 元。

　　受扶養親屬之資格：

　　納稅義務人按規定減除其本人、配偶及合於下列規定扶養親屬之免稅額；納稅義務人本人及其配偶年滿七十歲者，免稅額增加百分之五十。但依第 15 條第 2 項規定分開計算稅額者，納稅義務人不得再減除薪資所得分開計算者之免稅額：

1. 納稅義務人及其配偶之直系尊親屬，年滿六十歲，或無謀生能力，受納稅義務人扶養者。其年滿七十歲受納稅義務人扶養者，免稅額增加百分之五十。

2. 納稅義務人之子女未滿 18 歲,或滿 18 歲以上,而因在校就學、身心殘障或因無謀生能力受納稅義務人扶養者。

3. 納稅義務人及其配偶之同胞兄弟、姊妹未滿 18 歲者,或滿 18 歲以上,而因在校就學、或因身心殘障或因無謀生能力受納稅義務人扶養者。

4. 納稅義務人其他親屬或家屬,合於《民法》第 1114 條第 4 款及第 1123 條第 3 項之規定,未滿二十歲或滿六十歲以上無謀生能力,確係受納稅義務人扶養者。但受扶養者之父或母如屬第 4 條第 1 款及第 2 款之免稅所得者,不得列報減除。

(二) 列舉扣除額節稅

項　目	適　用　範　圍	金　額	證　明　文　件
一般扣除額			
標準扣除額	單身者	124,000 元	不需任何文件。
標準扣除額	夫妻合併申報者	248,000 元	不需任何文件。
人身保險費	納稅義務人、配偶或申報受扶養直系親屬的人身保險(包括人壽保險、健康保險、傷害保險及年金保險)的保險費(含勞保、就業保險、軍公教保險、農保、學生平安保險、國民年金保險)。被保險人與要保人應在同一申報戶內。	每人(以被保險人為計算依據)每年 24,000 元。但實際發生之保險費未達 24,000 元者,就其實際發生額全數扣除。但納稅義務人、配偶及申報受扶養直系親屬的全民健康保險費(含補充保險	收據正本或保險費繳納證明書正本。由機關或事業單位彙繳的員工保險費(由員工負擔部分),應檢附服務單位填發的證明。

項　目	適　用　範　圍	金　額	證　明　文　件
	費），由同一申報戶的納稅義務人、配偶或受扶養親屬繳納者，得不受金額限制，全數扣除。		
醫藥及生育費	納稅義務人、配偶或申報受扶養親屬的醫藥和生育費用。 以付與公立醫院、全民健保特約醫院、診所和經財政部認定之會計紀錄完備醫院為限。 自101年7月6日起，納稅義務人、配偶或受扶養親屬如屬因身心失能無力自理生活而須長期照護者，其付與公立醫院、全民健康保險特約醫院及診所或其他合法醫院及診所的醫藥費，得依法扣除。受有保險給付部分不得扣除。	核實認列無金額限制。	有填具擡頭之單據正本或相關證明文件。 單據已繳交服務機關申請補助者，須檢附服務機關證明的該項收據影本。
災害損失	納稅義務人、配偶或申報受扶養親屬之財產遭受不可抗力之災害損失。 但受有保險賠償、救濟金或財產出售部分不得扣除。	核實認列無金額限制。	國稅局所屬分局、稽徵所、服務處調查核發之證明文件（公文）或提出能證明其損失屬實的確實證據。
自用住宅購屋借款利息 （包含以設定地上權方式之房屋使用權向金融機構借款所支付之利息）	每戶以1屋為限，且房屋為納稅義務人、配偶或受扶養親屬所有。 納稅義務人、配偶或受扶養親屬於106年度在該地址已辦妥戶籍登記，且無出租、供營業或執行業務使用。	支付之利息應先扣除儲蓄投資特別扣除額後，以其餘額申報扣除，且每戶以300,000元為限。	當年度繳納利息單據正本。 註：利息單據上如未載明該房屋之坐落地址、所有權人、房屋所有權取得日、借款人姓名或借款用途，應由納稅義

項　目	適　用　範　圍	金　額	證　明　文　件
	向金融機構借款購屋支付利息。		務人自行補註及簽章，並提示建物權狀及戶籍資料影本。
房屋租金支出	納稅義務人、配偶或申報受扶養直系親屬於中華民國境內租屋。供自住且非供營業或執行業務使用。申報有購屋借款利息者不得扣除。	每戶以 120,000 元為限。	1. 租賃契約書及付款證明影本（如：出租人簽收之收據、自動櫃員機轉帳交易明細表或匯款證明）。 2. 納稅義務人、配偶或申報受扶養直系親屬於 106 年度於承租地址辦竣戶籍登記的證明，或納稅義務人載明承租的房屋於 106 年度內係供自住且非供營業或執行業務使用的切結書。
政治獻金法規定之捐贈	對政黨、政治團體及擬參選人之捐贈合計。有政治獻金法第 19 條第 3 項規定情形之一者（如：對於未依法登記為候選人或登記後其候選人資格經撤銷者之捐贈、收據格式不符者或捐贈的政治獻金經擬參選人依規定返還或繳交受理申報機關辦理繳庫等），不予認定。對政黨之捐贈，政黨推薦的候選人於立法委員選舉平均得票率未達 1%者（民主進步黨、中國國民黨、親民黨、時代力量、新黨、綠黨社會民主黨聯盟、臺灣團結聯盟、信心希望聯盟及民國黨推薦候選人得票率達 1%）或收據格式不符者，不予認定。	每一申報戶綜合所得總額 20%為限，最高 200,000 元。個人對同一擬參選人最高 100,000 元。	監察院規定格式之「擬參選人政治獻金受贈收據」或「政黨、政治團體政治獻金受贈收據」正本。

299

項　目	適　用　範　圍	金　額	證　明　文　件
公職人員選舉罷免法規定的競選經費	候選人自選舉公告日起至投票日後 30 日內，所支付與競選活動有關的競選經費。 於投票日年度列報扣除。	於規定最高金額內減除政治獻金及依公職人員選舉罷免法第 43 條規定政府補貼競選經費後之餘額。	1. 已開立政治獻金專戶收受政治獻金者，檢附向監察院申報的會計報告書影本、經監察院審核完竣的擬參選人政治獻金收支結算表及選舉委員會通知領取競選費用補貼的相關文件。 2. 未開立政治獻金專戶收受政治獻金者，應依政治獻金法第 20 條第 3 項第 2 款規定項目將競選經費分別列示，並檢附競選經費支出憑據及選舉委員會通知領取競選費用補貼的相關文件或其他證明文件。
依私立學校法第 62 條規定的捐贈	透過財團法人私立學校興學基金會，對學校法人或私立學校法 96 年 12 月 18 日修正條文施行前已設立的財團法人私立學校的捐款。	不得超過綜合所得總額 50%。 如未指定捐款予特定的學校法人或學校者，得全數列舉扣除。	檢附受贈單位（財團法人私立學校興學基金會）開立的收據正本。

項　目	適　用　範　圍	金　額	證　明　文　件
特別扣除額			
薪資所得特別扣除額	納稅義務人、配偶或申報受扶養親屬有薪資所得者。 全年薪資所得未達扣除金額者，只能以全年薪資所得總額為扣除上限。 108 年 1 月 1 日起，增訂特定費用 3 項核實列舉扣除額。	每人 200,000 元；全年薪資所得未達 200,000 元者，僅得就其全年薪資所得總額全數扣除。 1.職業專用服裝費 2.進修訓練 3.職業上工具支出 *以上限額：薪資收入 3%	
財產交易損失扣除額	納稅義務人、配偶及申報受扶養親屬的財產交易損失。 若當年度無財產交易所得可供扣除或扣除不足者，可以以後 3 年度之財產交易所得扣除之。 選擇夫妻各類所得分開計算稅額者，分開計稅者之財產交易損失僅得減除其個人之財產交易所得，不得減除其他人之財產交易所得。	不得超過當年度申報之財產交易所得。	實際買賣文件影本。（私契及價款收付紀錄、法院拍賣拍定通知書或其他證明文件）
儲蓄投資特別扣除額	納稅義務人、配偶及申報受扶養親屬於金融機構之存款利息、儲蓄性質信託資金之收益及 87 年 12 月 31 日以前取得公開發行並上市之緩課記名股票，於轉讓、贈與或作為遺產分配、放棄適用緩課規定或送存集保公司時之營利所得。 依郵政儲金匯兌法規定免稅的存簿儲金利息及依所得稅法規定分離課稅利息不包括在內。 選擇夫妻各類所得分開計算稅額者，如全戶利息所得超過 27 萬	合計全年不超過 270,000 元者，得全數扣除，超過 270,000 元者，以 270,000 元為限。	

項　　目	適　用　範　圍	金　　額	證　明　文　件
	元，由分開計稅者之他方及受扶養親屬就其利息所得在 27 萬元限額內先予減除，減除後如有剩餘，再由分開計稅者減除；如全戶利息所得在 27 萬元以下，則各自就其利息所得部分減除。		
身心障礙特別扣除額	納稅義務人、配偶或申報受扶養親屬為領有身心障礙手冊或身心障礙證明或精神衛生法第 3 條第 4 款規定的嚴重病人。	每人 200,000 元。	身心障礙者：檢附身心障礙手冊或身心障礙證明影本【僅檢附醫師（院）診斷或鑑定證明書，尚不得申報本項扣除額，惟嗣後檢附與之前提供的診斷或鑑定證明書所載相同事由，且經鑑定後取得的身心障礙手冊或身心障礙證明，則可以追認其身心障礙特別扣除額】。精神衛生法第 3 條第 4 款規定之病人：檢附專科醫生的嚴重病人診斷證明書影本，不得以重大傷病卡代替。
教育學費特別扣除額	納稅義務人申報扶養就讀大專以上院校子女的教育學費，但已接受政府補助者，應以扣除該補助之餘額在規定限額內列報。但就讀空大、空中專校及五專前 3 年者不適用本項扣除額。	每人 25,000 元；不足 25,000 元者，以實際發生數為限。	繳費收據影本或其他足資證明文件。

項　目	適　用　範　圍	金　額	證　明　文　件
幼兒學前特別扣除額	納稅義務人申報扶養 5 歲以下〔民國 107 年（含該年）以後出生〕之子女。但有下列情形之一者，不得扣除：1 經減除本特別扣除額及長期照顧特別扣除額後，全年綜合所得稅適用稅率在 20%以上，或採本人或配偶之薪資所得或各類所得分開計算稅額適用稅率在 20%以上。2. 選擇股利及盈餘按 28%單一稅率分開計算應納稅額。3. 依所得基本稅額條例規定計算之基本所得額超過規定之扣除金額 670 萬元。	每名子女 120,000 元。	有下列情形之一者，不適用： 1. 經減除幼兒學前特別扣除額及長期照顧特別扣除額後，納稅義務人或其配偶依第 15 條第 2 項規定計算之稅額適用稅率在百分之二十以上。 2. 納稅義務人依第 15 條第 5 項規定選擇就其申報戶股利及盈餘合計金額按百分之二十八稅率分開計算應納稅額。 3. 納稅義務人依所得基本稅額條例第 12 條規定計算之基本所得額超過同條例第 13 條規定之扣除金額。
長期照顧特別扣除額	納稅義務人、配偶或申報受扶養親屬符合下列情形之一者： 1. 符合「外國人從事就業服務法第 46 條第 1 項第 8 款至第 11 款工作資格及審查標準」第 18 條第 1 項規定得聘僱外籍家庭看護工資格的被看護者。	每人 120,000 元。	一、符合第 1 項者應檢附： 1. 實際聘僱外籍家庭看護工者，須檢附 112 年度有效的聘僱許可函影本。 2. 在家自行照顧無聘僱外籍家庭看護工需求者：

項　　目	適　用　範　圍	金　　額	證　明　文　件
長期照顧特別扣除額（續）	2. 依長期照顧服務法第 8 條第 2 項規定接受評估，長照需要等級為第 2 級至第 8 級且 112 年度使用長期照顧服務申請及給付辦法服務者。 3. 於 112 年度入住住宿式服務機構全年達 90 日者。 4. 不適用之情形： 　（1）經減除本扣除額及幼兒學前特別扣除額後，全年綜合所得稅適用稅率在 20% 以上，或採本人或配偶之薪資所得或各類所得分開計算稅額適用稅率在 20% 以上。 　（2）選擇股利及盈餘按 28% 單一稅率分開計算應納稅額。 （3）依所得基本稅額條例計算之基本所得額超過規定之扣除金額 670 萬元。		（1）經指定醫療機構進行專業評估，並符合聘僱外籍家庭看護工資格者，須檢附 112 年度有效（指開立日起 1 年期間含括 112 年度）之病症暨失能診斷證明書影本。 （2）符合可聘僱外籍家庭看護工之特定身心障礙項目之一或中央主管機關公告之身心障礙類別鑑定向度者，須檢附 112 年度有效期限內之身心障礙證明影本。 （3）符合長照需要等級第 2 級至第 8 級，且由各級政府補助使用居家照顧服務、日間照顧服務或家庭

項　目	適　用　範　圍	金　額	證　明　文　件
長期照顧特別扣除額（續）			托顧服務連續達 6 個月以上者，須檢附 112 年度（含）前，符合長照需要等級第 2 級至第 8 級，且連續 6 個月每個月中至少有 1 次，由各級政府補助使用居家照顧服務、日間照顧服務或家庭托顧服務之繳費收據影本，或由直轄市、縣（市）政府於照顧服務管理資訊平台查詢符合連續 6 個月，每個月至少有 1 次照顧服務紀錄（但不包含社區式服務交通接送 BD03），開立照顧服務紀錄之證明文件。

項　目	適　用　範　圍	金　額	證　明　文　件
長期照顧特別扣除額（續）			(4) 經 1 名神經科或精神科專科醫師評估失智症輕度以上者，須檢附 112 年度有效（指開立日起 1 年期間含括 112 年度）經神經科或精神科專科醫師開立失智症診斷證明書影本，並載明或檢附臨床失智評估量表(CDR) 1 分以上。 二、符合第 2 項者應檢附：112 年度使用服務的繳費收據影本任一張（須註記特約服務單位名稱、失能者姓名、身分證統一編號、失能等級，並依長期照顧特約管理辦法第 16 條規定，載明長期照顧服務申請及給付辦法附表四所

項　目	適　用　範　圍	金　額	證　明　文　件
長期照顧特別扣除額（續）			定照顧組合名稱及該碼別服務費用總價，並將碼別明細、次數、日期、單價、部分負擔及其他細項，以附件方式列表。免部分負擔無收據者檢具長期照顧管理中心公文或相關證明文件）。 三、　符合第 3 項者應檢附： 1.　112 年度入住適格機構累計達 90 日的繳費收據影本；受全額補助者，須檢附地方政府公費安置公文或相關證明文件，並均須於上開文件中註記機構名稱、住民姓名、身分證統一編號及入住期間等資料，另入住老人福利機構或國軍退除役官兵輔導委員會所屬榮譽國民之家者，須加註床位類型。住宿式服務機

項　　目	適 用 範 圍	金　　額	證 明 文 件
長期照顧特別扣除額（續）			構包括老人福利機構（安養床除外）、國軍退除役官兵輔導委員會所屬榮譽國民之家（安養床除外）、身心障礙住宿機構、護理機構（一般護理之家及精神護理之家）、依長期照顧服務法設立之機構住宿式服務類長期照顧服務機構，及設有機構住宿式服務之綜合式服務類長期照顧服務機構。 2. 111 年度已入住達 90 日且持續入住至 112 年度死亡，致 112 年度入住日數未達 90 日者，須檢附 111 年度（需累計達 90 日）可資證明持續入住含括至 112 年度之繳費收據影本及死亡診斷書。

資料來源：財政部稅務入口網

（三）分離課稅節稅

　　稅法規定，納稅義務人及與其合併申報的配額和受扶養親屬的公債、公司債、金融債券、金融機構的存款利息屬於儲蓄性質信託資金的收益，和公司公開發行並上市之記名股票的股利，合計在 270,000 萬元以內，可以申報適用儲蓄投資特別扣除額，全數免稅。其可用之節稅策略如下：

　　利用短期票券的分離課稅：短期票券的利息所得採 10%分離課稅，不併入綜合所得計算。所以在進行投資時，如利息及股利已超過 270,000 元的免稅限額，且綜合所得稅率在 12%以上，可考慮購買短期票券，下表列舉各項投資商品分離課稅條件及風險特性。

表 11-1　金融商品稅率特性及風險獲利

金融商品	節稅條件	風險	獲利
可轉讓定期存單 (NCD)	利息所得 10%分離課稅	利率風險	低
公債、公司債及金融債券	利息所得 10%分離課稅	利率風險	低
短期票券	10%	價差風險	低
海外債券	海外利息所得併入 27 萬免稅額	利率風險	低
不動產證券化 (REITs)	10%	價差風險	中
外幣存款	匯兌差價免稅，利息所得併入 27 萬免稅額	匯率風險	高
國內基金	基金價差免稅，配息超過限額外課稅	價差風險	高
海外基金	個人資本利得依最低稅負制課稅	價格風險	高
結構型商品	10%	價差風險	高
黃金存摺	買賣價差免稅	價格風險	高

（四）最低稅負制

對於須計入個人基本所得額的項目包含有：

1. 個人綜合所得稅的「綜合所得淨額」。

2. 海外所得：指未計入綜合所得總額之非中華民國來源所得及香港澳門地區來源所得。一申報戶全年合計數未達新臺幣 100 萬元者，免予計入；在新臺幣 100 萬元以上者，應全數計入。（海外所得自 99 年度起計入基本所得額。）

3. 特定保險給付：受益人與要保人非屬同一人之人壽保險及年金保險給付，但死亡給付每一申報戶全年合計數在 3,330 萬元以下部分免予計入。超過 3,330 萬元者，扣除 3,330 萬元後之餘額應全數計入。

4. 私募證券投資信託基金的受益憑證交易所得。

5. 申報綜合所得稅時採列舉扣除額之「非現金捐贈金額」（如：土地、納骨塔、股票等）。

其中對於海外所得，即海外投資：國外來源的所得免稅，投資人國外票券及海外基金的所得，或可以匯款至國外銀行賺取利息或購買海外基金的收入，則無論賺取差價或分配的收益均免稅多寡。須同時符合下列四項要件來計算稅額：

1. 全戶全年海外所得 ＜ 100 萬元者：無須計入基本所得額

全戶全年海外所得 ≧ 100 萬元者：全數計入基本所得額

2. 基本所得額 ＝ 按所得稅法計算之綜合所得淨額＋海外所得＋受益人與要保人不同之人壽保險及年金保險給付＋私募基金受益憑證交易所得＋非現金捐贈金額

基本所得額 ≦ 670 萬元：無須繳納基本稅額　基本所得額 ＞ 670 萬元：基本稅額 ＝（基本所得額 － 670 萬）× 20%

(3) 基本稅額 ≦ 一般所得稅額：無須繳納基本稅額

基本稅額 ＞ 一般所得稅額：視海外已納稅額扣抵金額之大小

(4) 海外已納稅額扣抵金額 ≧（基本稅額 － 一般所得稅額）：無須繳納基本稅額

海外已納稅額扣抵金額 ＜（基本稅額 － 一般所得稅額）：應繳納之基本稅額 ＝ 基本稅額 － 一般所得稅額 － 海外已納稅額扣抵金額。

《所得基本稅額條例》自 95 年 1 月 1 日起施行，而個人海外所得自 99 年起始納入基本所得額中計算。《所得基本稅額條例》規定應計入個人基本所得額的項目包含：個人綜合所得稅的「綜合所得淨額」、海外所得（非中華民國來源所得及港澳來源所得）、特定保險給付及私募基金受益憑證之交易所得、個人綜合所得稅的「非現金部分之捐贈扣除額」等。而基本稅額為基本所得額減除新臺幣（以下同）600 萬元（自103 年度起調整為 670 萬元）後之餘額乘以 20%，因此，一申報戶的基本所得額在 670 萬元以下者，沒有繳納基本稅額的問題；超過 670 萬元者，要先計算出基本稅額再和一般所得稅額作比較。如果一般所得稅額≧基本稅額，就不必再繳基本稅額。

（五）兩稅合一

兩稅合一，簡單說，就是個人綜合所得稅以及營業所得稅合在一起，讓要繳兩種稅的人只需要繳一種。相信你一定會有滿腹疑問：我又沒經營事業或親自創設公司當起董事長，怎麼可能會有營利事業所得稅？如果你持有股票，就法律上，你即是公司股東，具有公司部分所有權。當然，兩稅合一就與你息息相關。

我國兩稅合一制是從 87 年開始實施，依照《所得稅法》第 3 條之1 的規定，營利事業繳納屬於 87 年度或以後年度的營利事業所得稅，可由獨資資本主、合夥事業合夥人或公司的個人股東，依規定用以扣抵

其應納的綜合所得稅；獨資資本主、合夥事業合夥人或公司的個人股東，應將獲配的股利淨額或盈餘淨額，連同可扣抵稅額，列報為盈餘總額，申報課稅，並以可扣抵稅額扣抵其應納綜合所得稅額，扣抵有餘，還可獲得退稅。

例如：實施兩稅合一後，甲公司繳納 87 年度營利事業所得稅 250 萬元，稅後盈餘 750 萬元，甲公司於繳納所得稅後分配該 750 萬元盈餘，則 250 萬元為股東的可扣抵稅額，假設該公司共有股東 10 人，每人股權有十分之一，每一股東獲配 75 萬元股利（即為股利淨額）時，可併同獲配的可扣抵稅額為 25 萬元，其應申報的股利總額即為 100 萬元。如股東適用的邊際稅率為 40%應納稅額為 40 萬元，可扣抵稅額為 25 萬元，故股東僅需再補繳 15 萬元：如股東適用的邊際稅率為 21%，應納稅額為 21 萬元，可扣抵稅額為 25 萬元，故股東尚可獲得退稅 4 萬元。（資料來源：財政部國稅局）

1. 與個人所得的關係

事實上，兩稅合一與個人切身相關的，其實是綜合所得稅的可扣抵稅額。股票投資人（散戶）參與除權除息，其股利（現金股利、盈餘分配股利）將可獲得抵稅權。至於該如何扣繳，綜所稅如何申報，如果你有參加除權除息，會拿股息或股利。過去實施兩稅合一對個人股東而言，股東實質營業所得稅賦，從過去最高的 55% 降為 40%，實際所得也因此提高 15%。

2. 營利事業所得稅起徵額、課稅級距及累進稅率如下：

(1) 營利事業全年課稅所得額在五萬元以下者，免徵營利事業所得稅。

(2) 營利事業全年課稅所得額在十萬元以下者，就其全部課稅所得額
課徵百分之十五。但其應納稅額不得超過營利事業課稅所得額超
過五萬元以上部分之半數。

(3) 超過十萬元以上者，就其超過額課徵百分之二十五。

於 2018 年立法院三讀通過稅改方案，其中股利所得稅改採兩方式
擇優適用，對於股票族來說，怎麼申報較有利？建議要看申報適用的綜
合所得稅率，若適用稅率 20%以下，可選擇股利所得合併計稅，並使用
8.5%、上限 8 萬元的抵減稅額，而且當年度獲配股利在 94 萬元以下，
不僅可免稅，甚至還能退稅，適用一般小額投資人，而綜所稅率 30%以
上的人，則適合選擇股利分開計稅合併申報。

表 11-2 2018 年投資所得稅新制與舊制比較

投資所得稅項目	現制	2018 新制
境內個人股利所得	採兩稅合一部分設算扣抵制，股利所得併入綜合所得額課稅	廢除兩稅合一部分設算扣抵制，改採股利所得課稅新制，以下列方式二擇一： 方式 1：單一稅率 28%分開計稅 方式 2：併入綜合所得額
股利扣抵稅額	股東可扣抵稅額	方式 1：無 方式 2：以股利所得 8.5%計算可抵減稅額（上限 8 萬元）抵減有餘可以退稅
營利事業所得稅稅率	17%	20%；但營利事業課稅所得在 50 萬元以下者，分三年逐步調高至 20%
外資扣繳稅率	20%	21%（2018 年過渡期間仍可抵繳已納未分配盈餘稅 50%）

資料來源：勤業眾信

在上列的稅改方案中，廢除設備扣抵制，改採股利所得課稅新制，個人股利所得計稅方式可擇優適用（2擇1），其中分開計稅部分，由單一稅率26%拉高至28%，取代兩稅合一，對於經營事業的大股東而言，從現行有效稅負49.7%降為42.4%；營利事業於申報107年度及以後年度營所稅時，應適用調整後營所稅稅率。以會計年度採曆年制之營利事業為例，其於108年5月辦理107年度營所稅結算申報時，應按20%稅率（課稅所得額在50萬元以下者，按18%稅率）申報繳納營所稅；又107年度盈餘保留不分配者，於109年5月辦理107年度未分配盈餘申報時，按5%稅率加徵營所稅。

3. 對應策略

適當規劃所得可利用利息收入及分離課稅之投資方式分配資產，若是中小企業或是家族企業更能規劃在適當時分配盈餘，比如，今年收入所得過高，稅率過高時，則可將保留盈餘於收入較低年度再行分配，年度未分配盈餘只需加徵5%營利事業所得稅。因此事業主分配盈餘前，可先計算一下股東們（家族）的所得稅扣繳稅率，再行決定。

（六）CFC 修正新制

112年度綜合所得稅結算申報時，新增了受控外國企業（Controlled Foreign Company，以下稱 CFC）的申報項目（個人 CFC 與營利事業 CFC 之申報同步適用），其重點說明如下：

1. 檢查該境外公司是否為 CFC

營利事業及其關係人直接或間接持有低稅負區關係企業之股份或資本額合計達50%，或對該關係企業具有控制能力者，該境外關係企業即為該營利事業之 CFC。營利事業應將其直接持有股權之

CFC 資訊填寫至申報書第 B7 頁「營利事業認列受控外國企業(CFC)所得明細表」。

2. 檢查 CFC 是否符合豁免規定

若 CFC 於所在國家或地區有實質營運活動或當年度盈餘在新臺幣（下同）700 萬元以下，營利事業免依營利事業 CFC 制度認列投資收益。但為避免營利事業藉由成立多家 CFC 分散盈餘，如我國營利事業直接持有股權且不具實質營運活動之 CFC 當年度盈餘（或虧損）合計逾 700 萬元者，營利事業仍應就各該當年度盈餘為正數之 CFC，依規定認列 CFC 投資收益。

3. 認列 CFC 投資收益

若 CFC 不符合前開豁免規定，營利事業應將 CFC 當年度盈餘，減除提列之法定盈餘公積或限制分配項目及以前年度經稽徵機關核定虧損後之餘額，按直接持有 CFC 股權比率及持有期間計算 CFC 投資收益並計入營利事業所得額。

因應以上 CFC 的稅法修正，個人因應對策應該注重在: 1.清查 OBU 境外帳戶，檢核是否有適用到 CFC 新制的總持股%或超過微量門檻（年度盈餘 700 萬以下）。2.計算適用新制下的影響數量或稅額。3.與會計師商議後，重新調整或規劃，以降低影響。4.評估申報與不申報的風險。

遺產及贈與稅

遺產及贈與稅係遺產稅與贈與稅之合稱。遺產稅為主稅，贈與稅為從稅，即遺產稅的補充稅。

由於遺贈稅稅率相當高，如一不小心造成漏報補稅送罰，往往使納稅義務人難以負荷。加強個人對遺產及贈與稅有關法令的認識方可及早因應、及早規劃，以在合法的前提下，充分節省租稅的負擔。（梁再添）

（一）遺產稅

1. 課稅遺產淨額之計算

   課稅遺產淨額＝遺產總額－不計入遺產部分－免稅額－扣除額

   應納遺產稅額＝課稅遺產淨額×稅率－累進差額－扣抵稅額及利息

2. 遺產稅免稅額：新臺幣（下同）1,333 萬元。

   課稅級距金額：

遺產淨額	稅率	累進差額（元）
5,000 萬元以下	10%	0
超過 5,000 萬元～1 億元	15%	250 萬
超過 1 億元	20%	750 萬

3. 扣除額

   財政部 112 年 11 月 23 日公告調高遺產稅扣除額及不計入遺產總額，自 113 年發生的繼承案件開始適用。

項目		繼承日期	
		103.1.1~112.12.31	113.1.1 以後
扣除額	配偶	493 萬	553 萬
	直系血親卑親屬	50 萬	56 萬
	父母	123 萬	138 萬
	重度以上身心障礙者	618 萬	693 萬
	受被繼承人撫養之兄弟姊妹及祖父母	50 萬	56 萬
	喪葬費	123 萬	138 萬

項目		繼承日期	
		103.1.1~112.12.31	113.1.1 以後
不計入遺產總額	被繼承人日常生活必需之器具及用具	89 萬	100 萬
	被繼承人職業上之工具	50 萬	56 萬

資料來源:財政部國稅局

(二)贈與稅

1. 免稅額:每年 244 萬元。

項目		金額(元)
免稅額		1,333 萬
不計入遺產總額	日常生活必需器具及用具	89 萬
	職業上之工具	50 萬

2. 課稅級距金額:

贈與淨額(元)	稅率	累進差額(元)
25,000,000 以下	10%	0
25,000,001~50,000,000	15%	1,250,000
50,000,001 以上	20%	3,750,000

(106 年 5 月 12 日生效)

依《遺產及贈與稅法》第 12 條之 1 第 1 項規定,遺產稅、贈與稅之「免稅額」、「課稅級距金額」、「被繼承人日常生活必需之器具及用具、職業上之工具,不計入遺產總額之金額」、「被繼承人之配偶、直系血親卑親屬、父母、兄弟姊妹、祖父母扣除額、喪葬費扣除額及殘障特別扣除額」,每遇消費者物價指數較上次調整的指數累計上漲達 10%以上時,自次年起按上漲程度調整之。

（三）利用每年贈與稅免稅額

同一年度內，贈與他人的財產總值累計，贈與稅免稅額為 244 萬元（98 年 1 月 23 日至 110 年 12 月 31 日為 220 萬元）。若納稅義務人無時間之考量，可以利用此免稅額將財產分年贈與受贈人。夫妻間之贈與免徵贈與稅，運用此項規定，可將夫妻雙方之財產先行移轉，再由夫妻雙方同時贈與同一位受贈人，如此針對同一位受贈人之同年贈與免稅額可達 488 萬元。若受贈人為兒女，依《遺產及贈與稅法》第 20 條第 1 項第 7 款規定，無論子女在歲末或年初結婚，只要在結婚登記日前、後 6 個月內，父母親均可主張 100 萬元屬女兒婚嫁所贈與之財物，不計入贈與總額，如此一來，針對同一位子女，若善用夫妻間之贈與，及婚嫁時機，免稅贈與額可達 688 萬元之多。

（四）贈與未上市、未上櫃（非興櫃）股票

應以繼承開始日之資產淨值估定，並按下列情形調整估價：

1. 公司資產中之土地或房屋，其帳面價值低於公告土地現值或房屋評定標準價格者，依公告土地現值或房屋評定標準價格估價。
2. 公司持有之上市、上櫃有價證券或興櫃股票，依《遺產及贈與稅法施行細則》第 28 條規定估價。前項所定公司，已擅自停業、歇業、他遷不明或有其他具體事證，足資認定其股票價值已減少或已無價值者，應核實認定之。

（五）農地之贈與

依《遺產及贈與稅法》第 210 條第 1 項第 5 款之規定，作農業使用之農業用地及其地上農作物，不計入其土地及地上農作物價值之全數，贈與直系血親卑親屬、父母、兄弟姊妹及祖父母，受贈人於受贈日起對

所收受之農地繼續耕作五年，可以免除贈與稅之問題。受贈人自受贈之日起五年內，未將該土地繼續作農業使用且未在有關機關所令期限內恢復作農業使用，或雖在有關機關所令期限內已恢復作農業使用而再有未作農業使用情事者，應追繳應納稅賦。但如因該受贈人死亡、該受贈土地被徵收或依法變更為非農業用地者，不在此限。將作為農業用使用之農業用地及其地上農作物，贈與直系血親卑親屬、父母、兄弟姊妹及祖父母，受贈人於受贈日起對所收受之農地繼續耕作五年，可以免除贈與稅之問題。雖然農地繼承於直系親屬免徵遺產稅，但此值全國各地農地正大量釋出，藉由土地重劃、區域開發及地目變更等方式，農地瞬息之間變為住宅、商業或工業用地，農地所享優惠稍縱即逝（羅有三、羅有朋、黃雯請，贈與稅遺產稅節稅規劃），因此需於生前便進行規劃，以避免優惠消失之風險。且農地尚可利用 10%的農舍建地率先行增建屋舍，以利規劃運用。

（六）利用人壽保險節稅

保險的功能除提供基本保障外，現行的法令對於保費支出及保險給付也具有租稅優惠，利用保險理財還可創造節稅利益，在所得稅方面不僅每人可列舉扣除 24,000 元，而投保人身保險所獲得的保險給付，在最低稅負制下，3,330 萬以內均免課所得稅。

在遺產稅方面，人身保險有指定受益人者，被保險人死亡後所獲得的保險理賠給付免納入遺產。（《遺產及贈與稅法》第 16 條第 9 款。《保險法》第 112 條、113 條及 135 條）所以高資產階級者買保險，不一定是為了壽險保障，而是為了遺產節稅。給付高額保費投保終身壽險，保費的支出除可降低遺產額度外，同時也可能適用較低之遺產稅率。另一方面在被保險人死後的保險金給付，在額度內可不列入遺產，若受益人

同時為繼承人，正好可以用此筆保險理賠金來繳付遺產稅，免去其他資產變賣不易時，需以實物抵繳之困擾，如土地遺產的計算以公告現值為準，地上建物以評定價格為準，納稅人若無現金繳納，將蒙受土地市價與公告現值差價的稅賦損失，因此高額保單具有降低遺產稅之功效。只有不動產而無巨額現金可購買高額保單者，還可將不動產抵押貸款，再運用貸款所得款項投保高額終身壽險。一方面創造負債減少遺產，另一方面又有高額保單的節稅利益。

　　壽險在保險法上有關遺產及贈與稅有下列規定：

1. 保險金額約定於被保險人死亡時給付，其指定受益人者，給付金額不得作為被保險人之遺產，免納遺產稅（《保險法》第 112 條）。但依《保險法》第 110 條之規定，指定受益人以請求保險金額時仍生存者方可，若指定受益人先行被保險人死亡或同時死亡，則保險金作為被保險人之遺產，受遺產及贈與稅法之規範。

2. 死亡保險契約未指定受益人者，保險金額作為被保險人之遺產，繳納遺產稅（《保險法》第 113 條）。但是在要保人為他人利益而訂立之保險契約且受益人有疑義時，推定要保人為自己之利益而訂立（《保險法》第 45 條），此時要保人所領取之險金額並沒有受到所得稅或是遺產及贈與稅法之規範，無負擔任何的稅賦。

　　政府為了鼓勵民眾投保人壽保險，除了在所得稅法上予優惠獎勵外，另在《遺產及贈與稅法》中，亦列有壽險死亡保險金免稅之規定。《遺產及贈與稅法》第 16 條第 1 項第 9 款，載明約定於被繼承人死亡時，給付其所指定受益人之人壽險金額、公教人員或勞工之保險金額及互助金等，雖不計入遺產總額，但仍需注意在《所得稅法》中的規定。

1. 當受益人與要保人非屬同一人之人壽保險及年金保險給付中，屬於死亡給付部分，一申報戶全年合計數在 3,330 萬元以下者，免予計入

基本所得額；超過 3,330 萬元者，其死亡給付以扣除 3,330 萬元後之餘額計入基本所得額。

2. 受益人與要保人非屬同一人之人壽保險及年金保險給付中，非屬死亡給付部分，應全數計入基本所得額，不得扣除 3,330 萬元之免稅額度。

3. 至於健康保險給付、傷害保險給付、及受益人與要保人為同一人之人壽保險及年金保險給付，均不納入個人基本所得額，自無扣除 3,330 萬元免稅額度的問題。

舉例來說：

規劃前：　　　動產 3,000 萬　　　不動產 7,000 萬

（若先不考慮免稅額／扣除額及其他）

遺產淨值×稅率＝應繳稅額

10,000 萬×15%＝1,500 萬元

繳交遺產稅後，則繼承人實得為 10,000 萬－1,500 萬＝8,500 萬元

規劃後：設若動產支出總保費 1,000 萬可購得保額 3,300 萬元保障

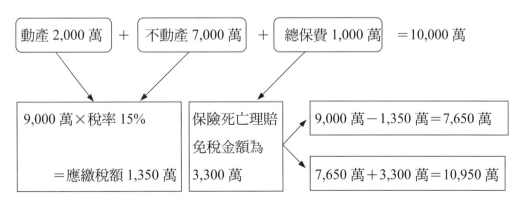

動產 2,000 萬　＋　不動產 7,000 萬　＋　總保費 1,000 萬　＝10,000 萬

9,000 萬×稅率 15%

＝應繳稅額 1,350 萬

保險死亡理賠免稅金額為 3,300 萬

9,000 萬－1,350 萬＝7,650 萬

7,650 萬＋3,300 萬＝10,950 萬

　　以上這個例子，將原本的遺產 8,500 萬元，規劃變成 10,950 萬元，因此，財富較多者，若能善用人身保險稅賦優惠之規定，以投保較高額之壽險，並指定其子女為受益人，則不僅繳費期間保費可列舉扣除（每年每人 24,000 元），一旦保險事故發生，死亡給付不列入遺產（3,300 萬元內節稅）。

 ## 節稅策略的應用

　　理財乃是一生之財，想過怎樣的退休生活品質，就要從現在開始規劃，過去「有錢才要理財，沒錢理什麼財」的觀念已經過去，現在正確的觀念應該是「正因為沒有大錢，所以才要好好打理小錢」。因此個人平時投資理財可從下列進行概略性策略：

1. 妥善分配財富及慎選投資工具。
2. 控制所得在最適當時機實現。
3. 及早規劃資產。
4. 了解即時相關稅法。

　　舉凡投資必有其風險，因此在規劃投資時應就個人對於投資標的加以深入了解後再進行理財規劃，首先就是先了解你的資產、負債及現金流量表，再來就是你未來的財務目標有哪些時間、金額及你的投資屬性，然後執行計畫，最後就是檢視你的計畫達成狀況。

　　個人投資理財在現行稅法下，如何達到正確有效的資產風險管理及規劃，達到有效的節稅，我想因人而異，過去國稅局針對以下數種逃稅方式，特別加以查核：

1. 現金脫產。

2. 利用第三者轉移。

3. 用未上市股票低價賣出。

4. 以子女名義存款或購入不動產。

5. 以假人頭贈與。

6. 製造假債務。

7. 移民放棄國籍。

以下就一般家庭可能的兩種情況來稍加建議：

如果您是人口簡單，收入又不多的小家庭，除了上述申報個人綜合所得稅應了解的相關規定外，更建議平時做些定期的投資型保險基金投資。通常保險規劃與投資理財是不同的二件事情，但投資型先規劃可負擔的保險，並商品結合上述二件事情，而只須花一份的時間和相同的一個人接觸，就能把保險的保障與理財規劃的投資一次完成，提供投資人以「壽險商品」為軸心，結合「證券投資」與「資產管理」的特色，以「三合一」的方式，組合成為一種兼具「保險保障」與「理財投資」雙重功能的新商品，同時了解購買投資型保險商品之優點薪資收入時機，搭配銀行的基金投資，另方面注意市場景氣，並適時買入績優股票，為準備退休基金規劃、子女教育基金或創業基金，以及稅賦規劃等，就能達到理財及節稅的目的了。

如果收入及資產頗豐，那麼平時就應妥善分配財富及慎選投資工具、控制所得在最適當時機實現、以及提早規劃資產，現行投資理財金融商品五花八門琳瑯滿目，除了定期存款外，股票、期貨、債券、海外基金等等，變現性強且有機動性，但風險則很高，投資報酬率也不見得穩賺不賠。面對多元化投資管道開放時代，投資理財更容易但困難度也

加深，投資人當更加用功增長相關資訊，了解時代趨勢潮流，因此建議股票、信託等較專業的投資，就應交由專業顧問作長期投資規劃。

另外對於稅務專家常說的「實質課稅原則」，是指稅捐稽徵實務上，常透過實質課稅原則對交易進行調整，以使交易的形式與其實質一致，以免納稅義務人透過交易形式安排而規避稅捐的行為。關於實質課稅原則之適用也有許多問題，包括不當的稅捐規避行為、適用實質課稅原則之方法不當、適用實質課稅原則之邏輯前後不一與少數反面的案例，稅捐稽徵機關認定課徵租稅之構成要件事實時，應以實質經濟事實關係及其所生實質經濟利益之歸屬與享有為依據。課徵租稅構成要件事實之認定，稅捐稽徵機關就其事實有舉證之責任，反之，若主張有利於納稅義務人結果之適用者，應由納稅義務人負舉證責任。

納稅義務人除依稅法規定負有協力義務，平時不免也需多了解相關的稅法條文，維護納稅義務人，自我基本權益，方能充分享受節稅致富的樂趣，如此一來，才能百戰百勝，投資理財得當順利。

問題與討論

1. 每年個人申報綜合所得稅的期間為何？申報的途徑方式又有哪些？

2. 妥善利用父母每年贈與子女的免稅額度為何？個人綜合所得中，每年額贈與第三者免稅額度之上限比例為何？又哪些項目屬於無限額免稅？

3. 試舉出繳稅大戶，慣用錯誤的節稅途徑有哪些？

4. 運用稅法逃避課稅的方法許多，但國稅局仍可依實質課稅精神，駁回民眾訴願，請問何謂實質課稅精神？

Personal Financial Management
with Wonderful Life

參考文獻

（一）參考文獻與網站

1. 所得稅及施行細則，臺灣工商稅務出版社印行。

2. 投資學，謝劍平，華泰書局。

3. 理財規劃人員專業能力測驗考題，臺灣金融研訓院。

4. 家庭節稅，梁再添、呂旭明，商周出版社。

5. 投資者理論與實務，王仲偉、楊宗明、黃振原、潘俐霖　編著。

6. 不動產投資與管理，蔡淑芬　編著。

7. 知識管理，Arthur Andersen Business Consulting，商周出版。

8. 財政部稅務入口網

   https://www.etax.nat.gov.tw/etwmain/web/ETW118W/CON/444/6238634868186436512

9. 勤業眾信　https://www2.deloitte.com/tw/tc/pages/tax/articles/2018-outlook-businesstax.html

10. 羅有三、羅有朋、黃雯靖，贈與稅遺產稅節稅規劃。

11. 國稅局節稅手冊

    https://www.etax.nat.gov.tw/etwmain/web/ETW118W/VIEW/406?tagCode=NtaxManual9&showCategory=&category=

12. 台經院(2017)，區塊鏈技術於金融交易流程中之應用，臺灣經濟研究院，Dec 29, 2017。

13. 區塊鏈愛好者大會(2017)，2017 區塊鏈愛好者大會會議資料，台北市電腦公會。https://goo.gl/Fg9Zr3

14. 黃靖哲(2017)，『區塊鏈到底如何應用？專家綜觀國外金融概念驗證』，科技新報 TechNews。http://technews.tw/2017/11/21/block-chain-in-the-end-how-to-apply-experts-overview-of-foreign-financial-concept-verification/

15. 楊英伸(2016)，『區塊鏈發展趨勢』，證券暨期貨月刊， 第 34 卷·第 10 期，5–10 頁。

16. 1111 職場新聞,01-11-2018 Retrieved from : https://university.1111.com.tw/zone/university/discussTopic.asp?cat=University&id=131016

17. 陳瑞陽(2012) 網路行銷與創新商務服務（第三版）--雲端商務和物聯網個案集(電子書) P.19~20

18. Buterin, V. (2014). A Next-Generation Smart Contract and Decentralized Application Platform. Retrieved November 28, 2016, from: https://github.com/ethereum/wiki/wiki/White-Paper

19. Buterin, V. (2015). On Public and Private Blockchains. Retrieved September 10, 2016, from: https://blog.ethereum.org/2015/08/07/on-public-and-private-blockchains/.

20. Chang, S.E., Lu, M.-F., & Chen, Y.-C. (2017). "Using blockchain technology for improving supply chain performance," In: *Proceedings of the 16th International Conferences on Technology Policy and Innovation* (ICTPI 2017), September 27-29, 2017, Taipei, Taiwan.

21. Kaminska, I. (2016). Blockchain and the Holy Real-Time Settlement Grail, Financial Times Inc., https://ftalphaville.ft.com/2016/02/26/2154510/blockchain-and-the-holy-real-time-settlement-grail/

22. Khan, C., Lewis, A., Rutland, E., Wan, C., Rutter, K., & Thompson, C. (2017). "A distributed-ledger consortium model for collaborative innovation," *IEEE Computer,* 50(9), 29–37. https://doi.org/10.1109/MC.2017.3571057

23. Nakamoto, S. (2008). Bitcoin: A Peer-to-Peer Electronic Cash System. https://bitcoin.org/bitcoin.pdf

24. Peck, M.E. (2017). Blockchain world - Do you need a blockchain? This chart will tell you if the technology can solve your problem. *IEEE Spectrum*, 54(10), 38–60. https://doi.org/10.1109/MSPEC.2017.8048838

25. PricewaterhouseCoopers (2017). Distributed Ledger Technology – The Genesis of a New Business Model for the Asset Management Industry. PricewaterhouseCoopers Luxembourg. December 26, 2017, Retrieved from: https://www.pwc.lu/en/fintech/docs/pwc-fintech-distributed-ledger-technology.pdf

26. Swan, M. (2015). Blockchain: Blueprint for a New Economy. O'Reilly Media, Sebastopol, CA.

27. Wood, G. (2014). "Ethereum: A secure decentralized generalized transaction ledger," *Ethereum Project Yellow Paper*. Retrieved September 10, 2016, from: http://bravenewcoin.com/assets/Whitepapers/Ethereum-A-Secure-Decentralised-Generalised-Transaction-Ledger-Yellow-Paper.pdf

(二)常用財經資訊網站

- 彭博 Bloomberg http://quote.Bloomberg.com/
  全球主要即時財經報導、國際股市即時揭露、和提供專家財經分析等

- 路透社 Reuters http://www.reuters.com/
  提供全球即時新聞服務。

- Dataquest http://www.dataquest.com/
  提供全球主要電子科技產業預測和報導、並有個別熱門股分析報告。

- Nasdaq Market http://www.nasdaq.com/

  提供 Nasdaq 市場相關科技股股價、訊息報導。

- Kingston http://www.kingston.com/

  Kingston（遠東金士頓），記憶體製造商，並有 Flash 記憶卡、PC Card 處理器與硬碟等相關產品資訊可查閱。

- DRAM 報導 http://www.dramexchange.com/

  提供各種規格 DRAM 交易市集，並有現貨價、合約價資料庫、相關統計分析等資訊。

- 亞洲 IC 交易所 http://www.aice.com.tw/

  提供亞洲各種規格 DRAM 現貨價、合約價資料庫、相關統計分析等資訊。

- 亞虎財經 http://quote.yahoo.com/

  主要提供美國股市市場報導。

- E*TRADE http://trading.etrade.com/

  在網上提供股票金融投資、服務及相關資訊，協助客戶理財投資、金融服務、網路商店、下單買賣。

- Silicon investor http://www.siliconinvestor.com/

  美國著名科技類財經網站。

- CNN http://money.cnn.com/

  世界財經消息及報導。

- 鉅亨網 https://news.cnyes.com/news/cat/headline

  臺灣股匯市、基金，及世界金融資訊。

- StockQ https://www.stockq.org

  國際股市指數、基金、金融指標、匯率等資訊。

習題演練

期中習題演練（1~5 章）

（　）1. 投資者以新臺幣 10 萬元向證券商買進中央政府公債，並約定由該證券商於 10 天後支付 1.95%利息向投資者買回，就證券商而言，此種交易方式係指下列何者？(1)附買回交易(RP)　(2)附賣回交易(RS)　(3)買斷交易(OB)　(4)賣斷交易(OS)

（　）2. 某甲以半年複利一次的方式存放二年期定期存款 1,000,000 元，其利率為 5%，試問到期的本利和為何？(1)1,100,000 元　(2)1,103,813 元　(3)1,157,625 元　(4)1,215,506 元

（　）3. 甲公司於某年 1 月 5 日發行 30 天期商業本票 1,000 萬元，承銷利率為 6.5%，保證費率 0.75%，承銷費率 0.25%，簽證費率 0.03%，試問其發行成本多少元？（取最接近值）(1)185,666 元　(2)61,884 元　(3)185,656 元　(4)61,874 元

（　）4. 周小姐向證券商承作 1000 萬元公債附買回交易，利率為 1%，期間為 30 日，則到期時周小姐可拿回本利和共多少？（不考慮稅負，取最接近值）(1)10,006,575 元　(2)10,100,000 元　(3)10,006,164 元　(4)10,008,219 元

（　）5. 銀行計畫發行金融債券，應向下列何中央主管機關提出申請？(1)證期局　(2)銀行局　(3)中央銀行　(4)商業司

（　）6. 政府公債和公司債的差別，在於政府公債不具有下列何種風險？(1)違約風險　(2)利率風險　(3)再投資風險　(4)通貨膨脹風險

（　）7. 目前公債交易以無實體公債為主流的原因為何？(1)可避免交易曝光　(2)可避稅　(3)降低現券交割風險　(4)交易流程有跡可循

（　）8. 下列何者屬於風險偏好高的投資人所喜好的產品？(1)政府公債　(2)平衡型基金　(3)銀行存款　(4)高收益債券

（　　）9. 下列何者的利息所得是採用分離課稅？(1)股票　(2)票券　(3)活期存款　(4)定期儲蓄存款

（　　）10.在生息資產中，下列何者屬於成長型投資？(1)存款　(2)房地產　(3)股票期貨　(4)借款給他人

（　　）11.下列何者不是短期的投資工具？(1)存款　(2)給付確定的傳統儲蓄險　(3)貨幣市場基金　(4)承兌匯票

（　　）12.有關可轉讓定期存單之敘述，下列何者錯誤？

　　　(1) 發行期限以一個月為單位，按一個月的倍數發行

　　　(2) 發行面額以新臺幣十萬元為單位，以十萬元的倍數發行

　　　(3) 可採記名或無記名方式發行

　　　(4) 不得中途解約，其利息收入採分離課稅

（　　）13.假如投資人在經過投資策略的考量後，決定購買發行利率為 3% 的政府債券，而當時在市場上的成交殖利率為 4%，則投資人所需支付投資價格和面額比較，應係為下列何者？(1)折價　(2)溢價　(3)平價　(4)無法判斷

（　　）14.「央行提高存款準備率」，對股票市場的投資人而言，此種風險為下列何者？(1)非系統風險　(2)財產減損風險　(3)系統風險　(4)個別風險

（　　）15.有關投資組合與投資策略，下列何者錯誤？

　　　(1) 投資組合保險策略在盤整市場時，有買高賣低特性

　　　(2) 固定比例策略沒有具體的調整標準，容易受主觀因素影響

　　　(3) 要從事投機組合，最好以閒餘資金或意外財源操作

　　　(4) 運用向日葵原則，其中花心是機動性較高，視波段操作的戰術資產配置

（　　）16.有關理財規劃人員的角色，下列何項描述較為適切？(1)超級的營業人員　(2)全科的家庭醫生　(3)無所不知的專業人士　(4)獲利的保證者

（　　）17.有關家庭成熟期的資產狀況，下列敘述何者正確？

　　　(1) 可累積的資產逐年增加，要開始控制投資風險

(2) 可累積的資產達到巔峰，應降低投資風險準備退休

(3) 逐年變現資產當退休後生活費，以固定收益工具為主

(4) 可累積的資產有限，但年輕可承受較高的投資風險

（　）18.有關生涯規劃高原期（退休）理財活動的敘述，下列何者正確？

(1) 家庭型態以父母家庭為生活重心

(2) 理財活動以量入節出存自備款為主

(3) 投資工具以定存標會、小額信託為主

(4) 保險計畫以滿期金轉退休年金為宜

（　）19.保守型客戶不適合投資下列何種工具？(1)定期存款　(2)公債　(3)認股權證　(4)保本連動式債券

（　）20.為個人理財而編製之個人收支儲蓄表相當於企業之何種財務報表？(1)資產負債表　(2)損益表　(3)財務狀況變動表　(4)股東權益變動表

（　）21.商店收入的 60%是估計的進貨成本，每月租金等雜費為 3 萬元，月收入為 20 萬元，真正賺到的錢為多少？(1)2 萬元　(2)3 萬元　(3)4 萬元　(4)5 萬元

（　）22.下列何者是風險衡量的基準之一？(1)幾何平均報酬率　(2)偏峰　(3)標準差　(4)算術平均報酬率

（　）23.假設子女出生到 3 歲生活費現值每個月 2 萬元，滿 3 歲到 7 歲每個月 1.5 萬元，滿 7 歲後到 20 歲每個月 2 萬元，加上高等教育金現值 100 萬元，則養育一個小孩的總費用現值為何？(1)556 萬元　(2)665 萬元　(3)138 萬元　(4)238 萬元

（　）24.下列何者不是影響退休規劃設計之最大變數？(1)通貨膨脹率　(2)薪資成長率　(3)投資報酬率　(4)老人存活率

（　）25.一個完整的退休規劃，應包括工作生涯設計、退休後生活設計及自籌退休金部分的儲蓄投資設計，下列何者非這三項設計的最大影響變數？(1)通貨膨漲率　(2)薪資成長率　(3)投資報酬率　(4)貸款利率

（　）26.廣義的生涯規劃不包括下列何者？(1)家庭規劃　(2)居住規劃
　　　(3)退休規劃　(4)升學規劃

（　）27.理財規劃人員在蒐集客戶資訊、設定理財目標與期望時，下列
何者非屬必要？
(1) 推定客戶目前財務狀況
(2) 請第三者提供客戶徵信資料
(3) 測定客戶風險承受度
(4) 協助客戶設定理財目標與期望

（　）28.下列何者並非正確的投資規劃準則？
(1) 依達成年限、金額等設定投資目標
(2) 就各目標設定有機會達成的預定報酬率
(3) 依理財目標的特性來進行資產配置
(4) 強調長期投資，因此投資之後最好都不要調整投資組合

（　）29.當你第一次與客戶面談，下列何項屬於理財規劃流程的「客戶
資訊蒐集與設定理財目標」流程？I.詢問扶養親屬人數 II.詢問扶
養親屬年齡或生日 III.決定投資哪種股票 IV.蒐集財務資料
(1)僅 I　(2)僅 I & II　(3)僅 II & III　(4)僅 I, II & IV

（　）30.有關儲蓄組合之目的，下列敘述何者正確？
(1) 承擔高風險
(2) 短期內快速致富
(3) 滿足短期目標或長期目標的基本需求部位
(4) 以確定的資金投入換取在短期內不確定的回收

（　）31.有關投資組合理論，下列敘述何者錯誤？
(1) 若將共變異數為負的兩標的物納入投資組合內，分散風險的效
果較大
(2) 投資者應將資金投資於相關性低的投資標的物上
(3) 就是要把所有雞蛋都放在同一個籃子裡
(4) 可達到分散風險的效果

（　）32.有關投資策略中投資組合保險策略之優點，下列敘述何者正確？
　　　　　(1)股票市場盤整時，可以創造出較高利潤
　　　　　(2)股票市場盤整時，符合高買低賣的原則
　　　　　(3)無論股市如何變化，平均每股成本皆低於平均價格
　　　　　(4)事先設定停損點，保有可接受的最低總資產市值

（　）33.下列何者不屬於人生的三大資金需求規劃？(1)購屋或換屋　(2)緊急預備金　(3)退休規劃　(4)子女教育

（　）34.下列何者不是金融市場交易的工具？(1)商業本票　(2)銀行存款　(3)股票　(4)房地產

（　）35.當企業需要資金來進行投資，最好不要用下列何種方式尋求融通？(1)向銀行借錢　(2)發行股票　(3)發行債券　(4)向地下錢莊借錢

（　）36.下列何者非屬臺灣貨幣市場投資工具？(1)國庫券　(2)歐洲美元借款　(3)銀行承兌匯票　(4)商業本票

（　）37.登錄公債係指：(1)無風險債券　(2)無實體公債　(3)垃圾債券　(4)固定利率公債

（　）38.公債於何處流通買賣？(1)集中交易市場　(2)同時在集中與店頭市場　(3)店頭市場　(4)櫃檯市場

（　）39.下列何者為債券投資所面臨的風險？(1)違約風險　(2)購買力風險　(3)利率風險　(4)以上皆是

（　）40.債券市價與市場利率常作何種變動關係？(1)同方向變動　(2)反方向變動　(3)沒有關連性　(4)同方向或反方向變動均有可能

（　）41.下列何種金融工具的利率風險最高？(1)短期公債　(2)國庫券　(3)長期公債　(4)商業本票

（　）42.目前在我國賣出公司債時須課徵多少證券交易稅？(1)千分之一　(2)千分之二　(3)千分之三　(4)免稅

（　）43.下列何者不屬於債券？(1)政府公債　(2)公司債　(3)金融債券　(4)認購權證

（　）44.可贖回公司債之贖回權利是操之於：(1)債權人　(2)發行公司　(3)承銷之證券商　(4)選項(1)、(2)、(3)均有可能

（　）45.零息債券(Zero-coupon Bonds)之敘述何者正確？(1)以高於面額發行　(2)每間隔一固定期間，定期給付利息　(3)每間隔一固定期間，定期償還本金　(4)到期時，按面額贖回

（　）46.在貨幣市場上，我們常聽到「利率上升一碼」的說詞，請問「一碼」是多少？(1)0.01%　(2)0.125%　(3)0.25%　(4)0.5%

（　）47.國庫券之發行、買回及還本付息等業務，係委由下列何者經理？(1)財政部　(2)中央銀行　(3)臺灣銀行　(4)商業銀行

（　）48.銀行發行可轉讓定期存單可按月發行或指定到期日，其最低天期為何？(1)七天　(2)十四天　(3)二十一天　(4)一個月

（　）49.依票券金融管理法規定，融資性商業本票之發行，需委由經信用評等機構評等之金融機構保證，下列何者非屬前述所稱之金融機構？(1)銀行　(2)投顧公司　(3)信託投資公司　(4)票券金融公司

（　）50.政府對國人利息免稅額規定，納稅義務人每人每年為：(1)10 萬　(2)24 萬　(3)27 萬　(4)100 萬

（　）51.投資風險的種類中，不包括下列何者?(1)信用風險、市場風險　(2)流動性風險、作業風險　(3)法律風險、通貨膨脹風險　(4)隱藏風險、限制性風險

（　）52.金融消費者保障自我權益，投資前後須注意事項，何者正確？
(1) 投資前仔細審閱文件後，方可簽名，無需理會審閱期規定
(2) 向銀行買賣美金，雖已成交，但未離開櫃檯，可當場取消交易
(3) 向銀行承作外幣定存，因非屬新臺幣，所以無法提前解約
(4) 若與金融機構或銀行有糾紛時，可向銀行公會或金融監督管理委員會申訴尋求仲裁

（　）53.若依我國銀行法定義銀行可分為：(1)商業銀行、專業銀行、信託投資公司　(2)本國銀行、外商銀行、中小企業銀行　(3)專業

銀行、中小企業銀行、票券公司　(4)中央銀行、地方銀行、外商銀行

（　）54.關於政府公債，下列敘述何者有誤？(1)中央銀行發行乙種國庫券　(2)財政部發行甲種國庫券　(3)發行目的為穩定金融市場，調節國庫收支　(4)均依票面面額發行，到期本息一次給付

（　）55.下列金融商品風險屬性大小排列，何者有誤？(1)股票>共同基金>金融票券　(2)共同基金>政府公債>銀行定存　(3)高收益債券基金>債券型基金>股票型基金　(4)選擇權>股票>股票型基金

（　）56.投資人於 99 年 9 月 10 日買進剛付完息，面額一億元，發行日期為 96 年 3 月 10 日，年息 3%，每半年付息一次，5 年期，期滿一次付清之中央政府公債，若買入該公債之殖利率為 4%，則其買入價格為下列何者？（取最接近值）(1)98,558,058 元　(2)98,642,776 元　(3)98,747,615 元　(4)98,889,294 元

（　）57.金融機構依個人風險屬性分析為客戶建議資產配置，若客戶投資占比為股票 40%債券 30%　基金 30%，客戶風險屬性應屬於(1)保守型　(2)平衡型　(3)成長型　(4)積極成長型

（　）58.有關執行家庭預算控制，下列敘述何者正確？

(1) 貸款及繳保費年期，最遲應控制在退休時截止，讓退休後只有理財支出而沒有生活支出

(2) 生活儲蓄在工作期應為正數，若是負數則表示寅吃卯糧，入不敷出

(3) 一月領取年終獎金，應以定期定額方式投資股票基金，作為當年四月全家計畫出國旅遊基金準備

(4) 為使定期定額投資不致因偶發支出而中斷，可以投保定期壽險

（　）59.短期保本投資工具中，下列何者必須經過票券交易商簽證及承銷始得成為貨幣市場交易工具？(1)國庫券　(2)商業本票　(3)可轉讓定期存單　(4)銀行承兌匯票

（　）60.王先生於發行日購買三年期零息債券，票面金額為 100 萬元，市場年利率為 5%，則該零息債券之價格為何？（取最接近值）(1)823,514 元　(2)863,838 元　(3)907,029 元　(4)952,381 元

🔓 解答

1.(1)參閱 P105　　2.(2)參閱 P5　　　3.(2)參閱 P103　　4.(4)參閱 P105　　5.(2)綜合觀念

6.(1)參閱 P106　　7.(3)參閱 P100　　8.(4)參閱 P111　　9.(2)參閱 P113　　10.(3)綜合觀念

11.(2)綜合觀念　12.(1)參閱 P84　　13.(1)參閱 P114　14.(3)參閱 P25　　15.(4)參閱 P44

16.(2)參閱 P53　　17.(2)參閱 P2　　　18.(4)參閱 P2　　　19.(3)參閱 P44　　20.(2)參閱 P9

21.(4)參閱 P32　　22.(3)參閱 P33　　23.(1)參閱 P14　　24.(4)參閱 P25　　25.(4)綜合觀念

26.(4)參閱 P4　　27.(2)參閱 P54　　28.(4)參閱 P60　　29.(4)參閱 P54　　30.(3)參閱 P44

31.(3)參閱 P38　　32.(4)參閱 P38　　33.(2)參閱 P3　　　34.(4)參閱 P48　　35.(4)綜合觀念

36.(2)參閱 P96　　37.(2)參閱 P99　　38.(2)參閱 P99　　39.(4)參閱 P115　40.(2)參閱 P114

41.(3)參閱 P115　42.(4)參閱 P112　43.(4)參閱 P95　　44.(2)參閱 P105　45.(4)參閱 P98

46.(3)綜合觀念　47.(2)參閱 P98　　48.(4)參閱 P84　　49.(2)參閱 P102　50.(3)參閱 P112

51.(4)參閱 P26　　52.(4)參閱 P74　　53.(1)參閱 P78　　54.(4)參閱 P95　　55.(3)參閱 P117

56.(1)參閱 P103　57.(3)參閱 P44　　58.(2)參閱 P16　　59.(2)參閱 P101　60.(2)參閱 P117

⚙ 期中習題演練（6~11章）

（　　）1. 有關國內共同基金，下列敘述何者錯誤？
  (1) 由證券投資信託公司經申請核准後發行
  (2) 發行實體為受益憑證
  (3) 開放式基金不在交易所掛牌，故不屬於有價證券
  (4) 國內共同基金屬於契約制

（　　）2. 目前銀行的信託部接受客戶申購基金，其與投信公司所簽訂的契約為下列何者？(1)投資契約　(2)信託契約　(3)代銷契約　(4)承銷契約

（　　）3. 有關國內指數股票型基金(ETF)之敘述，下列何者錯誤？
  (1) 投資標的為「一籃子股票」
  (2) 價格最小變動幅度與一般股票相同
  (3) 所課徵之證券交易稅之稅率為千分之一
  (4) 除可像股票一樣掛單賣出外，亦可向基金經理人作贖回

（　　）4. 為避免因疾病或意外傷害以致長期臥床時的經濟負擔，應購買何種保險商品，以分散此一風險？(1)定期保險　(2)養老保險　(3)年金保險　(4)長期看護保險

（　　）5. 退休族群購買投資型保險，應選擇下列何種方式為宜？
  (1) 除保障部分外，可選擇高獲利高風險之投資標的
  (2) 可減少部分保障，並以債券、保本型基金為中心
  (3) 保障部分應提高，投資部分亦以高收益為主
  (4) 應完全以保障為主，投資部分不宜考慮

（　　）6. 在人口高齡化的社會，為使老年生活有所憑恃，有賴下列何種保險制度的發揮？(1)意外險　(2)醫療險　(3)壽險　(4)產險

（　　）7. 下列何者所致之損失非屬現行住宅火災保險基本承保範圍？(1)地震震動　(2)閃電及雷擊　(3)爆炸　(4)航空器墜落

（　）8. 有關證券投資信託基金之敘述，下列何者錯誤？

　　　　(1)參加對象為不特定大眾，即公開募集

　　　　(2)其規模大小並無限制

　　　　(3)其法律關係為準信託關係

　　　　(4)其運用範圍限為有價證券

（　）9. 有關綜合所得稅節稅規劃，下列敘述何者錯誤？

　　　　(1) 在合法及不影響所得額的範圍內，儘可能將應稅所得轉換為免稅所得

　　　　(2) 年底的大額所得延緩到次年一月，可延緩繳稅的時間

　　　　(3) 當列舉扣除額高於標準扣除額時，選用列舉扣除額

　　　　(4) 只要邊際所得稅率高於短期票券分離課稅的稅率時，則一律以購買短期票券替代存入金融機構的存款

（　）10.母親在兒子今年度結婚的時候，送兒子一台 300 萬元的跑車，請問就該次贈與申報贈與稅之贈與金額為多少？（假設本年度僅有本次贈與）(1)0 元　(2)56 萬元　(3)150 萬元　(4)189 萬元

（　）11.下列何組價格所畫出的 K 線為十字線（四個數字依序代表開盤價、最高價、最低價、收盤價）？

　　　　(1) 54、57、53.5、55.5

　　　　(2) 41、42、38、39

　　　　(3) 31、33.5、31、31.5

　　　　(4) 23、23.5、21.5、23

（　）12.下列何種技術指標為股票交易之賣出訊號？

　　　　(1)6 日 RSI 指標低於 20

　　　　(2)OBV 線上升，而股價下降時

　　　　(3)移動平均線(MA)持續上揚，股價正突破均線時

　　　　(4)KD 形成黃金交叉

（　）13.下列何種管道目前無法提供投資人申請購買海外基金？(1)銀行 (2)發行投資型保單的保險公司　(3)證券商　(4)票券金融公司

（　）14.有關寶來臺灣卓越 50 證券投資信託基金之敘述，下列何者錯誤？

(1)只有「參與證券商」才可以參與發行

(2)一般投資人僅可於次級市場進行交易

(3)證交稅率與一般股票交易相同

(4)可以進行信用交易

（　）15.如以移動平均線做為投資股票轉換參考依據，則下列敘述何者錯誤？

(1)移動平均線止跌回升時，考慮買入持有

(2)移動平均線止升回跌時，考慮賣出

(3)若無移動平均線上揚之股票，則將資金轉到貨幣基金

(4)此種策略將會讓投資者買到最低點，賣到最高點

（　）16.年金保險的保費一次繳清後，保險公司立即開始給付年金者稱為(1)付清年金　(2)即期年金　(3)遞延年金　(4)躉繳年金

（　）17.年金保險契約訂立後，須經過一定年數，或被保險人達到一定年齡後，保險人開始給付之年金保險；稱為(1)變額年金保險 (2)遞延年金保險　(3)連生年金保險　(4)即期年金保險

（　）18.依利率變動型年金條款規定，若被保險人在年金給付期間身故，如有未支領年金餘額，則保險公司應(1)給付予要保人　(2)給付予身故受益人　(3)視為被保險人遺產　(4)解交國庫

（　）19.下列敘述何者為非？A.要保書是要保人向保險公司申請投保時，所填寫的書面文件，要保人務必親自填寫與簽名，並可替被保險人簽名；B.受益人檢附保險單，即可申請契約內容更正及變更或是保單借款；C.完整的保險契約通常包含了保險單、要保書、及其他約定書等等必備的文件；D.依據保險法規定：要保人是指向保險公司申請訂立保險契約之人，且並無交付保費之義務 (1)AB　(2)ABC　(3)BCD　(4)ABD

（　）20.王先生購買二百萬元為期 3 個月之保本型商品，保本率為 95%，則到期時王先生最少可領回多少金額？(1)一百九十萬元 (2)一百九十五萬元　(3)二百萬元　(4)二百一十萬元

（　）21.依移動平均線(Moving Average)理論，於短期移動平均線由下方往上突破長期移動平均線時，在技術分析上，意指下列何者？ (1)死亡交叉　(2)黃金交叉　(3)賣出訊號　(4)向上反彈

（　）22.技術分析所依賴的方法為何？(1)資本市場的情況　(2)產業發展 (3)股票歷史交易資料　(4)總體經濟表現

（　）23.下列各類型基金之風險高低順序為何？A.積極成長型基金　B.收益型基金　C.成長加收益型基金 D.成長型基金。 (1) A＞B＞C＞D　(2) A＞C＞D＞B　(3) A＞D＞C＞B　(4) A＞B＞D ＞C

（　）24.某單向報價的基金，其申購手續費 3%，基金經理費 1.5%，基金保管費 0.2%，請問投資人申購 20 萬元基金，除 20 萬元投資金額外，另須額外支付費用多少元？ (1)6,000 元　(2)6,600 元　(3)12,000 元　(4)12,600 元

（　）25.當短天期移動平均線由長天期平均線下方突破至上方，而且兩條長、短天期平均線同時上揚時稱為：(1)黃金交叉　(2)死亡交叉　(3)雙向交叉　(4)選項(A)(B)(C)皆非

（　）26.下列何種保單須專設分離帳簿？ (1)利率變動型年金　(2)附生存給付型養老保險　(3)投資型保險 (4)健康保險

（　）27.有關市場常用之技術指標，下列敘述何者錯誤？ (1)RSI 俗稱相對強弱指標 (2)OBV 俗稱能量潮 (3)K 線俗稱長條圖 (4)KD 值俗稱隨機指標

（　）28.有關投資共同基金的各種風險，下列何者非屬之？(1)市場風險 (2)產品風險　(3)作業風險　(4)匯兌風險

（　）29.有關 ETF 之敘述，下列何者錯誤？

(1)ETF 的證券交易稅率為千分之一

(2)ETF 可進行信用交易，而且是一上市馬上可以信用交易

(3)ETF 之證券交易稅率與一般股票不同

(4)ETF 在平盤以下不得放空

（　）30.有關共同基金評比指標之敘述，下列何者錯誤？

(1)夏普指數主要衡量每單位總風險下所能產生的超額報酬

(2)夏普指數越大時表示風險溢酬越高

(3)貝他值越大，則該基金的風險性以及獲利的潛能也就越高

(4)貝他值等於 0 時，表示本投資風險等於市場全體風險

（　）31.所繳年金保險費投資於相結合的投資工具且其運用成果直接影響未來年金給付之額度，這種年金是屬於下列何者？　(1)投資型年金保險　(2)利率變動型年金保險　(3)傳統型年金保險　(4)即期年金保險

（　）32.責任保險係因被保險人依法對下列何者負有賠償責任時，給付保險金之保險？　(1)第三人　(2)被保險人　(3)要保人　(4)受益人

（　）33.根據葛蘭碧法則(J. Granville Rules)，以下哪一選項是買進訊號？

(1)當價位線往下急跌，不僅跌破移動平均線，而且深深地遠離於移動平均線下，開始反彈上升又趨向於移動平均線

(2)當移動平均線從上升趨勢逐漸轉變成水平盤局或呈現下跌跡象時，若價位線從上方跌破移動平均線往下降

(3)當價位線的趨勢走在移動平均線之下，價位線上升但卻未能穿破移動平均線便再度反轉下跌

(4)雖然價位線往上升穿破移動平均線，但隨即又回跌到移動平均線之下，且此時移動平均線依然呈現下跌的走勢

（　）34.就股票之技術分析而言，下列何者較適合短線放空股票：

(1)在空頭時，股價九日 K 值在 30 以下

(2)在空頭時，股價九日 K 值在 80 以上

(3)在多頭時，股價九日 K 值在 80 以上

(4)在多頭時，股價威廉指標在 80 以上

（　　）35.在投資不動產的特性中，以下何者為非？
　　　　(1) 可以攤提折舊，達成節稅的效果
　　　　(2) 可以將每年房貸繳息金額，申報所得稅扣除額
　　　　(3) 資產流動性低，容易導致資金周轉不靈
　　　　(4) 為名目資產，受通膨影響大

（　　）36.影響不動產投資的價格因素，不包括下列何者？(1)自然地理因素　(2)社會政治因素　(3)經濟及政府因素　(4)文化與教育因素

（　　）37.下列關於法拍屋流程之說明，何者有誤？(1)房屋來源為法院執行查封債務人的財產　(2)標購法拍屋前，需先繳納保證金　(3)若第一次標售流標，第二次標價可再降二成　(4)標得法拍屋後，須向法院申請點交，以保障品質

（　　）38.市售金拍屋與銀拍屋的異同點，下列何者正確？(1)均由銀行自行拍售　(2)均是以彌封標售進行　(3)金拍屋需繳保證金，銀拍屋則不用　(4)成交後均為點交進行

（　　）39.在選擇購買預售屋、新成屋或中古屋的比較時，下列敘述何者有誤？(1)預售屋可以採用分期付款方式償還貸款　(2)預售屋因尚未完工，相對於新成屋和中古屋的風險較低　(3)新成屋和中古屋皆可直接入住　(4)中古屋有需再花費整修的風險

（　　）40.房地產的週期分為四階段，下列何者有誤：
　　　　(1) 第一階段：空屋率高；新聞界呈負面的報導，新社區的開發計畫幾乎沒有
　　　　(2) 第二階段：空屋率逐漸降低，房租漲價，出現一些新社區的開發現象
　　　　(3) 第三階段：空屋率極低，新聞界呈正面報導，建築業提高投資金額
　　　　(4) 第四階段：新建築物的數目下降，空屋率下降

（　　）41.依《所得稅法》第 4 條規定，下列那一項所得不屬於免稅所得範圍？(1)個人出售土地所得　(2)個人出售日常家具收入　(3)個人接受公司贈與取得之財產　(4)因繼承而取得之財產

（　）42.個人領取之下列利息所得，何者不適用「分離課稅」規定？(1)公債　(2)公司債　(3)郵局定期存款　(4)金融債券

（　）43.某丙確有扶養下列子女及兄弟姐妹之事實，何者不得由丙申報綜合所得稅免稅額？(1)25 歲未在校就學有謀生能力但失業的兒子　(2)31 歲就讀大學博士班的姐姐　(3)23 歲未在校就學但身心障礙的弟弟　(4)2 歲的兒子

（　）44.綜合所得稅之列舉扣除額項目中，下列何者無扣除金額上限之規定？(1)醫藥費　(2)購屋借款利息支出　(3)房屋租金支出　(4)一般人身保險費

（　）45.設某人 105 年度購買自用住宅向金融機構借款所支付之借款利息為 25 萬元，同一年度其儲蓄投資特別額為 17 萬元，則該年度其購屋借款利息之扣除額應為若干？(1)2 萬元　(2)8 萬元　(3)25 萬元　(4)30 萬元

（　）46.依我國遺產及贈與稅規定，下列敘述何者有誤？(1)個人遺產稅扣除額為 1,200 萬元　(2)死亡保險金給付，須列入遺產中課稅　(3)夫妻彼此間贈與為免稅　(4)夫妻贈與子女每人每年免稅額為 220 萬元

（　）47.下列所得中，何者採分離課稅？(1)退職所得　(2)郵局定期存款利息　(3)公益彩券中獎獎金　(4)稿費

（　）48.關於投資型保險的敘述，下列何者有誤？(1)具有投資分離帳戶　(2)保戶自行分擔投資風險　(3)屬基金連接型投資，不可搭配附約　(4)可區分為變額壽險變額萬能壽險及變額年金

（　）49.財產保險中，關於汽機車強制責任險說明，何者有誤？(1)屬透過法律要求駕駛人（車主）皆須投保的社會保險　(2)給付內容包含傷害及死亡給付　(3)可再投保第 3 人任意責任險，作為財損理賠的搭配　(4)當駕駛人傷害造成，不問雙方對與錯，皆可獲得理賠

（　）50.下列關於股票技術分析敘述，何者有誤？(1)可分為價、量、及市場波幅技術指標三類　(2)移動平均線(MA)屬於量的分析　(3)

量能分析可由平均成交量或能量潮來分析　(4)RSI 及騰落指標，可用於市場寬幅指標分析

(　) 51.目前股票買賣方式中，何者須先向票券公司申請金融憑證或金鑰，方可進行？(1)當面委託　(2)電話委託　(3)網路委託　(4)語音委託

(　) 52.下列關於股票融資融券敘述，何者有誤？(1)均屬於信用交易　(2)融資者向券商借錢買股票，預期市場多頭　(3)融券者向券商借券先賣，預期市場空頭　(4)兩者均需繳交 9 成保證金

(　) 53.下列關於股票交易說明，何者正確？(1)臺灣證券交易所，為所有上市上櫃股票交易場所　(2)未上市股票交易在櫃檯買賣中心進行　(3)興櫃股票不屬於上市櫃股票，故僅能透過盤商私下買賣　(4)認購權證賣賣僅須給付權利金與當日股價無關

(　) 54.下列關於股票除權除息規定，何者正確？(1)普通股交割為成交日起算第二個營業日　(2)停止過戶基準日起算前一個營業日，為除息（權）基準日　(3)停止過戶基準日起算的前五個營業日交易，稱為除息（權）交易　(4)若配發現金股息，稱為除息，若是配發股票股利或是現金增資認股，則為除權

(　) 55.所謂 OBV 是：(1)一種成交價格的技術指標　(2)一種成交量的技術指標　(3)一種價格監視制度　(4)是預測長期股價趨勢

(　) 56.依最低稅負制規定，以下何者有誤？(1)海外所得係指未計入綜合所得總額之非中華民國來源所得及港澳地區來源所得　(2)申報戶全年合計數未達新臺幣 100 萬元者，免予計入　(3)在新臺幣 100 萬元以上者，應全數計入　(4)特定死亡保險給付，每一申報戶全年合計數在 220 萬元以下免予計入

(　) 57.若新加入投資組合之證券，貝他(β)係數比原投資組合的貝他係數小，則新投資組合貝他係數會：(1)增加　(2)不變　(3)減少　(4)不一定

(　) 58.下列哪一項與基本分析有關？(1)交易量　(2)本益比　(3)移動平均　(4)股市熱絡程度

（　　）59.一般而言，當投資人預期新臺幣升值，則依賴進口原料的產業
　　　　　股價會：(1)下跌　(2)上漲　(3)不一定上漲或下跌　(4)先跌後漲

（　　）60.以下敘述何者不正確？(1)價升量減，屬於價量背離　(2)價跌量
　　　　　升，屬於價量背離　(3)當價升量減，被認為股價跌之前兆　(4)
　　　　　價跌量增，是股價升之前兆

解答

1.(3)參閱 P121	2.(1)參閱 P147	3.(2)參閱 P184	4.(4)參閱 P271	5.(2)參閱 P273
6.(3)參閱 P268	7.(1)參閱 P271	8.(2)參閱 P121	9.(4)參閱 P323	10.(2)參閱 P318
11.(4)綜合觀念	12.(2)參閱 P197	13.(4)參閱 P146	14.(3)參閱 P186	15.(4)參閱 P192
16.(2)參閱 P279	17.(2)參閱 P279	18.(2)參閱 P279	19.(4)參閱 P74,291	20.(1)綜合觀念
21.(2)參閱 P192	22.(3)參閱 P187	23.(3)參閱 P156	24.(1)參閱 P146	25.(1)參閱 P194
26.(3)參閱 P273	27.(3)參閱 P187	28.(3)參閱 P133	29.(4)參閱 P184	30.(4)參閱 P151
31.(1)參閱 P278	32.(1)參閱 P272	33.(3)參閱 P193	34.(3)參閱 P191	35.(4)參閱 P208
36.(4)參閱 P216	37.(4)參閱 P228	38.(3)參閱 P230	39.(2)參閱 P235	40.(4)參閱 P233
41.(3)綜合觀念	42.(3)參閱 P309	43.(1)參閱 P297	44.(1)參閱 P298	45.(2)參閱 P301
46.(2)參閱 P320	47.(3)參閱 P309	48.(3)參閱 P277	49.(1)參閱 P271	50.(2)參閱 P187
51.(3)參閱 P187	52.(4)參閱 P163	53.(4)參閱 P180	54.(4)參閱 P169	55.(2)參閱 P197
56.(4)參閱 P310	57.(3)參閱 P152	58.(2)參閱 P187	59.(2)參閱 P134	60.(4)參閱 P196

MEMO

Personal Financial Management
with Wonderful Life

Personal Financial Management
with Wonderful Life

M E M O

Personal Financial Management
with Wonderful Life

MEMO

Personal Financial Management
with Wonderful Life

Personal Financial Management
with Wonderful Life

國家圖書館出版品預行編目資料

理財規劃與投資/羅慧民, 楊宗明編著. -- 六版. --
新北市：新文京開發出版股份有限公司,
2024.08

面； 公分

ISBN 978-626-392-035-4（平裝）

1.CST：理財 2.CST：投資

563.5 113010491

理財規劃與投資（第六版） （書號：H138e6）

編 著 者	羅慧民 楊宗明
出 版 者	新文京開發出版股份有限公司
地 址	新北市中和區中山路二段 362 號 9 樓
電 話	(02) 2244-8188（代表號）
Ｆ Ａ Ｘ	(02) 2244-8189
郵 撥	1958730-2
初 版	西元 2005 年 09 月 20 日
二 版	西元 2008 年 07 月 20 日
三 版	西元 2010 年 07 月 20 日
四 版	西元 2019 年 02 月 15 日
五 版	西元 2021 年 12 月 20 日
六 版	西元 2024 年 08 月 15 日

New Wun Ching Developmental Publishing Co., Ltd.
New Age · New Choice · The Best Selected Educational Publications—NEW WCDP

NEW
WCDP

新文京開發出版股份有限公司

新世紀・新視野・新文京 ─ 精選教科書・考試用書・專業參考書